미니멀 투어
스토리 만들기

김주연 비평집
# 미니멀 투어 스토리 만들기

펴 낸 날  2012년 5월 22일
지 은 이  김주연
펴 낸 이  홍정선
펴 낸 곳  ㈜문학과지성사
등록번호  제10-918호(1993. 12. 16)
주　　소  121-840 서울 마포구 서교동 395-2
전　　화  02)338-7224
팩　　스  02)323-4180(편집)  02)338-7221(영업)
전자우편  moonji@moonji.com
홈페이지  www.moonji.com

ⓒ 김주연, 2012. Printed in Seoul, Korea

ISBN 978-89-320-2304-5

\* 이 책의 판권은 지은이와 ㈜문학과지성사에 있습니다.
　양측의 서면 동의 없는 무단 전재 및 복제를 금합니다.

::김주연 비평집

# 미니멀 투어
# 스토리 만들기

문학과지성사
2012

## 책머리에

정영문론의 제목 「'미니멀' 투어─이야기 만들기」에서 이야기 →
스토리로 바꾸어 책 제목으로 삼았다. 7년 만에 내놓는 열두번째 평
론집인데, 이른바 문단 발 딛기 반세기의 감회가 담긴 책이다. 앞만
보고 달려온 세월에서 문득 잠시 멈추어 돌아보니 깊이와는 무관한
어떤 넓이가 나이와 더불어 조금씩 보인다. 이때 발견된 깨달음이,
"아 문학은 결국 이야기 만들기구나" 하는 평범한 인식이다. 이즈음
이에 대한 사회적 관심이 모아지는 것은 반가운 일이며, '문학의 위
기' '인문학의 위기' '종이책의 위기'와 같은 일련의 위기론이 거둔 소
득이 아닌가, 오히려 나는 생각한다. 이 위기론은 막상 콘텐츠의 필
요를 절감했기 때문인데 그것은 차라리 불가피한 문학의 행복이다.
따라서 문학은 이제 스토리 만들기와 관련된 모든 작업들을 그 이름
으로 껴안을 수 있게 된다.

필요한 일은, 흔한 말로 사람들과의 소통이다. 문학이나 인문학의
위기가 이 부분이 원활하지 못하기 때문이라는 지적에 귀 기울여야

하지 않을까. 사실 문학연구와 달리 평론은 문학작품과 독자 사이에서 이 일에 보다 친절한 역할을 해야 할 터인데, 현실은 거꾸로 간 감이 없지 않다. 혹시라도 자폐적 난해성에 빠져서 위기론을 자초한 면은 없는지 두루두루 되돌아볼 일이다.

  나 개인적으로 볼 때, 여기 씌어진 글들은 그동안 가깝게 지내오면서도 별로 그 세계를 깊이 있게 다루어보지 못한 이들에 대한 존경을 담은 글들이기도 하다. 이들은 연령별로는 꽤 떨어져 있고, 등단 시기의 폭도 넓지만, 크게 보면 모두 동세대를 살고 있는 이들이다. 라이프 사이클이 너무 빨라 조속/조로가 일반화된 현상은 바람직하지 못하기에 이 점은 앞으로도 큰 원주(圓周)로 거듭 다시 그려져야 할 것이다.

2012년 초여름<br>
김주연

차례

책머리에 5

## 제1부

고양이와 쥐, 개 그리고…… 사람─편혜영의 소설  11
자연주의를 넘어서─우화─김 숨의 소설  31
서사의 관리와 '기계천사'─김영하의 소설  51
'미니멀' 투어─이야기 만들기─정영문의 소설  70
라멕의 노래─김영현의 소설  90
기억의 바다, 그 깊이에 홀린 물고기─이인성의 소설  103
소리와 새, 먼 곳을 오가다─윤후명의 소설  122
문체, 그 기화(氣化)된 허기─오정희의 소설  141
명분주의의 비극─현길언의 소설  159
문학과 종교적 상상력─이청준의 소설  178

## 제2부

신체적 상상력─직선에서 원으로─김기택의 시  197
허기와 시적 생산성─김혜순의 시  216
치열한 서늘함, 지독한 사랑─고정희의 시  237
몸의 소멸과 관능, 노동─신달자의 시  243
냉정한 두뇌, 슬픈 심장의 언어─박이문의 시  253
한국문학과 종교적 영성─윤동주의 시  262
시와 시인의 홍수 가운데에서  280

## 제3부

데린쿠유와 아르테미스  289
종교적인, 너무나 종교절인  301
권태 속의 퓨전, 그리고 문학  312
두 자아의 대립 해소는 불가능한가  324
돈의 이데올로기─한국소설 한 세기의 풍경  331
활자와 영상의 융합  345
한(恨)을 넘어서는 품위의 문화와 삶  349
영상미디어에의 욕구와 신(新)부족주의  353
당신이 문학을 아는가  357
인문학, 여전히 위기다  361
한국문학의 세계화  364

제1부

# 고양이와 쥐, 개 그리고…… 사람
## ──편혜영의 소설

## 1. 일차원의 세상

  상승에는 끝이 없지만 추락의 끝은 땅이다. 나락이라는 말이 있고, 그것은 땅속의 어떤 구덩이를 전제 혹은 연상시키지만, 그리하여 마치 지하로 끝없이 떨어지는 일이 가능하기라도 한 듯하지만, 떨어져 보았자 결국 땅 위다. 이것은 인간에게 늘 비상(飛翔)의 욕구가 있다는 것을 의미한다. 말하자면 인간은 땅 위를 살아가고 있으면서도 항상 그 이상을 꿈꾼다. 꿈꾸지 않는 인간은 없다. 모든 생명 있는 존재는 지상을 살아가지만 꿈꾸면서 살아가는 존재는 인간뿐이다. 물론 하늘을 나는 새와 물속을 헤엄치는 물고기가 있으나 그들 역시 지상을 기본 기준으로 하고 있다는 점에서 지상적 존재라고 할 수 있다. 그러니까 천상이냐 지상이냐 혹은 천상 지향적이냐 지상 안주냐 하는 차원Dimension에서 볼 때 지상적 존재이면서 그 이상을 꿈꾸는 존재는 인간밖에 없을 것이다. 만약 인간이 그 꿈을 포기한다면? 그 꿈

자체를 각성하지 못한다면? 더 나아가 그 꿈을 죽이려고 한다면? 그는 인간이라는 말에 어울리기 어렵지 않을까. 흔히 우리는 못된 사람을 가리켜 "짐승보다도 못하다"라는 표현을 쓰는데 그건 아마도 이렇듯 꿈과 무관한 인간 존재와 관련된 지칭이리라.

꿈의 소멸, 꿈의 학살은 인간의 물질화가 진행될 때 더불어 진행된다. 인간 역시 육체라는 물질로 구성되어 있지만 그 육체는 또한 정신과의 연립 상태에서 운행되는 존재다. 육체는 물질적 존재이면서 동시에 정신의 간섭을 받는다는 것이다. 가장 바람직한 상태는 흔히 상호 절제를 통한 조화로 인식된다. 그러나 이러한 인식이 실현되는 경우란 거의 발생하거나 존재하지 않는 것 같다. 이성과 과학의 발달에도 불구하고 지구촌 도처에서 일어나고 있는 테러와 전쟁, 탐욕의 분규는 그것이 아예 불가능한 일이 아닌가 하는 의구심의 현장으로서 늘 우리를 괴롭힌다. 그렇다기보다는, 우리 자신이 바로 문제의 주인공들이다. 천상으로의 꿈을 잃어가고 있는 현대인들은 어느덧 물질 그 자체로 이 지상에 추락하여 지상과 딱 달라붙은 삶을 살아가고 있다. 지상에 딱 붙어 살아가고 있는 생물체들은 항상 동일한 차원에서 부딪힐 수밖에 없고, 그리하여 항상 싸울 수밖에 없다. 고도가 같은 비행기가 충돌할 수밖에 없는 원리다. 더 높이 오름으로써 다양한 고도를 확보하지 못하고 땅 위를 '기어갈 수'밖에 없는 존재들의 존재론적 비극이다. 이때 그 존재는 존재 자체가 싸움을 통해, 그리고 거기서의 승리와 패배를 통해 존재를 유지하거나 소멸한다. 약육강식, 강자독식의 논리는 이제 그 사회를 지탱하는 에토스의 영역이 된 것이다. 곧 고양이와 쥐의 윤리이다.

『아오이가든』이라는, 그 뜻조차 모호한 소설집을 2005년에 내놓고 이후 계속해서 '괴담'을 뿌리고 있는 젊은 소설가 편혜영의 소설은 바로 이 고양이와 쥐에 관한 이야기다. 더 정확하게는, 고양이와 쥐가 된 인간의 이야기다.

숲에서 찾아낸 것은 저수지 근처에서 불태웠다. 그중에는 아직 숨이 붙어 있는 고양이도 있었다. 고양이는 불에 몸이 달궈졌을 때에야 정신을 차렸다. 그러고는 불꽃을 수염처럼 달고 인근 저수지로 뛰어들었다. 소각을 담당하던 대원 중의 하나는 구렁이같이 기다란 생물체가 고양이를 채 갔다고 했다. 〔……〕 게다가 그 현실감 없는 생명체가 채 간 것은 불에 탄 고양이였다. 〔……〕 소각이 끝난 후 불타고 남은 잔해들은 어차피 저수지에 버릴 생각이었다. 고양이는 조금 일찍 버려진 것에 불과했다. (①-11~12)[1)]

셋째는 쥐의 배를 가르는 일을 계속했다. 셋째가 던져준 과자 부스러기를 받아먹고 자란 쥐는 살이 통통하게 올랐다. 셋째는 녹이 슨 칼로 쥐의 배를 갈랐다. 가른 배에서는 붉은 피와 내장에 휩쓸려 새끼 쥐 몇 마리가 튀어나왔다. 피를 묻힌 맨살의 죽은 쥐들이 방 안을 숨처럼 떠다녔다. 사방의 벽에서 떨어진 벌레들이 쥐를 피해 갈라진 틈으로 숨었다. (①-31)

---

1) 이 글에서 언급하는 편혜영의 작품은 다음과 같다. ①『아오이가든』(문학과지성사, 2005) ②『사육장 쪽으로』(문학동네, 2007) ③『재와 빨강』(창비, 2010) ④『저녁의 구애』(문학과지성사, 2011). 이후 이 책 전체에 걸쳐, 본문에 인용할 때는 해당 번호와 쪽수만 밝힌다.

앞의 인용은 고양이가 쥐를 잡아먹거나, 쥐가 고양이에 의해 죽임을 당한다거나 하는 일반적인 생태와도 무관하고, 18세기 프랑스 사회에서 행해졌던 '고양이 대학살'의 사회/정치적 의미나 상징과도 무관하다.[2] 앞의 인용은 실종자들을 수색하는 과정에서 저수지와 저수지 부근 숲에서 발견된 고양이와 쥐의 모습을 묘사하고 있을 뿐이다. 그러나 그 묘사는 단순한 서사, 즉 어떤 행동이나 사건, 혹은 사람의 심리나 내면의 묘사라고 하기에는 어딘가 복잡한 양태를 띠고 있다. 쥐와 고양이의 장면은 먹고 먹히는 인과관계로 가깝게 연결되어 있지 않고, 오히려 동떨어진 상태에서 소설 화자에게 각각의 의미로 자신들을 제공하고 있다. 그 제공된 자료는, 놀랍게도 고양이나 쥐와 마찬가지로 일종의 엽기 재료다. 사실 고양이나 쥐나 사람들에게 직접적으로 유익한 동물들은 아니다. 넓은 먹이사슬의 둘레에서 볼 때에는 그 나름의 생태학적 삶의 의미가 있겠으나 당장의 유익으로 연결되는 동물들은 아닌 것이다. 물론 고양이의 경우 일부 여성들에게 애완동물로 받아들여지기도 하지만, 그 애호성이 오히려 화근이 되는 역사도 보아왔다. 쥐의 경우는 현대 의학의 발전 과정에서 실험용으로 쓰이는 용도가 있으나 이 역시 직접적인 유익과는 상당한 거리가 있다. 요컨대 고양이든 쥐든 인간의 문화 속에서 긍정적인 평가의 대상이 된 적이 별로 없는데, 편혜영의 소설에서도 그것들은 노골적인

---

[2] 1730년대에 파리의 한 인쇄소에서 인쇄공들에 의해 고양이 살해 사건이 일어났다. 수십 마리의 고양이들을 한꺼번에 죽인 이 사건은, 부르주아의 사랑을 받는 고양이들에 비하면 동물만도 못한 처우를 받는 것에 반발한 노동자들이 행한 의미 있는 폭동으로 기록된다. 특히 계략에 속은 주인의 학살 지시와 애완 고양이를 감싼 그 부인이 대조를 이루는 『고양이 대학살』은 부르주아 풍속을 희화화한다. 로버트 단턴의 『고양이 대학살』(조한욱 옮김, 문학과지성사, 1996) 참조.

역겨움의 대상으로 나타난다. 앞의 인용에서 고양이는 주체적인 행동에서 단절된 피사체로서 불에 탄 것으로 그려짐으로써 그 역겨움의 참혹함을 증가시킨다. 쥐도 마찬가지다. 배가 갈라진 죽은 모습이 되어 떠다니는 소름 끼치는 광경으로 나타난다. 실종된 사람들은 나타나지 않고 그 대신 등장한 고양이와 쥐의 끔찍한 사체들! 혹시 그것들은 실종된 사람들의 변종 아닐까? 생각이 여기에 이르면, 고양이와 쥐로 변신/추락한 인간 존재, 구원에서 멀리 떨어진 타락한 인간 존재를 뒤집어 보여주는 작가의 종말론적 상상력에 전율하지 않을 수 없다. 이러한 추론이 타당하다면, 편혜영의 소설은 인간을 고양이, 쥐와 같은 일차원의 범주one-dimensional category에 갖다 놓는 알레고리로서 읽는 방법 이외에 다른 독서는 없어 보인다.

편혜영에게서 이 세상은 구원의 통로가 보이지 않는 '아오이가든'이다. 이 가든 아닌 가든에는 쓰레기가 쌓여 있고, 비에 섞여 시커먼 개구리들이 바닥으로 떨어져 그 쓰레기 더미 속으로 빨려 들어가는 가든이다. "인적은 끊겼지만 거리는 한산하지 않은" "집에서 쫓겨난 동물들이 거리를 배회하는" "동물의 배설물들과 사체도 쓰레기 더미에 섞여 쌓이는" 그런 가든이다. 한마디로 죽음의 가든이다. 가든이라고 할 수 없는 이 도시에는 당연히 모든 것이 썩는 냄새만 진동한다. 고양이는 여기서도 출몰한다.

고양이가 다가와 얼굴을 핥았다. 얼음처럼 차가운 혓바닥이었다. 〔……〕 벌어진 누이의 가랑이 틈으로 고양이가 빠져나갔다. 〔……〕 고양이는 간밤 내내 등을 구부려 긴 혓바닥으로 생식기를 핥아댔다. 발정기만 되면 있는 일이었다. 〔……〕 그녀는 뱃속에서 터져 나온 고양이 새끼들을 베란다 바깥으로 던졌다. 갓 태어난 새끼들은 시커먼 쓰레기 더미에 묻혀 자취를 감췄다.(①-37~39)

발정을 하고 새끼를 낳는 것 이외에 할 일이 없는 고양이는 버려진다. 그 과정은 생생한 묘사와 더불어 도시의 죽은 모습을 더욱 강화하는 데 기여한다. 역병이 휩쓸고 있는 도시는, 글자 그대로 죽음의 도시다. 여기서 생명을 부지하고 있는 것은, 대책 없이 생식을 거듭하는 고양이와, 애비를 알 수 없는 임신을 한 화자의 누이뿐이다. 그러나 과연 그들은 움직이는 생명체인가. 둘은 다시금 생명 아닌 죽음의 상징으로 무섭게 그려진다.

고양이는 복도에서 밤새 울었다. 그것은 가임기의 산모와 갓난아이가 거주한 지 오래된 아오이가든에서는 참기 힘든 소리였다. 〔……〕 어쨌거나 고양이를 함부로 죽일 수는 없었다. 고양이는 귀신도 볼 수 있는 동물이었다. 〔……〕 또 목숨이 일곱 개나 된다고도 했다. 〔……〕 그녀가 택한 것은 고양이 자궁을 들어내는 일이었다. 〔……〕 칼이 지나갈 때마다 고양이는 몸을 단단하게 오므렸다. 〔……〕 고양이는 사람에게 역병을 옮겼다는 혐의를 받는 동물 중 하나였다.(①-45~48)

흥미로운 것은 이때 고양이 자궁을 들어내는 수술을 한 누이 또한 배가 부르더니 개구리를 낳았다는 사실이다. 이와 관련하여 「아오이가든」은 의미심장한 보고를 행한다. 다음 몇 대목을 보자.

이제 엄마는 너를 죽일 거야. 고양이와 나는 죽은 것이나 다름없으

니까.(①-58)

　피로 물든 누이의 가랑이에서 나온 것은 다리가 가늘고 몸통이 큰 개구리였다. 그것은 실로 나를 닮아 있었다.(①-60)

　나는 개구리들을 따라 발돋움질을 했다. 그것들은 내 누이의 아이들이었다. 〔……〕 나는 마디가 달라붙은 두 팔을 펴고, 나뭇가지처럼 가벼운 다리를 벌린 채 비강을 활짝 열었다. 죽은 새끼들이 썩은 몸을 일으켜 긴 소리로 울며 낙하하는 나를 마중하였다.(①-60)

　이들 세 인용을 정리하면 이렇다: 고양이는 쓸모없는 새끼나 낳고 버려지는, 그것은 생명의 생산자 아닌 죽음의 증식자. 그런데 화자인 '나'도 그와 같은 존재다. 즉 고양이=나. 누이는 사람 아닌 개구리를 낳았는데 개구리 또한 화자인 나를 닮았다. 즉 개구리=나. 그 개구리들은 비가 오는 바깥으로 발돋움질해서 넘어갔고, '나'도 뒤따랐다. 그러나 바깥에는 죽은 새끼들이(고양이 새끼인지 개구리 새끼인지 알 수 없으나 아마 둘 다일 것이다) "썩은 몸을 일으켜 긴 소리로 울며 낙하"하는 '나'를 마중한다. 결국 나는 고양이도 되고 개구리도 되는 동물 수준으로 '낙하'한 것이다. 이제 인간은 고양이와 개구리, 그리고 쥐와 더불어 동일한 차원, 동일한 범주를 살아가는 동물이 된 것이다.
　첫 소설집 『아오이가든』에 실린 모든 다른 작품들은 한결같이 이 같은 인간 추락을 보여주거나 암시하는 알레고리 우화집의 면모를 형성하고 있다. 한여름엔 50도가 넘고, 겨울엔 영하 32도까지 내려가는 극심한 기온 변화가 일어나는 나라의 생태를 다루고 있는 「맨홀」, 호수에 떠오른 젊은 여성의 벌거벗은 시신을 소재로 삼은 「문득,」, 한 청년의 살인 모험을 다룬 「누가 올 아메리칸 걸을 죽였나」 등 같은 소설집의 수록작 대부분들이 모두 인간 추락의 주제와 연관되면서 인간과 동물의 일차원화(一次元化)를 가감 없이 촉진하고 있다. 그 가운데에서 「문득,」에 등장하는 고양이와 쥐의 관계는 급기야 약육강식의 처절한 참극의 현장을 그대로 노출시킨다.

제니퍼는 결국 쥐 한 마리를 물고 왔다. 자기를 공격할까 봐 물고 온 것이라기보다는 단지 심심해서 물고 온 것 같았다. 쥐는 집에 들어올 때까지 숨이 붙어 있었다. 〔……〕 쥐는 도망치려고 했다. 그러나 숨통이 조금씩 끊어져가는 쥐보다 제니퍼가 빨랐다. 제니퍼는 쥐의 모가지를 꽉 물었다. 〔……〕 "징그러워하지 마. 고양이의 습성일 뿐이야. 〔……〕 나비한테는 쥐새끼가 처음이잖아, 좀만 참으면 쉽게 죽일 거라고."
여자가 참을 수 없었던 것은 가슴이 찢겨 꼬물거리는 시뻘건 내장이 튀어나온, 그러면서도 숨통이 끊어지지 않아 가늘게 숨을 쉬고 있는 쥐새끼가 아니었다. 제니퍼의 혓바닥이었다. 〔……〕 제니퍼가 천천히 여자의 축축한 몸을 핥았다. 〔……〕 그러나 그 축축한 혓바닥의 느낌은 묘하게 여자를 안심시켰다. 여자는 축축하고 냄새나는 이불에 제니퍼와 누웠다. (①-107~108)

결국 동일한 차원에서 충돌함으로 어느 한쪽이 다른 한쪽을 죽일 수밖에 없는 동물적 존재로서의 인간은 마침내 쥐를 죽인 고양이와 동침하기에 이른다. 이로써 인간의 살상 동물화는 그들과의 완벽한 일차원에서 수행된다. 사람은 곧 고양이이자 쥐인 것이다.

## 2. 재앙의 출현

1997년 11월 27일 발생한 이른바 IMF 위기는 다가오는 21세기가 결코 장밋빛 꿈의 세기가 아닌, 불길한 재앙의 시간이리라는 예감을 가져왔고, 이 예감은 21세기의 문이 열리자마자 테러당한 뉴욕 무역센터의 참사로 불행하게도 적중하였다. 그렇게 21세기는 으스스하게 시작되었다. 글로벌, 혹은 세계화라는 말을 전 세계에 유포시킨 신자유주의는 인간의 자유라는 것이 글자 그대로 자유롭게만 표출될 때, 욕망의 자유 이외에 아무것도 아니라는 인식을 널리 퍼뜨리고 있는 중이다. 무엇보다 소위 '금융'이라는 것이 규제 → 탈규제로 바뀌면서 '돈'을 향한 사람들의 질주는 목불인견의 모습을 드러냈다. 말이 그럴싸해 '금융'이지, 그것은 모든 머리를 '돈'으로 집중시키는 아귀(餓鬼)의 놀이터라고 하는 편이 꼭 맞아서, 그들 금융인들의 표현대로 온갖 첨단 기법이 동원되면서 돈놀이와 돈 먹기로 온 세계는 아수라장이 되었다. IMF 금융 위기를 겪은 세계는, 그럼에도 불구하고 여기서 쓴 교훈을 얻은 대신, 더욱더 첨단의 방법론을 개발하면서 돈구덩이로 매몰되어갔다. 그 결과 무슨 금융 위기, 또 무슨 금융 위기는 흡사 파도처럼 주기적으로 밀려오면서 사람들의 살림살이를 할퀴고 마음마저 황폐화하고 있다. 이제 선량한 시민들은 '금융' 앞에 '개미'가 되었고, 그 이름도 낯선 리먼 브라더스니 메릴 린치니 하는 머나먼 금융 회사들이 그야말로 '브라더스'처럼 친숙하게 되었다. 금융 위기가 올 때마다 우리네 '개미'들은 쪽박을 차고, 그들 '금융인'들은 오히려 더 거부가 되어갔다. 궁핍의 세계화는 이렇게 금융 위기와 더불어 진행되어갔고, 평소 우리보다 잘사는 나라로 부러움의 대상이 되었던 유럽조차 흔들리면서 우리를 함께 흔들고 있다.

화불단행(禍不單行)이라고 했던가. 경제 위기는 더 큰 재앙을 지금 우리 곁에 불러오고 있다. 얼핏 금융과 인과관계가 있는 것으로 보이지는 않지만, 필경 인간 욕망의 무절제한 산물임이 분명한 재앙은 기후와 역병의 기습 형태로 나타났다. 2000년대 후반 이후, 전 지구에서 나타나고 있는 기후변화에 의한 이상 현상이 이제는 아예 정상적인 새로운 현상으로 바뀌고 있을 정도다. 계절의 구분 없이 나타나는 홍수와 가뭄의 반복은 마침내 쓰나미를 일으키고 있고, 일본과 중국을 비롯한 지구촌 곳곳을 흔드는 지진은 급기야 올해 초 일본에서 원자력 발전소를 마비시키고 핵 누출 사태까지 야기하지 않았는가. 인간 이성의 결집으로 평가되는 과학기술의 총체적 모습이 자연 앞에 속수무책으로 무너지는 것을 우리는 꼼짝없이 목격하고 있다. 아이슬란드의 화산 폭발은 유럽과 다른 세계의 교통도 단절시켰다. 온 세계인들이 기회의 땅으로 동경하면서 이주해 온 미국에도 토네이도 같은 끔찍한 재앙이 해마다 반복되고 유럽의 물바다 현상도 연례행사가 되다시피 한다. 마침내 태국의 수도 방콕은 침수로 인해 도시 자체가 사라질 위기에 봉착하기도 했다.

이런 가운데에 역병 또한 도처에서 창궐하고 있어 과연 종말이 가까워오고 있음을 피부로 느끼게 한다. 2002년인가 중국 쪽에서 사스라는 독감이 번져 들어오더니 이어서 조류독감이 유행하였고 재작년에는 신종플루라는 괴이한 독감이 또 세계를 강타하였는데, 이 세 가지는 모두 한국을 예외 지역으로 놓아두지 않고 괴롭혔다. 기존의 치료약을 무색게 하면서 마치 중세 흑사병처럼 나라를 넘나들며 맹위를 떨친 이 질병들로 희생된 사람 숫자는 엄청났다. 또한 사람들에게는 영향이 없다고 하지만 조류독감에 이어 구제역이라는 가축 병도 생겨나서 멀쩡한 소와 돼지가 닭과 더불어 생매장당하는 끔찍한 일이 지난해에도 거의 날마다 일어났다. 이게 어디 사람 사는 세상인가.

일이 여기에 이르러도 사람들은 회개하거나 반성하지 않았다. 회개라니! 그 용어는 특정 종교를 연상시킨다고 쌍심지를 들고 나오는 누리꾼들이 인터넷을 도배하곤 했으니 대체 어쩌자는 것인가. 생명과 죽음, 무시무시한 재앙 앞에서도 한갓 피조물인 인간들은 여전히 교만하였다. 있을 수 있는 재앙의 가장 큰 항목이 현실로 나타났음에도 창조주를 겸손히 바라볼 줄 모르는 인간들의 무감각, 무신경은 모든 죄의식조차 증발시킨 듯해 허허로울 뿐이다. 문학이, 소설이 이에 불감으로 나태하다면, 그마저 아예 폭삭 재가 된 것이리라.

금융 위기와 자연재해 그리고 치사율 높은 역병의 유행은 서로 달라 보이는 장르에도 불구하고 기본적으로 공통점이 있다는 사실이 주목된다. 그 모두 무절제한 인간의 욕망 그리고 교만의 산물이라는 것이다. 먼저 금융 위기란 무엇인가. 금융이란 신용을 배경으로 한 화폐(종이) 그리고 숫자(디지털 화상)의 놀이다. 그것은 실물이 아니라는 점에서 일종의 사이버 경제다. 아날로그에서 디지털로, 활자에서 영상으로 바뀐 이른바 IT 정보화 사회는, 요컨대 실재에서 사이버로 바뀐 사회라고 할 수 있는데, 문명의 발달이라는 긍정적 측면과 더불어 이 현실은 진실 대 허상, 진짜 대 가짜라는 평가와도 만날 수 있다.[3] 사이버는 사실상 오늘의 문화 주류를 이루는 특성이 되었지만 그것이 갖는 허상적 요소는 언제든 불안하게 남는다.[4] 이 불안은 갖가지 물리적 조건들 이외에도 인간의 탐욕이라는 심리적 요소에 의해 이미 현실화되고 있지 않은가. 재앙의 시작은 골드먼삭스니 뭐니 하는 낯선 이름들의 도래와 더불어 벌써 뉴욕의 월가에서 출발하여 전 세계를 가로지르고 있다. PC, 스마트폰 따위의 작은 허상 앞에서 손가락을 놀리는 동작과 더불어 숫자는 명멸하고 위기는 증폭된다. 인간의 이러한 탐욕에 대해 자연은 오래 참는 듯하지만 끝끝내 참지는 않는다. 각종 재해는 그 정확한 대응이며 역병의 창궐 역시 자연 변종에 따른 정직한 그 산물이다. 이런 과정은 너무나도 단순한 논리이며 질서인데 인간들이 짐짓 외면할 뿐이다. '나' 자신이 그 어느 것에 의해 죽을 때까지…… 편혜영의 소설은 이 시점에서 등장한다.

## 3. 재앙의 실현

편혜영의 소설적 상상력을 카프카적 상상력으로 곧장 연결하려는 시도는 별로 맞지 않아 보인다. 이 경우 주로 카프카의 「변신」에서 주인공 그레고르 잠자가 어느 날 갑자기 벌레가 된 상황을 포착하여, 이것을 편혜영의 동물적 상상력으로 치환시킨다. 그러나 카프카의

---

3) 김주연, 『가짜의 진실, 그 환상』(문학과지성사, 1998). 이 책은 화상/영상에 이미 관심을 갖기 시작한 1990년대 소설가들을 중심으로 화상/영상의 허상성과 그 의미를 탐구하고 있다. 미구에 닥칠 사이버 문학에 대한 예시로 읽는다.
4) 가령 단전이 되었을 때, 혹은 바이러스나 해커가 침입했을 때, 이 상황들의 장기화를 상상해보라. 그 허상성은 한순간에 현실화된다.

「변신」은 이른바 그의 '고독의 삼부작', 즉 『심판』『성』『아메리카』 등과 더불어 정치적 이데올로기로 움직이는 관료 체제에 대한 것으로 그 대상이 사회주의든, 자본주의든 포괄적으로 작동한다. 사실 카프카가 활동한 20세기 초의 세계는 자연주의 세계관에 이어 표현주의가 한 절정으로 가고 있는 시기였으며 그 역시 이 영향으로부터 자유로울 수 없었다. 인간을 자연과학적 시각에서 바라보고 해석하고자 하는 자연주의는 자연스럽게 인간과 동물의 차이를 보지 않는 결과를 초래하며, 결국 인간의 동물화, 물질화의 세계관에 기여하였다. 카프카에게서 자주 등장하는 동물의 세계, 혹은 의인화가 이러한 세계관과 가까운 관계에 있음은 틀림없다. 가령 그의 작품에 나타나는 원숭이, 개, 쥐 등을 어떻게 볼 것인가 하는 문제가 검토될 수 있다.[5] 그러나 카프카의 작품에 등장하는 동물들은, 인간적인 시각에서 관찰되고 그려진다는 점에서 '동물 〉 인간'의 역전된 관계를 드러낸다. 말하자면 동물이 차라리 인간보다 낫다는 관점이며 해석이다. 이런 의미에서 동물에 대한 이해를 '인간 〉 동물'의 차원에 그대로 놓아두고 동물 수준으로의 인간 추락과 이를 통한 일차원의 세상을 즉물적으로 풍자해가는 편혜영의 상상력은 카프카의 그것과 사뭇 다르다. 편혜영의 그것은 차라리 종말론적 상상력에 가깝고, 거기에는 아무런 초월

---

[5] 자유롭던 한 마리 원숭이가 인간들의 총격을 받고 사로잡히면서 원숭이이기를 포기하고 인간의 실존을 받아들이는 『학술원에 드리는 보고 Ein Bericht für eine Akademie』 (1917), 개들의 삶을 그들의 춤과 음악과 먹이를 중심으로 살펴 보고한 소설 『어느 개의 연구 Forschungen eines Hundes』(1921/22), 요세피네라는 여가수의 노래가 쥐들의 휘파람 소리와 별로 다를 것이 없다는 것을 쓰고 있는 『요세피네, 여가수 또는 쥐의 족속들 Josefine, die Sängerin oder das Volk der Mäuse』(1924)은 한결같이 동물들을 인격적으로 다루고 있으며, 그들은 오히려 인간화에서 어려움을 겪는다.

적 몸짓이나 언급을 일절 나타내고 있지 않음에도 불구하고 근본적으로 종교적이다.

고양이와 쥐는, 앞서 언급한 소설 이외에도 그의 다른 작품들에도 편재한다. 예컨대 편혜영의 첫 장편『재와 빨강』에서 쥐 등장의 문맥은 이렇다.

"쥐 때문이야."
근무조건을 통보받는 자리에서 그가 망설이다가 선발 이유를 묻자 지사장이 대답했다.
"쥐요?"
"그래, 쥐. 내가 보기에 자네만큼 쥐를 잘 잡는 사람은 없어."
[……]
하필이면 더럽고 더러운, 끔찍이 싫어하는 쥐 때문이라니.
"쥐를 잡는 사람은 저 말고도 많은데요"
[……]
"그때 내장이 덜렁거리는 쥐의 꼬리를 잡아 쓰레기통에 넣는 모습을 보고 감동했네."(③-28~32)

한국의 지사에서 본사가 있는 C국으로의 파견이 결정된 이유가 쥐를 잘 잡기 때문이라는 것이다. 일반적으로 납득되기 어려운 이러한 소설 논리와 소설 현실이 편혜영에게서는 일반화되어 있다.『재와 빨강』에는 개도 나온다. 고양이처럼 개도 귀신을 본다고, 그래서 싫어한다고 하면서도(화자를 통해서도) 개를 등장시킨다. 왜 하필 쥐와 개가 나와야 하는가. 그 이유는 소설 어디에도 나오지 않는다.『재와 빨강』에서 그들의 존재는 이미 운명이며, 말하자면 전사(前史, Vorgeschichte)이다. 쥐와 개는 소설에서 필요에 의해 등장하지 않고, 그 존재의 거북함, 그 존재의 제거를 위해 존재한다. 누가 존재해달라고 했는가? 그래도 작가에게는 이미 전의식(前意識, Vorbewußtsein)에 쥐와 개가 존재하고 있는 것이다. 그리하여 이제는 아무 상관없는 전처에게 개를 갖다가 치워달라고 연락을 하는, 보통의 인과관계와 거꾸로 된 존재의 전도 현상을 보인다. 이러한 전도는 선과 더불어 악이 존재하고, 그 악은 소멸되어야 한다는 선험적 혹은 연역적 논리의 세계이며, 그런 의미에서 종교적이다. 말하자면, 예언자적 지시의 논리이다.

좋아하지도 않는 개를 맡고 있었던 것은 전적으로 전처 때문이었다. 전처는 개를 좋아했고 그와 이혼한 후 개를 데려가겠다고 했는데, 그는 순전히 전처에게 개를 주고 싶지 않아서 자신이 키우겠다고 고집을 부렸다. 〔……〕 그가 개를 더 이상 참을 수 없어서 돌려주지 못해 안달할 때는 전처가 완강히 거절했다. 개를 내다 버리겠다고 해도 그러라고 할 뿐 꿈쩍도 하지 않았다. (③-64)

요컨대 개는 거추장스러운 존재였고 없어져야 할 동물이었다. 전처와 전남편 사이의 심리적 앙금만 다소간 그 사이에 남아 있을 뿐이었다. 그러나 개는 좀처럼 없어지지 않는다. 『재와 빨강』에서도 C국으로 떠난 그의 집에 남아 있는 개가 죽었다는 소식 대신 전처가 죽었다는 소식이 전해진다. 너무 집요하게 사람을 따르고 시끄럽게 굴어서 결국 산속에서 살해되는 개가 있기는 하지만(「산책」) 개든, 쥐든 간단히 그 존재가 없어지지는 않는다. 그들은 사람처럼 온갖 불운에도 생명력을 강하게 부지하는데, 그 자체가 바로 재앙이라는 사실을 소설은 일러준다. 이 점에서 소설은 예언자적 목소리를 갖고 있으며, 거듭 말하지만, 종교적이다. 현실에서 재앙이 일어나고 있음에도 불구하고 까닥하지 않는 인간들을 위한 재앙의 복사, 혹은 그 본질의 경고를 던지고 있는 편혜영의 소설은, 이를테면 재앙의 예술적/문학적 실현이라고 할 수 있다. 쥐가 세상에서 없어질 것인가? 아니다. 그 확률은 사람이 없어질 것만큼이나 희박하다. 그리하여 온갖 재앙에도 불구하고 더욱더 '금융 위기'를 확산시키듯 인간의 탐욕은 그치지 않는다.

대개의 쥐가 약 때문에 죽는다. 쥐는 약을 먹으면 몸이 쇠약해져 먹이를 먹지 못하게 된다. 그러다가 폐의 혈액순환이 어려워지면 공기를 찾아 어두컴컴한 쥐구멍을 벗어나 환한 밖으로 몸을 끌고 나와 죽는다. 〔……〕 인간의 경우도 마찬가지다. 어떤 바이러스도 지구상의 인간을 다 죽일 수는 없다. 99.99퍼센트가 죽는다고 해도 자연면역을 갖춘 생존자는 반드시 살아남는다. 〔……〕 쥐와 마찬가지로 인간도 쉽게 소탕되는 종이 아니다. (③-116~117)

사람은 이렇듯, 고양이와 쥐와 개…… 등등과 마찬가지의 존재일 뿐이다. 그렇게 살아남는, 재앙을 잉태한 존재다. 아니 어쩌면 그들보다도 훨씬 못한 존재일 수도 있다. 현실에서 재앙은 홀연히 출현한 것으로 보이지만 소설에서 재앙은 이미 잠재되어 있던 인간성이 실현된 것으로 나타난다. 편혜영의 소설은 그것을 다시 실현한 것이다.

다음에 이르면 사태의 심각성과 명확성이 여지없이 드러난다.

> 그는 쓰레기를 뒤지면서 생존을 위한 경쟁자가 부랑자들이 아니라 쥐라는 것을 실감하곤 했다. 그러나 얼마 지나지 않아 쥐가 자신과 경쟁할 만한 상대가 아니라는 걸 깨달았다. 쥐는 항상 그보다 빨랐다. 쥐는 그가 찾지 못하는 것을 찾았고 그가 먹지 못하는 것을 먹었으며 그가 먹을 수 있는 것을 먼저 먹었다. 〔……〕 명백히 그의 처지는 쥐보다 못했다. (③-118~119)

> 쥐가 나타날 때까지 가만히 앉아서 언젠가 분명히 쥐가 지나갔을 어둡고 좁은 길을 바라보노라면 자신이 거대한 한 마리의 쓸모없는 쥐가 된 느낌이었다. (③-175)

## 4. 실종 ── '인간', 세상에는 없다

『재와 빨강』의 주인공은 결국 C국에서 쥐나 다름없는 운명으로 떨어지고 본국으로의 어떤 소통도 단절된다. 본국에서 볼 때 그는 완벽하게 실종된 것이다.

실종은 편혜영 소설의 또 다른 모티프이다. 어쩌면 가장 중요한 모티프일 수 있다. 그의 여러 소설들에서 일어나는 실종 사건은, 그러나 해결되지 않은 채 종결된다. 산 사람으로 다시 돌아가지도 않고 시체로 발견되지도 않는다. 소설은, 실종과 무해결의 종결 사이에서 일어나는 일들의 보고가 그 내용이 된다. 실종은 완벽한 실종으로 실현되거나 실현을 자초하는 위험 속으로 걸어 들어감으로써 실종 여부를 미결로 남겨놓는 미궁책을 취하기도 한다. 고양이와 쥐, 개를 거쳐 이들 동물들이 거의 출몰하지 않는 최근작 『저녁의 구애』에 이르면 이러한 실종은 모티프를 거쳐 주제로까지 발전한다.

『저녁의 구애』에서 실종이 구체적으로 실감 있게 등장한 작품은 「통조림 공장」이며 실종의 위험에 직면한 작품은 「산책」과 「정글짐」, 그리고 「관광버스를 타실래요?」이다. 「토끼의 묘」에도 일종의 실종이 나오긴 나온다. 작품집의 표제작인 「저녁의 구애」역시 '실종'과 무관하다고는 할 수 없는 작품이다. 「통조림 공장」의 경우 명백하게 공장의 공장장이 실종되고, 다시는 나타나지 않는다. 여기서 주목되는 일은 그의 실종이 공장의 일상은 물론, 그가 가장으로 있는 가정에도 어떤 충격도, 변화도 주지 않고 있다는 사실이다. 그의 실종에도 불구하고 일상은 똑같이 반복될 뿐이다. 이러한 반복과 심리적 무료는 사람의 실종뿐 아니라 전염병의 창궐(『재와 빨강』), 지진(「저녁의 구애」「재와 빨강」) 등의 재앙에도 변함없이 지속된다. "지진이나 쓰나미 같은 것은 어쩌지 못하는 사이 모두에게 닥치는 일이었다. 그러니 두려울 게 없었"(④-51)으며, 불행은 오히려 모두 무사한데 자신에게만 불운이 닥치는 '개인적'인 것으로 지칭된다.

진짜 재앙은 천재지변이나 역병의 유행 같은 엄청난 재앙에도 불구하고 크게 변하지 않는 세상, 그 세상을 살아가는 사람들의 마음속이다. 사람들은 가정의 가장이 실종되어도, 그가 속한 조직의 책임자가 실종되어도 두려워하거나 변하지 않는다. 재앙은 이렇듯 개인화, 내면화됨으로써 표출되지도 않고 객관화되지도 않는다. 마음속으로 들어가버린 재앙이므로 그 재앙은 계산되지 않는다. 계산되지 않는 것은 따라서 존재할 수 없다. 편혜영의 소설이 버려진 동물들의 냄새, 끔찍한 사람들의 시신, 그리고 알 수 없는 미로와 더불어 일어나는 실종 등과 같은 재앙의 연속 가운데에서도 슬픔과 분노, 절망의 과잉 감정이 노출되지 않는 이유는 이와 같은 내면 반응의 무변화 내지 무표정에 있다고 할 수 있다. 세상이 썩어가고 땅이 흔들리는데도 마음은 흔들리지 않는 것이다. 어떻게 된 셈인가. 도통했는가. 해탈했는가. 불감증인가.

재앙 불감증이라고 부를 수 있는 무표정의 '마음속'은 결국 세상 전체, 그러니까 이른바 사회적 시스템의 무방비로 이어진다. 예컨대 이렇다.

> 장례식장으로 가는 동안 몇 군데 슈퍼마켓에 더 들렀으나 어디에도 재난에 대비하는 통조림은 없었다. (④-52)

> 이미 죽었거나 곧 죽게 될 것은 영정의 주인이었지 그가 아니었다. 김은 한 번도 죽음을 진지하게 생각해보지 않았음을 깨달았지만 그것이 다였다. (④-55)

세상은 사실의 세계로 구성되지만, 인간은 사실 이외의 인식의 세계를 더하여 구성된다. 전염병과 지진, 금융 위기는 사실의 세계로서 재앙이다. 그러나 그것이 재앙으로서 받아들여지는 것은 인간에게 있어서 그의 인식을 통해 비로소 이루어진다. 전염병과 지진, 금융 위기가 어느 한 개인을 피해 갔다면, 그리고 편혜영처럼 거기서 위기를 느끼지 않았다면 그것은 재앙이 아니다. 그러나 과연 그럴까. 편혜영의 소설이 진짜 말하고 싶었던 것은 이 같은 불감과 이기(利己)가 지닌 위기이다. 가능한 한 최대로 감정을 배제하면서 마치 탈수된 인간들을 내세우듯 하는 작가의 즉물적인 건조체의 문장들은 마치 계시록의 경고처럼 내게는 울린다. 그의 이 종말론적 상상력이 이제 보다 현실적인 스토리로 연결되기를 기대한다.

〔2011〕

# 자연주의를 넘어서—우화
## —김숨의 소설

### 1. 소멸의 양상

  소장 여성 작가 김숨의 소설은 소멸의 많은 양상들을 보여주면서 이에 맞서는 문학의 힘을 찾아가는 안쓰러운 노력을 보여준다. 가공(加工) 혹은 숨은 알레고리를 통해 그는 현장의 한복판에 있다. 물론 그곳에 있는 소설가가 김숨 혼자인 것도 아니며, 그의 노력이 가장 바람직한 방향 및 성과와 직결되는 것이 아닐는지도 모른다. 그러나 그의 세계는 눈물겹다.[1]

---

[1] 김숨에게는 세 권의 소설집과 다섯 편의 장편소설이 있는데 소설집과 장편 들을 연대순으로 보면 다음과 같다: 소설집 ①『투견』(문학동네, 2005) ②『침대』(문학과지성사, 2007) ③『간과 쓸개』(문학과지성사, 2011) 장편 ④『백치들』(랜덤하우스, 2006) ⑤『철』(문학과지성사, 2008) ⑥『나의 아름다운 죄인들』(문학과지성사, 2009) ⑦『물』(자음과모음, 2010) ⑧『노란 개를 버리러』(문학동네, 2011). 이 글은 ②, ③, ⑤, ⑥, ⑧에 집중되었다.

남편이 미라의 육체 위로 기어 올라갔다. 한껏 발기된 살덩어리를 미라의 그곳에 버둥거리며 집어넣었다. 3천 년이라는 장구한 시간 동안 부패되지 않은 미라의 육신 속에, 그는 자신의 정액을 충만히 쏟아놓고는 만족스러운 탄식을 내질렀다. 나는 정액의 비릿한 냄새를 맡으며 꿈에서 깨어났다. 꿈에서 깨어나는 순간 나는, 남편의 정액이 미라의 육신에서 새 생명으로 싹트기를 주술처럼 기원했는지도 모르겠다. (③-238)

세상 어느 아내가 남편이 다른 여자(그것이 비록 미라일지라도)에게 정액을 쏟아붓기를 염원하겠는가. 그러나 꿈에서일지언정, 아니 꿈에서라도 그것을 기원하였다면, 그것을 그린 소설은 적어도 평범한 리얼리즘은 아닐 것이다. 앞의 장면을 담고 있는 소설 「육(肉)의 시간」은, 앞의 장면을 꿈속의 그것으로 처리하고 있는 것과 달리, 또 다른 다음 장면을 보여준다.

마당에서 그녀가 흔들리는 소리가 들려왔다. 나는 자궁 속에서 쇳가루가 날리는 듯한 고통을 간신히 참으며 남편과 여자의 육체의 결합을 지켜보았다.
남편은 아래위로 천천히 몸을 움직이기 시작했다. 차분하게 가라앉아 있던 여자의 머리카락들이 물결처럼 출렁거렸다. 그의 움직임은 점점 더 빨라져 걷잡을 수 없는 지경에까지 이르렀다. 여자의 머리카락들이 해일처럼 일어 그를 삼키듯 뒤덮었다. 〔……〕 썩은 우유와도 같은 정액 냄새가 공기 중에 감돌았다. 〔……〕 여자의 가랑이 쪽은 축축이 젖어 있었다.

[······] 그리고 여자는 지금도 소파에 죽은 듯이 누워 있다.

남편의 불온한 욕망에도 불구하고, 여자의 육체는 어느 한 곳도 부패되지 않았다. 진실로, 어느 한 곳도. (③-247~249)

사실처럼 묘사되어 있으나 사실이라고 생각할 독자는 없다. 그렇다면 이 장면 역시 아내의 꿈인가. 꿈이라고 되어 있지는 않다. 그렇다면? 사실과 비사실의 시공의 구분 없이 차원을 이동하는 김숨의 소설들은 그렇기 때문에 상징, 혹은 환상소설도 아니며 평범한 리얼리즘에 속하지도 않는다. 더 정확하게 말한다면 때로는 이렇게, 때로는 저렇게, 그리고 때로는 이렇게 저렇게 섞인다. 굳이 말한다면 전체적으로 알레고리 소설들이라고 나는 부르고 싶다. 그 알레고리는 삶과 역사의 소멸이며, 거기에 저항하는 노력으로서의 문학적 가공이다. 말하자면 소멸할 수밖에 없는 역사와 인생이 슬퍼서, 혹은 무서워서 무엇인가를 내놓고자 하는 장치로서의 소설인 셈이다. 그 장치는 작가 스스로의 실존의 내부까지 담보하는 의식/무의식 혹은 그것을 넘어서는 환상으로까지 가지는 않으나, 현실적인 서술의 세계에만 머무르지도 않는다. 인생을 향한 어떤 교훈으로서의 비유, 즉 알레고리적 장치를 피할 수 없는 것이다. 남편이 정체를 알 수 없는 젊은 여인을 집으로 데려다 놓는다든지, 그 여인의 입주를 아내가 받아들인다든지 하는 상황은 현실적 리얼리티가 결여된 전개이지만, 김숨의 소설에서는 천연덕스럽게 이곳저곳에서 자행된다. 더구나 남편이 자기 방에서 걸어 나와서 거실 소파에 누워 있는 문제의 낯선 여인과 성교를 한다는 진행은, 매우 거친 우의적(寓意的) 상황이 아닐 수 없다. 뭔가, 소설적 의미가? 이 물음을 촉발시키는 것이 알레고리다. 이에 대한 일차적 해명은 아마도 이럴 것이다: 남편은 박물관 직원이다. 어느 날 집으로 데려온 여자는 흡사 미라처럼 생명감을 잃은 존재다. 그런 느낌은 아내가 더 느낀다. 그리하여 뜨개질도 시키는데, 그것은 여자에게서 나는 죽음의 냄새 때문이다. 그러자 아내는 언젠가 남편이 여자와 몸을 섞게 될지도 모른다는 생각을 하며, 그 일은 마침내 현실화된다. 여성으로서는 질투와 불면으로 고통스러웠으나, 아내는 남편과 그 여인의 성교를 내심 기다리고 있었는데, 그것은 결국 죽음을 살리는, 소생으로서의 기대 때문이었다: 이것이 일차적 해명이다.

궁극적인 설명은 김숨의 다른 작품 읽기와 동행하면서 이루어질 수밖에 없는데, 「육(肉)의 시간」에서 드러나듯 작가는 비록 다른 여성과의 일시적 관계를 남편에게 허용할지언정 죽음의 냄새, 혹은 죽음과 같은 분위기는 참을 수 없어 한다는 것이다. 내가 보기에 이것이 김숨 소설의 모티프이다.

죽음의 냄새는 김숨에게서 소멸과 관련된 모든 분위기다. 그 소멸은 늙음의 형태로, 질병의 형태로, 폐쇄의 형태로, 왜곡의 형태로 나타난다. 늙음이 죽음으로 가는 소멸의 가장 전형적인 표징임은 알레고리 이전의 현실이다. 그 변곡의 형태는 여러 가지다.

> 노르스름한 튀김 반죽을 뒤집어쓰고 안간힘으로 뒤채던 미꾸라지가 내 머릿속에서 좀처럼 떠나지 않았다.
> 필사(必死).
> 그 말이 혀끝에 혓바늘처럼 돋아 욱신거렸다. (③-26)

죽음에 직면한 미꾸라지를 바라보면서 죽을 수밖에 없는 생명 일반의 소멸을 떠올리는 김숨은 최근 『간과 쓸개』에 와서 훨씬 사실적으로 노인과 죽음, 질병과 죽음과의 관계에 접근한다. 이 작품집에는 아홉 편의 수록작품들 가운데 일곱 편이 이 문제와 직간접적으로 연결되면서 '노인/질병/죽음'을 반복적으로 환기시킨다. 장편 『철』과 함께 사실적인 내용의 많은 단편들에서 작가는 그만큼 강하게 여기에 집중한다.

이들 노인, 혹은 나이 먹어가고 있는 인물들을 공통으로 휘감고 있는 기운은 쇠락을 거쳐 죽음에 이르는 와해, 혹은 소멸의 분위기와 냄새다. 때로 그 분위기는 쇠락의 기운 아닌, 강한 집념의 느낌을 주기도 하지만 그 역시 사실은 죽음을 연상시키는 왜곡된 생명체일 뿐이다. 예컨대 「내 비밀스런 이웃들」의 주인 할머니 같은 경우다.

> 아침 겸 점심으로 라면을 끓여 먹고 있는데 주인 할머니가 아들을 데리고 찾아왔다.
> "몰래 갖다 버리면 내가 모를 줄 알아?"
> "……?"
> "자라를 옥상에 버리면 어떻게 해?"
> "무슨 말씀을 하시는 건지……?"
> "시치미를 떼긴! 그렇게 안 봤는데 못쓰겠어."
> 주인 할머니가 검은 비닐봉지를 내게 내밀었다. 나는 영문을 모른 채 비닐봉지를 받아 들었다. 비닐봉지 속에는 엄지손가락만 한 자라들이 바글바글 들어 있었다. 적어도 스무 마리는 넘어 보였다. (③-271)

다세대주택 여러 채에 세를 주고 있는 할머니의 뜬금없는 방문 장면인데, 할머니는 자라를 버리지도 않은 301호 주부에게 누명을 씌우고 거세게 몰아붙인다. 이때 할머니의 목소리와 자세는 힘차 보이지만, 그것이 실은 스러져가는 생명의 변주된 표현이라는 사실은 쉽게 간취된다. 이런 방식을 제외하면 김숨의 노인들은 정직하게 와해되어간다. 그 가장 전형적인 길은 물론 질병이다. 「간과 쓸개」는 그중 대표적이다. 70대로 짐작되는 소설 화자는 간암 환자이며 그의 누이는 90대 쓸개 환자이다. 김숨은 여러 소설 곳곳에서 사람의 인체에 직접적인 시선을 투사하면서, 생명의 본질(영적인 부분을 포함하여)을 간이나 폐와 같은 구체적 부위를 통해 곧잘 표출해낸다. 그 부위들은 그에게서 곧바로 생명의 핵심인 것이다. 노령의 남매는 이 소설에서 이 부분들이 결정적으로 병들어 죽음의 길을 걸어가는 것이다.

> 내가 살이 내린 것만큼이나 누님도 살이 내려 있었다. 살가죽만 간신히 붙어 있는 누님의 팔과 다리가 골목을 떠올리게 했다.
> [……]
> 죽은 것도, 그렇다고 살아 있는 것도 아닌 골목.
> 골목 껍질을 가르고, 토독토독 표고버섯 맺히는 소리가 들려오는 듯했다. (③-46, 48)

죽음에 이르는 생명의 소멸은 『간과 쓸개』의 다른 작품들에서도 비슷하게 나타난다. 얼핏 보아서 분위기가 달라 보이는 「모일, 저녁」에서는 사람이 죽어가는 대신, 뱀장어를 죽이는 일을 하는 초로의 남자를 통해 죽어갈 수밖에 없는 생명체의 운명을, 시점을 달리해서 서술한다. 하루에 백여 마리를 잡아 죽여야 먹고살 수 있는 삶. 그렇거나 매표소라는 작은 공간에 유폐되어 스스로 말라 죽어가는 삶. 산다는 것은 결국 죽어가는 것이라는, 잊힌 격언을 상기시킨다(「사막여우 우리 앞으로」). 한편 「북쪽 방(房)」에서 퇴직 교사 곽노는 자신의 거처로 분리시켜준 '북쪽 방(房)'의 공기가 비린 냄새로 가득 차 있는데 그것은 자신의 '허물어져가는 육신'에서 기인한다고 생각한다. 폐의 기능이 무너지면서 가래가 심해진 곽노는 의식/무의식 속에서 소멸감을 체험한다.

육신이 끝없이 가벼워져 언젠가는 깃털처럼 가벼워질 것만 같다. 곽노는 몸무게가 또다시 빠져나가고 있는 것을 아내에게는 알리지 않는다.〔……〕곽노는 북쪽 방에 든 뒤로 처음이자 마지막으로 거울과 정면으로 마주하고 앉는다. 온 기운을 다해 육신의 부동을 지향한다. 그러나 거울이 비추어내는 육신은 부동을 배반하며 움직임을 갈망한다.(③-151)

이렇듯 노인들은 성한 사람들이 없다. 보일러 기계와 배관 문제를 통해 기계 사회와 기계적 인간에 대해 말하고 있는 「흑문조」에서의 노인도 유방암을 앓는 환자이며, 비록 46살의 중년으로 나오는 남자라 하더라도 무위도식하는 백수로서 심지어는 자기 집 돈을 훔쳐 술을 사 먹는 가장의 이야기(「럭키슈퍼」)는 그 삶 자체가 리얼한 죽음의 과정이다. 이렇듯 소멸로 가는 이야기는 그의 작품들 거의 전편에서 변주되면서, 각기 다른 양상으로 그 저항과 극복이 모색된다. 아주 은밀하게, 때로는 힘들고 복잡하게.

## 2. 자연주의의 재림?

2008년에 발표된 『철』은 하우프트만의 「직조공들 Die Weber」[2]을 능가하는 19세기 자연주의적 요소를 강하게 연상시키는 작품이다. 다음 세 장면을 먼저 읽고 살펴본다.

1) 꼽추가 양금영에게 장가를 들려고 하는 데에는 다 이유가 있었다. 그리고 그 이유는 오로지 그녀가 마을에서 태어나고 자란 처녀라는 데 있었다. 그녀는 마을 처녀들이 대개 그렇듯 둥근 얼굴에 가늘게 찢어진 눈, 툭 튀어나온 넓은 광대뼈를 가지고 있었으며, 유난히 검고 억센 머리카락을 허리까지 길게 기르고 있었다. 손은 웬만한 사내의 손만큼이나 크고 두툼했으며, 두 다리는 동치미를 담글 때 쓰는 무처럼 통통하게 살이 올라 있었다. (⑤-30~31)

2) 조선소가 들어선 지 오 년째 되던 해, 조선소 노동자는 무려 칠백오십육 명에 달했다. 조선소 노동자는 삼백육십이 명에 불과했지만 해마다 그 숫자가 불어났다. (⑤-60)

3) 녹을 켜켜이 뒤집어쓰고 관 속에 누워 있는 육신은 틀림없이 마씨였다. 쇠로 만든 간과 심장과 위, 섬유질처럼 질겨진 살, 피가 마른

---

[2] 1892년에 발표된 독일 작가 하우프트만 Gerhard Hauptmann의 희곡으로 산업화의 길에 들어선 독일 사회 직조공들의 참상을 그린다. 노동자 가족, 봉기의 문제들이 다루어졌다.

혈관들, 티끌이 되어버린 머리카락, 가슴께에 모아져 있는 뒤틀린 손가락들, 너덜너덜한 혀를 단단히 깨물고 있는 틀니…… 그 모든 것이 관 속 육신이 마 씨임을 증거하고 있었다. (⑤-216)

자연주의가 리얼리즘의 발전 과정에서 나타난 19세기 말 서양의 문예 사조라는 점, 에밀 졸라를 중심으로 한 유물론의 문학적 표현이라는 점, 인간의 형이상학적 정신보다는 육체적 상황과 조건을 중시한다는 점, 따라서 관념철학 대신 생물학의 원리를 좇는다는 점, 결국 사회 현실과 인간 현실을 발가벗긴 모습으로 적나라하게 묘사한다는 점 등은 널리 알려지고 인정되고 있는 바와 같다. 이와 관련해서 많은 문학사적 기술과 해석이 있으나 김숨의 소설과 관련해서 다음 언급이 참조될 만하다.

자연주의자들은 새로운 프로이센-독일제국 내의 자본주의적 현실에 모든 주의력을 집중했으며, 그 당시에 생겨난 빈민가나 공장 노동자·창녀·술집 등을 둘러싼 환경 따위를 문학의 대상으로 삼았다. 예를 들어 헤르만 콘라디의 소설 『인간 아담 Adam Mensch』(1889)에는 다음과 같은 대목이 나온다. "어디서나 가장 자명한 것으로 단지 똥·곰팡이·땀·먼지·오물·가래·기타의 악취 따위를 이 세상으로부터 기대하는 데에 익숙해지기 바란다"[3]

널리 알려진 자연주의의 이러한 생태는 『철』에서 작가의 의도와 상

---

3) 볼프강 보이틴 외, 『독일문학사』, 허창운 옮김, 삼영사, 1988. p. 445.

관없이 비정하게 재생한다. 인간과 세상을 구체적으로 관찰하고 파악하겠다는 욕망 때문에, 그리고 추상적인 관념론의 전통에 대한 반발 때문에 자연주의는 인간의 육체에 강한 시선과 집착을 보내었는데, 그 가장 전형적인 모습이 몸의 외관에 대한 묘사다. 『철』에는 인용 1)에서 볼 수 있는 묘사가 작품 전편을 지배하고 있다. 여주인공 가운데 한 사람인 양금영의 생김새를 묘사하고 있는 인용 1)은 하우프트만의 『철로지기 틸 Bahnwärter Thiel』(1887)에서의 육감적인 틸의 새 부인에 대한 또다른 면을 상기시킨다. 그런가 하면 인용 2)에 나타나고 있는 숫자에의 집념은 『철』의 골절 구조를 튼튼히 뒷받침하고 있는데, 숫자를 구체적으로 드러내는 일은 이른바 극자연주의(極自然主義, Konsequenter Naturalismus)의 이념과 부합한다.[4] 『철』은 반드시 필요해 보이지 않는 부분 부분에 숫자를 마치 사실 자료처럼 올려놓음으로써 그 리얼리티를 강화하는 자세를 취한다. 인용 3)의 구역질 나는 시신 묘사는 콘라디의 소설 『인간 아담』에 나오는 온갖 더러움과 독신적(瀆身的) 표현을 능가하는 가증스러운 장면의 노출과 매우 흡사하다. 자연주의 소설이 흔히 간통과 알코올 소설이라고 폄하되어 불리기도 하는데, 이런 명명은 사실상 자연주의가 지향하는 방향이기도 했다.

    그렇다면 김숨의 소설은 자연주의의 재림인가. 『철』에 관한 한 그런 혐의는 농후하다. 그 밖에 다른 몇몇 작품들도 이 범주에 속해 무방해 보이는 것들도 있다. 예컨대 쇠공을 던지지 말라고 동네 아이들에게 연거푸 말하고 있는 퇴직 지구과학 교사를 주인공으로 하고 있

---

4) 사건을 마치 사진 촬영하듯 철저하게 정확히 현실을 세부까지 묘사하는, 자연주의의 극단적 기법으로 독일 작가 아르노 홀츠 Arno Holz가 시도하였다.

는「북쪽 방(房)」도 다분히 자연주의적이다. 그러나 장편 『철』이 노동에 매몰된 인생과 그로부터의 저항마저 무위에 지나지 않음을 보여줌으로써 자연주의 당시의 지향점과 어느 정도 궤를 같이하는 반면, 「북쪽 방(房)」에는 그러한 이념 대신 사뭇 다른 지향이 은밀히 숨어 있다.

자연주의적 색채를 상당히 내포하면서도 다른 지향점을 때때로 보이는 김숨의 소설은 그런 의미에서 독창적이며 특이하다. 그 특이점의 색깔은 무엇일까. 한편으로는 자연주의, 다른 한편으로는 다른 특이점이 만나서 이루어내는 지점, 김숨이 잘 쓰는 표현으로, 그 '소실점'은 과연 어디인가. 이 지점을 유심히 살펴보면 김숨 특유의 성의 사물화와 그와는 다른 생명의 기능이 나타난다. 이 역시 작가가 즐겨 쓰는 표현에 따르면 '가랑이' 혹은 '가랑이 벌리기'다.

1) 김태식이 회한과 눈물에 젖어 있을 때, 광포여관에서는 이경자가 조선소 노동자를 향해 가랑이를 벌리고 있었다.
'조선소 노동자들만이 나를 굶주림과 추위로부터 구원해줄 수 있어……'
그녀는 속으로 중얼거리며 한껏 가랑이를 벌렸다. (⑤-226)

2) 그녀가 최후에 피어 올린 빨간색 종이꽃은, 그녀의 가랑이에 한 방울의 정결한 피처럼 오롯이 맺혀 있었다. 〔……〕 그녀는 두 손을 가슴 위에 가지런히 모았다. 바위가 갈라지듯 가랑이를 벌려 종이꽃들을 품었다. 그녀는 한껏 종이꽃들을 품기 위해 가랑이를 찢어져라 벌렸다. (②-73~74)

인용 1)이 자연주의에서의 성에 대한 한 전형 묘사라면 2)의 그것은 철저히 무관할 뿐 아니라, 거의 반대의 모습이다. 자연주의에서는 인간의 모든 상황과 조건들이 그렇듯이 성도 사물화된다. 정신적인 부분과 단절됨으로써 육체의 일부로 기능할 뿐이다. 그것은 오장육부처럼 신체의 부분으로서의 의미만 지니며 그 이상의 의미와는 연결되지 않는다. 간통이 등장하지만, 이 역시 체질상의 문제, 환경과 관련될 뿐 정신적 깊이나 동경 등 낭만성과는 무관하다. 성은 그야말로 오직 성일 따름이며, 다른 부분과 관계가 있다면 모종의 사회성에 닿아있을 뿐이다. 말하자면 출세를 위한 도구, 혹은 인용 1)에서처럼 조선소 노동자와의 연결을 통한 호구지책으로서의 성이다. 『철』의 이 경자는 창녀로 되어 있지만, 사실 직업화된 무리와 조직이 없다는 점에서 단독의 변방 노동자로서의 인상이 더 짙다.

　그러나 인용 2)에 오면 성의 의미는 완전히 달라진다. 1)에서 정신적인 면은 물론 육체적인 의미의 쾌락과 같은 요소도 전혀 틈입하지 못한 채 신체적 동작에 불과했던 성은, 여기서 엄청난 기능으로 소생한다. 앞의 인용은 『침대』에 수록된 「침대」의 끝 부분인데, 이 작품은 자연주의와는 너무 먼 거리에 있는, 정반대의 자리에 있다고 해야 어울리는 소설이다. 사실로서가 아닌, 상징으로서의 침대가 무엇을 의미하는지 소설은 분명히 보여주지 않는다. 소설에 진술되는 "……아니었고" 또는 "……믿어서도 아니었다"는 대목들이 역설적으로 누설하듯 작중 침대는 인간에게 있어서 권리이자 의무이며 희생이자 도덕인 그 어떤 것인 것만큼은 확실하다. 심지어는 축복이기도 하다고 진술된다. 작가는 아마도 전통이나 질서의 표상으로 생각하지 않았을까. 그러나 그렇듯 긍정적인 어떤 덕목과 관계되는 침대이지만, 거기에는 보완되고 극복되어야 할 어떤 부분이 내재해 있다. 그것은 바로 침대가 "철 자재로 단순하게 짜인 구조물에 지나지 않았다"(②-71)는 사실이다. 심지어 침대 스프링에는 녹이 배어 나오기도 했는데, 그 녹은 『철』에서 조선소 마을을 황폐화시킨 그 녹이었다. 그 침대는 그러나 여주인공 '그녀'가 피워 올린 빨간색 종이꽃에 의해서 장식되고 새로운 침대로 거듭난다.

철 구조물에 지나지 않던 침대가 종이꽃들로 인해 화사하게 피어났다. 꽃상여처럼 피어났다.(②-74)

전체 문맥상 침대의 아름다운 복원은 '그녀'의 종이꽃에 의한 것으로 나타난다. 그러나 그녀가 35년간 그 침대를 지켜왔으므로 이제 그녀는 상당한 연령에 달한 것으로 짐작되며, 그렇기 때문에 침대를 지키는 일이 "하나의 도덕이자, 하나의 희생"(②-46)이 된 것이다. 말하자면 그녀의 희생과 인내가 침대를 다시 살린 것이다. 이때 침대의 소생 장면에 그녀의 가랑이가 나와서 종이꽃들을 품었다는 것은 축복과 축하의 의미만은 아니다. 순서상 종이꽃 → 사랑으로 이어지지만 이 경우 둘은 동시에 침대를 소생시키는 일에 작용하고 있는 것이다. 여성의 성은 생명 회복의 역할을 함으로써 저 어두운 '철'의 자연주의를 떠나서 밝고 풍성한 세계로 진입한다.

그리하여 이 글 모두에서 개진된 「육(肉)의 시간」이 보여주듯 성-성교-생명 회복의 기능은, 한편으로 살이 제거된 뼈의 골조물 같은 작가의 세계에 윤기를 부여하면서, 다른 한편으로는 자연주의적 인생관의 출구로서 작용한다. 섹스의 맛이 탈색된 가랑이 '벌리기'가 사랑을 '품기'로 바뀌면서 그는 철이나 철 제품을 넘어서 아예 죽은 미라까지도 이를 통해 살릴 수 있으리라는 비전에 도달한다. 무책임하게 쏟아버렸던 『철』에서의 남성 정액이 「육의 시간」에서 미라를 살리는 생명의 원소가 된다. 이제는 여자의 가랑이가 덧없이 벌려지지 않는다. 남성의 적극적인 교섭에 의해 견고하고 건조한, 미라 같은 여자일지언정 그곳은 "축축이 젖어 있게" 된다. 생명의 샘으로서의 전망이 그로부터 대두된다.

## 3. 우회라는 가공

김숨은 지금까지 발간된 여덟 권의 소설집/장편소설 들을 통해서 여러 가지 장면들을 보여주고 여러 가지 이야기를 풀어놓는다. 따라서 메시지도 여러 가지인 듯 헷갈려 보인다. 그러나 메시지가 그렇게 여러 가지는 아니다. 그것은 자연주의적 세계관과 인생관에 침윤된 자신의 문학을 갱신하겠다는 의지이다. 이러한 의지는 자연주의적 소설 기법과 그 소재들—인간의 동물화, 동물들의 빈번한 등장, 숫자의 구체화, 골조식(骨造式) 묘사 등등—을 리얼리즘의 세계에서 꺼내어 우화화시킴으로써 가능해진다. 가장 최근에 발간된 장편 『노란 개를 버리러』는 이 각도에서 주목된다.

꼭 열두 사람이 잠들려고 할 때, 그 여자의 꿈속에서 만나기 위해 열두 사람이 꼭. 소년이 깨어나고 있었다. 꼭 열두 사람은 꼭 열두 사람이 아닐 수도 있었다.

일어나라.(⑧-9)

　문맥의 현실성이 떨어질 때, 그러나 문장 자체의 구문과 작가의 다른 여러 작품들이 일정한 수준 안에 있을 때, 그러면서도 그 내용이 잘 파악되지 않을 때 흔히 '부조리 소설'이라는 의심을 받는다. 김숨에게도 그러한 혐의가 주어지기도 했다. 그러나 문제는 그러한 명칭이 아니라 작품의 메시지이다. "노란 개를 버리러 가자"는 아버지와 "주전자의 물이 끓는다"는 말을 되뇌이는 아버지와 아들의 평행적인 대화는 무엇 때문에 장황하게 주어지고 있는가. 결론부터 말한다면, 이 소설은 그냥 하나의 우화다. 부자간의 생뚱맞은 대화는 물론, 새벽 2시부터 일어나는 택시 주행, 다리 쇠난간 위로 올라간 사내, 어디론가 사라졌다가 멀쩡하게 다시 나타난 그 사내(아버지) 등등은 소설로서의 리얼리티는 물론 동화의 전범이나 형식도 지니지 않는다. 부조리 문학이 지니고 있는 인과관계의 부재 등에도 해당되지 않는다. 한마디로 요령부득인 데다가 제멋대로다. 예컨대 이렇다:

　아저씨는 집에 안 가요?
　소년은 남자에게 물었다.
　나는 손톱이 없어서 집에 갈 수 없단다.
　남자의 손이 외투 주머니 속에 들어 있어서 소년은 손톱이 있는지 없는지 알 수 없었다.
　아저씨 엄마는 그럼 아저씨를 기다리지 않겠네요.
　내 엄마 말이냐?(⑧-47)

따라서 이 작품에서 디테일의 현실성을 맞추어보는 일은 무의미하다. 보다 중요한 것은 장편의 세 소제목이 의미하는 바를 음미하는 일이다. 그러니까 1장 '저기, 열두 사람이 지나가네' 2장 '송아지는 묶인 채 이유를 모르고 죽어가네' 3장 '발과 발목밖에 남지 않은 사람들이 나의 창문 앞으로 지나가네' 등의 표제를 잘 뜯어보자는 것이다. 1장과 3장은 '지나가는' 것이며 2장은 '죽어가는' 것이다. 요컨대 그것들은 다시 소멸을 복창한다. 이 작품에 해설을 쓴 젊은 평론가 강동호에 의하면 "인간의 생이라는 것이 반복해서 실패하는 삶, 비워지는 삶이고 본래부터 버려지는 삶, 명멸하는 삶이라는 소름 끼치는 사실"을 김숨 덕분에 기억하게 된다는 것이다. 거듭 확인한다면, 곧 소멸의 기억이다. 지나가고, 지나가고, 죽어가는 것이다.

그렇다면 존재하지도 않는 '노란 개', 없기 때문에 굳이 버릴 필요도 없고 버릴 수도 없는 그 개는 무엇의 상징이며 그 버리고자 하는 열심, 혹은 집념이 의미하는 것은 무엇일까. 우선 노란 개 자체나, 그것을 버리고자 하는 일이 사실의 세계에 속하는 일이 아닌 것은 명백하므로 이러한 행위에 거꾸로 이름 붙여보는 일이 불가피하다. 그렇게 볼 때 '노란 개를 버리러' 가는 모든 과정과 언동은 우화이며 알레고리라는 해석 이외에 다른 명칭을 만나기 힘들다. 게다가 소년의 시점에 의해 포착된 서술이라는 점은 이러한 해석에 힘을 준다. 한밤중 2시에 어린 아들을 깨운다든지, 택시를 타고 달리다 중간에 택시가 바뀌었다든지…… 등등 무수한 비현실적 이야기들은 무수한 그 증거인데, 이것은 결국 두 가지, 즉 내용 자체의 상징성과 함께 무엇인가 우리 삶에 비유적 메시지를 던진다는 말이 된다. 이 소설에서의 상징성은 무엇보다 갖가지 사건이나 행동들이 택시의 질주 과정에 동반되고 있음에도 불구하고 소년은 빈 택시를 타고 가고 있다는 점으로 요약된다. 노란 개가 없지 않은가. 그러면 빈 택시다. 그 사실을 끊임없이 강조하는 소년의 아버지도 그렇다면 부재의 존재일 수밖에 없다. 존재하는 것은 때로 안개뿐, 모든 것은 안개 속에서 그냥 명멸한다.

뭐예요? 소년이 다급히 물었다.
안개다.
〔……〕
아빠!
소년이 비명을 내질렀다. 앞차가 아예 안개 속으로 사라지고 없었다. 허공에 떠 있던 표지판도 사라지고 없었다.
앞차가 어디로 갔지?
〔……〕
아빠가 안 보여요.
나도 네가 안 보인다.
옛 십 원 동전 같은 얼굴이 안개 위로 불쑥 떠올랐다. 소년은 온몸에 소름이 돋는 것을 느꼈다.
〔……〕
간신히 정신을 차린 소년은 아빠를 찾았다. 아빠… 소년은 손을 뻗어 운전석을 더듬었다. 운전석 바닥에 낀 시트가 만져졌다. 아빠가 어디로 가버렸는지, 운전석이 비어 있었다. 운전석 문이 삐거덕거리며 흔들렸다. 오리 인형이 안개 위로 떠올랐다 가라앉았다. 소년 자신의 손마저 보이지 않을 만큼 안개는 짙어져 있었다.
택시 '빈 차' 불빛이 안개 속을 둥둥 떠다녔다. 소년이 어디로 가버

렸는지, 조수석마저 비어 있었다.(⑧-327~331)

 소년은 결국 빈 택시를 타고 가고 있다는 이야기며, 더 나아가 소년 역시 택시를 타지 않았다는 것일 수도 있다. 그렇다면 이 이야기는 사실 세계의 무의미성을 말하는 알레고리, 즉 우화(寓話)일 수밖에 없다. 이 소설은 택시와 관련된 이야기 밖의 이야기들을 포함하여—가령 횟집에서의—모두 부재에 관한 설왕설래의 우화이며, 그 부재는 이를테면 자연주의적 현실이 여전히 존재하는가, 인간의 주체적 자아가 존재하는가, 부자간을 비롯하여 인간 사이의 소통이 과연 존재하는가 등등을 반어적으로 묻고 있다고 풀이되어 무방하다. 이 작가가 즐겨 사용하는 구체적인 숫자의 무의미, 혹은 그것을 통해 드러나는 자연주의에 대한 회의적 태도 등도 지적될 수 있다. 『철』에서 정확성의 한 척도처럼 내비쳤던 숫자의 구체성은 『물』을 거쳐 『노란 개를 버리러』에 이르러 반어법을 통해 회의된다.

 꼭 열두 사람이 잠들려고 할 때, 그 여자의 꿈속에서 만나기 위해 열두 사람이 꼭. 소년이 깨어나고 있었다. 꼭 열두 사람은 꼭 열두 사람이 아닐 수도 있었다.(⑧-9)

 내가 말이다, 아까부터 광어가 몇 마리인지 세고 있었는데 말이다, 셀 때마다 마릿수가 다르지 뭐냐. 열세 마리인 것 같기도 하고, 열두 마리인 것 같기도 하고, 열한 마리인 것 같기도 하고(⑧-335~336)

 자연주의적 작품에서 우화에 이르는 길지 않은 여정의 중간에 장편

『물』이 있다. 물, 불, 금, 공기, 소금, 납으로 의인화된 여섯 명의 인물들이 펼치는 본격적인 이 우화소설은 이들을 가족 구성원으로 삼고 사람들의 욕망, 인생의 면면을 그린다. 당연히 추잡스럽다고 할 치부도 그려진다. 그 모든 모습과 욕망의 주인공들은 어쩔 수 없는 운명의 반영이기에 우리로서도 피할 수 없는 자화상이고 리얼리즘의 대상이리라. 그러나 주목되는 것은 이 현실을 이전과 달리 의인화, 우화화하고 있다는 점이다. 새로운 인식이다.

이 세상에 거울보다 비밀스럽고 의뭉스러우며 위태로운 게 또 있을까? (⑥-57)

정리해보자. 아직은 장편소설이 단편집보다 많은 김숨의 장편을 2008년의 『철』, 2009년의 『나의 아름다운 죄인들』, 2010년의 『물』, 2011년의 『노란 개를 버리러』를 중심으로 읽어볼 때, 철저한 자연주의의 경향에서 그것을 탈색시켜 마침내 우화화하는 방향으로 옮겨가고 있는 것을 보게 된다. 『철』의 자연주의적 색채가 얼마나 강력한 것인지는 짧게나마 이미 살펴진 바와 같다. 그 색채는 『나의 아름다운 죄인들』에 와서 현저하게 희박해졌다. 예컨대 이 소설에서 작가는 소녀의 시점으로 돌아가 어른들의 세상을 그릴 뿐, 그 세상을 청장년 중심으로 고발하거나 탄핵하는 거친 사회성, 육체성을 보여주지 않는다. 그러나 자연주의의 유산이라고 할 수밖에 없는 욕설과 비속어, 더럽고 잔인한 것을 즐겨 그리면서도 거기에 공포를 느끼는 자연주의적 마인드에서는 온전히 벗어나지 못한다. 개, 혹은 개 같은 인생으로서의 세상이 큰 의미의 '개'라면, 그것을 조금 완화시키거나 긍정

수용한 것이 '노란 개'일지 모른다. 김숨은 '노란 개'를 버리고 싶어 하지만, 아직은 분명히 버리지 못한다. 무엇보다 그 자체가 분명히 존재한다고 생각하지 못하는 탓이리라. 그러나 그에게서 개는 쥐처럼, 흑문조처럼 존재하는 것이 사실이다.

　피폐하고, 거지 같고, "욕을 퍼부어댈 때면 입은 코를 틀어막고 싶을 만큼 지독하게 똥냄새를 풍"기는 할머니와 더불어 살 수밖에 없는 세계가 이 세상이고, 그런 할머니가 설치면서, 이윽고 맥없이 죽어가는 것이 이 세상이라는 서글픈 인식이 김숨 소설의 원초적 모티프인 것은 부인하기 힘들다. 이 모티프가 그의 자연주의적 문학관을 조장해온 것도 부인할 수 없어 보인다. 그러나 최근 작가는 그것에서의 탈출을 꾀한다. 아니 그의 자연주의적 소설 곳곳에는 벌써부터 은밀한 탈출의 그림자가 내장되어 있다. 소멸할 수밖에 없는 존재들에 대한 관심이 작은 분노로 연결되기도 했다면, 그 묘사만으로 만족할 수 없었음은 작가의 역량으로 미루어 매우 당연해 보인다. 성적 에너지를 생명의 에너지로 이끌어내어 이미 소멸된 듯한 존재까지 소생시키고자 하는 노력은 훌륭한 시도다. 그러나 작가 스스로 이를 상투적이라고 생각하고 더 독창적인 저항의 가공을 시작할 때 그의 우화소설은 태어난다. 문제는 그의 우화가 수행 현장에서 펼치는 기계주의적, 건축주의적 골조성이다. 육체성이 결여된 상태에서의 골조성은 그 얼키설키 엮인 형해들로 말미암아 작가의 진정한 사랑의 우의(寓意)가 자칫 관념으로만 읽힐지도 모른다는 우려이다. 그의 모든 시도가 이제는 아름답게 함께 녹아오르기를!

〔2012〕

# 서사의 관리와 '기계천사'
### ─김영하의 소설

> 이들로부터 1920년 새로운 천사가 나왔는데──뒤에 정확하게 증명되겠지만──그것은 풍자와 참여에 의해서는 어떤 열린 우화도 달지 않고 있는 기계천사다. 양자는 날개를 넓게 펴서 서로 덮는다. 기계천사는 그것이 재앙의 완성인지 구원의 변장인지 관찰자로 하여금 의심적은 눈초리로 묻게 한다.
> ─Th. W. 아도르노, 「앙가주망」

## 1. 이야기를 '창작'한다?

김영하는 이미 1996년 자신의 첫 책, 장편소설 『나는 나를 파괴할 권리가 있다』[1]를 통하여 자신의 소설가적 비전을 분명히 천명하였다. 그 요지는 다음과 같이 압축된다.

고객과의 일이 무사히 끝나면 나는 여행을 떠나고 여행에서 돌아오

---

1) 이 글에서 언급하는 김영하의 작품은 다음과 같다. ①『나는 나를 파괴할 권리가 있다』(문학동네, 1996) ②『호출』(문학동네, 1997) ③『엘리베이터에 낀 그 남자는 어떻게 되었나』(문학과지성사, 1999) ④『아랑은 왜』(문학과지성사, 2001) ⑤『검은 꽃』(문학동네, 2003) ⑥『오빠가 돌아왔다』(창비, 2004) ⑦『빛의 제국』(문학동네, 2006) ⑧『퀴즈쇼』(문학동네, 2007) ⑨『무슨 일이 일어났는지는 아무도』(문학동네, 2010).

면 고객과 있었던 일을 소재로 글을 쓰곤 했다. 그럼으로써 나는 완전한 신의 모습을 갖추어간다. 이 시대에 신이 되고자 하는 인간에게는 단 두 가지의 길이 있을 뿐이다. 창작을 하거나 아니면 살인을 하는 길. (①-16)

다소 끔찍해 보이는 이러한 선언은 사실 진부한, 19세기적 출발이다. 그것은 신마저 죽인 니체, 혹은 언어의 창조자인 신을 밀어내고 그 자리에 시인을 앉게 한 보들레르의 복사판이다. 그러나 적어도 한국에서는 어쩌면 새로워 보일 수도 있다. 적잖은 평론가들이 마치 가상의 적과의 싸움처럼 입에 달고 있는 '근대'가 바로 이 지점에서 시작되었음에도 불구하고 어느 누구도 자신의 문학이 '근대문학'임을 이처럼 당당하게 들고 나온 일이 없었기 때문에 이 선언은 심지어 신선하기까지 하다. 따라서 김영하를 일반적인 평가대로 '신인류'의 창시자라거나, 적어도 획기적으로 새롭다고 보는 시각은 근본적으로 타당하지 않다. 그가 새로워 보이는 까닭은, 역설적으로 우리 문학이 21세기에 들어선 오늘까지도 사실은 의사근대(擬似近代, Pseudo-modern)에 너무 오래 몰입되어 있었던 탓인지도 모른다. 소설의 경우도 비슷하기는 하지만 특히 시와 평론에 있어서 우리 문학은 근대에 대한 적절한 논의와 과정이 지나치게 생략된(혹은 빠르게 지나간) 채 탈근대의 모습으로 진입하였고 그 논의와 양상이 과열되었기 때문이다. 그러므로 김영하가 등장한 1996년은 한국에서 '근대문학'의 개시라고도 할 수 있는데, 이 점에 대해서는 20세기 초로 그 시점이 소급되기도 하는 '근대문학 논의'가 있으므로 차라리 '현대문학'이라는 용어를 쓰는 것이 훨씬 혼란을 피할 수 있을 것으로 생각된다. 어쨌든 "창작을 하거나 아니면 살인을" 함으로써 인간이 신이 될 수 있다는 생각은 19세기 중반 유럽의 그것이며, 우리는 싫든 좋든 지금껏 그 시점을 '현대'의 기점으로 받아들여왔다. 김영하는 바로 그것을 분명히 한 것이다. 이와 더불어 그는 또한 다음의 주목할 만한 발언을 토함으로써 소설가로서의 자신의 운명을 스스로 점지한다.

> 그러나 일이 끝난다고 그 일을 모두 글로 만드는 것은 아니다. 내게 강한 인상을 남겨준 고객만이 내 손을 거쳐 다시 태어난다. 내가 사명감을 가지고 해내는 이 일은 고통스럽지만 그 신산한 과정을 통해 나는 의뢰인들을 연민하고 사랑하게 된다. 〔……〕 나는 형체 없이 숨어 내 의뢰인들이 자신들의 이야기를 통해 재생하는 장면을 지켜볼 것이다. (①-16~17)

니체와 보들레르 이전에 창작은 신의 몫이었다. 그러나 "아니다. 시인이 언어를 만든다"고 보들레르가 일갈한 이후 창작은 문학의 권리가 되었다. 김영하의 선언에서 가장 주목되는 단어는 그러므로 '이야기'와 '창작'이다. 그것도 고객과의 계약에 의해 쓰여진 '이야기'의 창작이다. 김영하 소설을 지배하는 원자재이자 원동력이 되는 '이야기!' 그는 이야기의 창작가인 것이다!

'이야기의 창작'이라는 말은, 그런데 과연 말이 되는가. 이야기는 이미 존재하는 것이고 창작은 없는 것을 새롭게 만들어내는 것이다. 그렇다면 이야기의 창작이란 모순이다. 그러나 이 소설가에게 있어서 그것은 모순이 아니다. 그에게서는 '창작'의 개념이 다르기 때문이다. 『나는 나를 파괴할 권리가 있다』에서 강한 어조로 진술하고 있는 그의 '창작'은 '고객과 있었던 일을 소재로' 글을 쓰는 것이다. 그러나 그 일을 있는 그대로 쓰는 것은 아니고, '그럴 자격이 있는 고객만'이 작가의 손을 거쳐 다시 태어나는 것이다. 여기에는 두 과정이 있다. 첫째는 고객과의 관계에서 일어나는 일이 1차 자료이고, 그다음으로는 그 자료를 작가가 선택/편집하는 것이다. 그 과정 전체가 그의 '창작'이다. 따라서 그의 소설은 장르의 일반적인 개념[2]에서 말해지듯 작중인물의 행동과 동행하지 않는다. 인물이나 행동과 함께하는 소설은 그 인물과 행동을 소설가가 직접 만들어내지만, 이야기의 수집과 선택에서는 그럴 필요가 없다. 그 대신 그 선택에 개입하는 작가의 안목이 까다롭고 독창적일 수밖에 없으며, 그 편집의 기술이나 관리·경영도 독특하고 능숙해야 한다. 김영하는 이런 의미에서 서사의 창출자라기보다 탁월한 관리자로 보인다. 『나는 나를 파괴할 권리가 있다』에서 사실상 첫번째 작품으로 등장하는 「유디트」도 '2년 전 겨울, 내 고객이었던 누군가의 이야기'이다. 장편소설의 형태를 띠고 있는 이 작품은 권태에 관한 이야기인데 '유디트'라고 불리는 여성, 그리고 그녀와 성관계를 반복하는 두 형제의 이야기다. 퇴폐적이라고 할 만한 내용을 담고 있는 이 이야기가 그렇다면 왜 작가에 의해 선택되었을까. 김영하 소설의 앞날은 그 시점에서 이 선택과 편집을 통해 어떻게 예견되고 있을까.

『나는 나를 파괴할 권리가 있다』는 추파춥스라는 사탕을 먹으면서 섹스를 하는 어느 가출 불량소녀의 이야기가 핵심이다.[3] 유디트는 고

---

[2] 가령 슈타이거가 말하듯 '서정'은 기억, '극'은 대화라면, '서사'는 행동이나 사건이다. E. Staiger, *Grundbegriff der Poetik*, München, 1971.
[3] 불량소녀·소년은 김영하 소설에 빈번하게 등장하는 소재다. 아버지를 때리는 아들을 다

대 이스라엘의 여걸이지만 화가 클림트가 민족주의와 영웅주의를 거세하고 세기말적 관능만을 남겨두었는데, 유디트(본명은 세연)라는 별명으로 소개된 그녀가 바로 그 유디트를 닮았다는 것. 그녀는 사탕을 먹으면서 다 먹기 전에 형이 넘어오면 그와 살고, 그다음 단계에서 넘어오면 동생과 살겠다고 마음속으로 내기를, 그러니까 형제를 사이에 두고 섹스 유희를 벌인다. 그녀에게 있어서 섹스는 추파춥스를 먹는 것과 같은 가벼운 놀이이다.

―왜 사정하지 않지?
길고 지루한 움직임 끝에 그녀가 물었다. 그제서야 C는 자신이 그녀와 섹스를 하던 중이었음을 알았다.
―흥분되지 않아.
―그럼 내 목을 졸라봐. 흥분이 될 거야. (①―51)

흥분이 없는 섹스. 뒤에서 더 자세히 살피겠지만, 이것이 김영하의 섹스다. 유희로서의 섹스는 지루할 수밖에 없고, 여기서의 탈출로 죽음, 혹은 살인이 심심찮게 언급된다. 혁명은 권태의 산물이라고 하지 않는가.[4] 권태는 김영하 문학의 앞길에 중요한 시사를 던진다. 그것은 자동차로 대변되는 기계와의 관계를 통해서 나타나는데, 요컨대 그는 기계에 대한 친애를 통해서 권태에 대한 파괴를 시도하고, 문학에서의 육체성을 제시하며, 집착한다.

---

루기도 하지 않는가(「오빠가 돌아왔다」의 경우).
4) 뷔히너(G. Büchner, 1813~1837)의 명작 『보이체크 Woyzeck』에서 권태는 혁명 봉기의 숨은 동인이 된다.

적절하게 조여드는 느낌을 통해서 K는 94년형 스텔라TX와 자신이 더욱 밀착된다는 느낌을 받는다. 기어를 중립으로 놓은 상태에서 액셀러레이터를 살짝 밟아 공회전을 시키자 부드러운 떨림이 온몸으로 전해져오는 것을 느낄 수 있었다. 〔……〕그의 육체는 곧 택시의 속도에 자신의 속도를 조율하고 관성의 법칙은 택시의 속도를 따를 것이다.(①-24, 26)

권태와 그 파괴로서의 기계는 인간에게서 육체성의 중요함을 부각시키면서, 육체를 던지지 않는 일체의 언행을——물론 문학까지도——신뢰하지 않는다. 죽음이나 죽임이 진정성의 행위로 그려지고 있는 것도 그 까닭이다.

오르가슴에 도달하기 직전, 그 느낌의 근원을 탐색하려는 눈빛이다. 입술은 살짝 벌려져 있어 긴장이 풀려 있음을 보여준다. 풀어헤쳐진 앞가슴은 살색이 아니라 푸른빛이다. 뭉개듯이 은은하게 비추어내는 푸른빛은 죽음의 기운이다. 그래서 유디트의 육체는 시체로 보인다. 시체치고는 너무 매혹적이다(아니면 시체이기에 더 매혹적인지도 모른다). 왼쪽 팔로는 그녀가 베어버린 홀로페르네스의 목을 움켜쥐고 있다. 검은 머리의 남자는 눈을 감은 채 죽어 있다.
유디트는 적장 홀로페르네스와 섹스를 하다가 목을 베었다.(①-68)

그렇다. 김영하의 유디트 집착은 육체성의 과시이며, 그 끝에는 죽음이 있다. 말을 바꾸면 감정과 같은 생명의 유동성이 제거된 상태,

즉 주검 상태에서의 육체는 일종의 순수 육체로서 육체성의 가장 정직한 표현임을 작가는 짐짓 보여주는 것이다. 이때 '유디트', 혹은 유디트 그림만 한 본보기가 어디 있겠는가. 그것은 김영하 소설의 불길한, 잠복된 불타다. 첫 책이 되는 『나는 나를 파괴할 권리가 있다』에는 그 밖에도 여러 명의 젊은 여성들이 나오는데 종래의 관습이나 도덕률로는 전혀 납득되지 않는 퇴폐미의 주인공들이다. 가장 납득되지 않는 부분은 자살로 끝나는 그녀들의 죽음인데, 작가는 그녀들의 죽음을 멋지다고 하면서도 변하지 않는 일상의 인생을 개탄한다. 그는, 말하자면 따분함 속에서 그 따분함을 넘어서는 이야기만 선택하고 있는 셈이다. 그리고 이 선택은 기계의 발견으로 이어진다.

## 2. '기계천사'와 육체/물질론

육체성은 기계의 발견과 이에 대한 집착을 통하여 확연한 지평을 확보한다. 아도르노의 기계천사와 적절히 부합하는 '기계'성은 사실상 김영하 소설의 근본 모티프다. 그는 확실히 '신인류'라는 별호에 어울릴 만한 많은 새로운 구체적인 세목을 통해 전 시대와 변별되는 획기적인 '차이'를 지닌다. 분명히 그는 1950년대와 1960년대를 구별 지었던 '내면적 인간성 부각'의 김승옥, '사회 비판 의식의 예술적 구상화'라는 조세희, 혹은 그 독자적 세계를 독특하게 구현해온 황석영, 최인호 그리고 형이상학적 구원과 존재론의 탐구자 이청준, 이승우와 자신을 결정적으로 차별화한다. 무엇보다 그는 일찍이 '기계천사'의 출현을 예언한 아도르노의 실현자로서, 크게 주목된다. 한국문학에서 한 번도 화두가 된 적이 없는 '기계천사'라는 말은, 일반적으로 어느 문학의 역사에서도, 그리고 김영하 소설의 분석에서도 물론 키워드가 된 일이 없다. 이렇듯 문학에서 기계는 낯설 수밖에 없는 것이다. 그러나 김영하에게서 소설은 조작manipulation, 조정, 관리되고 있다는 점에서 착안하고 분석할 필요가 생겨났고, 그는 그런 의미에서 기계로 소설을 뒤집은 소설가이다.

 i) 아마 저 같은 인간이 잘 이해되지 않을 거예요. 그렇지요? 제가 보기에 인간은 딱 두 종류예요. 십자드라이버 인생하고 안 그런 인생. 십자드라이버 가지고 뭔 기계든지 일단 뜯어봐야 직성이 풀리는 사람하고 그 반대로 아무 관심도 없는 사람. (②-114)

 ii) 지금도 그렇지만 정말이지 기계가 사람보다 나아요. 정말이에요. (②-121)

 iii) 전 당신처럼 예의 바른 사람이 좋습니다. 하지만 대부분의 사람들은 그렇지 못하죠. 자기밖에 몰라요. 하지만 기계는 달라요. 기계는 인간이 해준 만큼 보답하거든요. (②-127)

 iv) 차를 왜 그렇게 좋아하냐구요? 이유는 간단해요. 자동차는 인간이 만들어낸 기계 중에서 제일 멋진 기계거든요. 〔……〕 차는 웬만큼 잘빠진 여자보다 예쁘죠. (②-131)

 v) 또 차는 감정이 있어요. 거짓말이라고요? 기계에는 감정이 없다

고요? 그건 당신이 잘 몰라서 그래요. 〔……〕 자동차도 마찬가지예요. 차에 떡하니 올라타서 애정을 가지고 조용히 한번 차소리를 들어보세요. 가르릉가르릉거리는 게 꼭 고양이 소리 같다니까요. (②-132)

1997년에 출간된 소설집 『호출』과 그보다 한 해 먼저 나온 처녀작 『나는 나를 파괴할 권리가 있다』에 내장되어 있는 김영하 소설의 기계성. 그것으로 그는 감정주의, 형이상학 등의 전근대를 소리 없이, 그러나 과격하게 파괴하면서 서사와 동행하는 소설가로부터 서사를 관리, 경영하는 소설가로 자신을 탈각시킨다. 그는 네 권의 장편소설을 포함해서 2011년 상반기까지 아홉 권의 책을 출간했는데, 결론부터 말한다면, 그중 세 권의 장편소설들은 김영하 소설이 지니고 있는 그 특유의 매니페스트적 성격에서 벗어나 실제 경영의 현장적 성격을 지닌다. 따라서 중요한 것은 기계성의 본질이며, 이와 연관된 단편들의 특성 분석이다.

『호출』에 수록된 「내 사랑 십자드라이버」가 명백하게 선언하고 있듯이 김영하에게 기계는 곧 천사다. 그렇다면 작가는 왜 기계를 이토록 좋아하는 것이며, 이 기계 사랑이 갖는 의미는 무엇일까. 『호출』에는 앞서 살펴본 「내 사랑 십자드라이버」 이외에도 「총」이라는 소설이 직접적으로 기계를 찬양한다. 예컨대 이렇다.

석태는 총의 노리쇠를 후퇴, 전진시키는 동작을 반복한다. 차르륵, 차르륵, 경쾌한 소리가 들린다. 총에서 나는 모든 음들은 말할 수 없이 산뜻하다. (②-143)

물론 이 소설에서 총은 인질범에 의한 사살 사건으로 이어지고, 또 인질범을 향한 군경의 총격에 쓰이는 비극적인 도구로 드러나고 있으나, 총과 총성 등 그 자체에 대한 찬탄의 묘사는 또 한 번 확실히 부각된다. 총 또한 기계라면 작가의 기계 사랑은 계속되고 있는 것이다. 기계에 대한 묘사, 또는 관심의 주요 대상으로서의 기계는 세번째 책 『엘리베이터에 낀 그 남자는 어떻게 되었나』에서 가장 전면적으로 다루어진다. 흥미로운 것은 이때 기계는 단순 찬양의 자리에서 회의와 인식을 동반하는 지점으로 서행하고 있다는 사실이다.

가령 소설의 표제작 「엘리베이터에 낀 그 남자는 어떻게 되었나」는 엘리베이터라는 기계의 고장과 그에 따라 엉망이 되어버린 출근 상황을 그린다. 여기서 기계는 더 이상 천사이기는커녕, 도시의 악마다. 작가는 그가 찬양한 기계에 끼어서 오도 가도 못 하는 상황이 된 것이다. 이러한 상황은 기계에 인간이 적응하는 과정, 혹은 기계가 인간화되는 과정에서의 혼선과 부조화로 이해될 수 있을 것이다. 이러한 미묘함을 잘 보여주고 있는 작품이 「피뢰침」이다. 기계와 사람의 만남, 혹은 상호 적응이라고 볼 수 있는데, 흔히 벼락으로 불리는 낙뢰〔소설에서는 전격(電擊)이라는 말도 함께 쓰인다〕현상을 다루고 있는 다음 대목이 흥미롭다.

"그럼 어떻게 해야 되나요?"
"공포와 전류를 일치시키는 겁니다. 그때, 당신 스스로 전격이 되어 하늘과 땅으로 방전하는 거지요. 당신은 대기와 대지와 당신 몸의 주인이 되는 겁니다."
내 머리는 그의 말을 이해할 수는 없었지만 내 몸속에는 이미 뭔가가 흐르고 있었다. 그 뭔가가 땅과 하늘의 전하를 부르고 있는 모양이었다. 숙면을 잃어버린 육체가 그렇게 말하고 있었고 시도 때도 없이 배출되는 체액들이 그렇게 속삭이고 있었다. (③-139~140)

기계에 대한 기호, 애정, 존중이 넓은 의미에서 문학의 형이상학적, 정신주의적 전통에 대한 이의 제기라고 한다면, 기계의 외연은 그 새로운 이의와 맞물려 확장된다. 거기에는 비록 기계라고 불리는 구체적 사물이 아니라 하더라도 반형이상학적, 반정신주의적 사고와 그 반응 일체가 포함될 수 있을 것이다. 요컨대 육체와 물질의 육박이다. 벼락이 몸속으로 들어온다는 것은 죽음이지만, 죽음에 앞선 공포를 벼락의 몸인 전류와 일치시킨다는 진술은 과학적 진실 여부와 관계없이 몸의 기계화를 연상시킨다. 몸인 사람과 몸인 전류가 만나는 것이다. 그렇게 될 때, 합일된 사람의 몸은 그 자체가 전격이 되어 하늘과 땅으로 방전한다는 논리다. 사람의 몸도 이 경우 전류가 흘러가는 하나의 전도체일 뿐이다.

우리는, 아니 적어도 나는, 한 사람의 퍼포머인 셈입니다. 언젠가 지극히 완벽한, 공포와 전격을 일치시켜 자아를 뛰어넘는, 그 경지에 이를 때까지 나는 적란운을 쫓아다닐 겁니다. (③-141)

사랑, 기쁨, 슬픔 등과 같은 전통적인 인간의 감정인 공포가 전격과 일치될 때 자아를 뛰어넘을 수 있을 것인지 명확하지 않지만, 작가는 적어도 그 가능성을 제시하고 퍼포머, 즉 그것을 수행하는 존재로서의 인간을 내세운다. 전통 감정만을 따르지 않고 물질로서의 육체와 정직하게 만날 때, 오히려 새로운 자아가 발생할 수 있다는 것이다. 그리하여 김영하는 전통적인 감정과 정서로서의 문학에서 자신의 문학을 떼어놓는다. 그리고 그 문학에 기계와 물질, 육체를 붙여놓고 문학의 범주를 확장한다. 이 확장은, 그러나 때로 분리로, 일탈로, 급진으로 느껴지거나 인식된다. 사랑과 성의 분리는 이때 가장 알기 쉽고, 전형적인 그 결과물이다.

하지만 경비들은 물러서지 않았다. 오히려 그들은 점점 더 가까이 다가왔다. 그는 붙잡히고 싶지 않았다. 여자를 만나야 했다. 그 따뜻하고 풍성한 젖가슴에 얼굴을 묻고 울고 싶었고 그녀를 엎어놓고 격렬한 섹스를 하고 싶었다. 그럼 모든 것을 잊고 다시 출발할 수 있을지도 몰랐다. 사랑이 없는 섹스를 하면 이 모든 게 치유될 텐데, 다시 원상태로 돌아올 텐데, 쓸데없이 경비들과 실랑이를 하고 싶지는 않았다. (③―235)

'사랑이 없는 섹스'로 좌절의 치유가 가능하다는 노골적인 선언은 한국소설로는 거의 처음 겪는 충격이다. 나로서는 1970년을 전후한 학생운동의 이론적 지도자였던 마르쿠제와 혁명적 학생들의 구호가 연상되는 부분이다.[5] 당시 학생들의 구호 가운데 핵심은 '우리 시대에 프리섹스와 혁명을!Free Sex and Revolution in our Lifetime!'이었는데 이때 '프리섹스'란 바로 사랑과 성의 분리, 즉 사랑으로부터 성의

---

[5] 『이성과 혁명』『문화와 사회』 등 숱한 책들로 우리에게 잘 알려진, 이른바 뉴레프트의 이론가이며 실천가였던 마르쿠제의 저서 『일차원적 인간One-dimensional man』은 이 방면의 예언적 내용을 담고 있어서 크게 주목된다.

자유였던 것이다. 말을 바꾸면 바로 사랑 없는 섹스를 누리겠다는 것으로 김영하의 섹스 자유론과 정확히 일치한다. 거의 예언자로 추앙받던 마르쿠제의 지론들은 40여 년이 지난 오늘날 대부분 적중하고 있어서 놀랍거니와 그 지론의 중심이 ①기술 공업 사회가 이데올로기와해 시대에 새 이데올로기가 된다는 점, ②공급이 수요를 창출하면서 다국적 기업이 세계 지배의 이념이 된다는 점, ③따라서 획일적 생산품에 의해 기호와 취미의 획일화가 이루어진다는 점 등임을 고려한다면, 김영하의 출현은 우연이라고 할 수 없어 보인다. 오늘날 세계의 현실이 마르쿠제의 현실화로 보이는 가운데 김영하 문학이 그로부터 생산되고 있다는 것은 의미심장하다. 섹스와 폭력을 피해 갈 수 없는 세기말적 공포가 뜬금없이 이제 급습하고 있는 세상(섹스+폭력 → 성폭력의 일상화를 보라!)을 향한 경고를 그의 소설은 1990년대에 이미 내장하고 있었다. 자, 이때 사람들은 어떻게 살아가는가. 『엘리베이터에 낀 그 남자는 어떻게 되었나』에 수록된 「고압선」은 여기서 다시 주목된다.

내 생애 처음으로 사랑하는 여자가 생겼는데, 어째서 그 이유 때문에 내가 사라져야 하지? 왜 점점 희미해져야 하지? 〔……〕
우리는 헤어져야 할 것 같아.
왜?
사랑하니까.
여자는 푹, 하고 웃음을 터뜨렸다. 지금 연극해? 하지만 남자는 심각했다. 아니야. 연극이 아니라고. 내가 사라지고 있어. 여자를 사랑하면 사라질 운명이랬어. 〔……〕

여자가 그렇게 말했지만 그는 이미 마음을 굳히고 있었다. 그녀를 사랑하면 자신은 투명인간이 되고 [……] (③-229~230)

사랑을 하면 몸이 눈에 보이지 않는 투명인간이 된다는 것이다. 결국 그것은 육체의 소멸을 의미한다. 영적으로는 존재하지만 타인에 의해 인지가 불가능한 육체의 부재다. 기이하게도 이 일은 사랑 때문에 발생하는 것으로서 사랑과 섹스는 완전히 대척점에 선다. 육체성의 이러한 강조는 당연히 사랑을 비롯한 전통 감정을 파괴함으로써 결과적으로 기쁨, 슬픔 등과 같은 감정조차 이완·해체시킨다.


### 3. 수집하고 경영한다

김영하는 이야기를 수집하고 경영한다. 그가 수집하며, 또 수집하고 싶어 하는 이야기들은 전통적인 상식과 교양의 눈으로 볼 때에 엽기적이거나 퇴폐적인 것들이 많다. 그는 소설, 혹은 소설가와 관련하여 "세상은 어지러운 언어의 바다"(⑦-248)라거나 "극단에 고용된 전속 극작가 같은 존재"(⑦-249)라고 객관화하는 발언을 서슴없이 행한다. 이 발언을 직접 길게 들어보면 이렇다.

주말 등산을 위해 모여든 사람들은 버스에서, 사찰의 약수터에서, 정상의 헬기장에서, 서리 내린 능선의 억새밭에서 아무 허물없이 자신들의 인생사를 들려주었다. 어찌보면 그는 극단에 고용된 전속 극작가 같은 존재였다. 배역이 정해지면 그를 위해 스토리를 만드는 것이 그

의 일이었다.(⑦-249)

이러한 소설 인식은 얼핏 보아 '인생사→스토리'로 연결되는 리얼리즘의 궤도 위에 있는 것 같지만, 사실은 그렇지 않다. 무엇보다 소설가는 인생의 현장에 거의 직접 가지 않는다. 소설거리란 곧 이야깃거리이기 때문에 수집하고 조합하고 관리하는 쪽으로 나아간다. 극단 극작가란 주어진 현실 재료를 취사선택하고 재배치한다. 그러나 극단 극작가가 극단의 방침에 충실히 따르는 것과 달리 김영하의 선택은 그 내용이 다분히 창의적이다. 말하자면 현실 속에 직접 뛰어들지 않는 대신, 그 내용을 포착하고 구성함에 있어서 독창적인 안목과 기법을 동원한다. 이것이 관리자로서 그의 소설 경영이다. 이런 면모를 가장 노련하게 보여주고 있는 소설이 많은 다른 소설들 가운데에서도 장편 『아랑은 왜』이다.

아랑의 이야기에도 여러 가지 틈이 보인다. 〔……〕 근대적인 의미의 작가적 자의식을 보유하고 있었던 이 저자는 분명 우리가 지금 하려고 하는 이 작업의 선구자임에 틀림없다. 〔……〕 그도 우리처럼 아랑의 전설에서 어떤 틈을 발견한 것이다. 그는 그 틈을 비집고 들어가 거기에 자신의 알을 슬어놓았다.(④-16~21)

김영하는 현실 아닌 아랑의 전설을 이야깃감으로 골랐고, 거기서 어떤 틈을 발견함으로써 자신이 관리하는 수중에 그것을 넣었다. 그 안목은 주체적이지만, 그 과정은 과학적이며 치밀하다. 『아랑은 왜』를 그가 장편의 소재로 선택한 이유도 그 전설에 틈이 많았기 때문인데, 그는 그 틈을 과학적인 근거와 더불어 독창적인 상상력으로 메워 나가면서, 하나의 새로운 소설을 재개발한다. 예컨대 한을 품고 죽은 처녀 아랑이 나비가 되었다는 전설 옆에는 부임 즉시 죽어나가는 군수 이야기와 더불어, 죽지 않은 어느 군수의 용기 속에 범인을 추적하는 이야기가 없다는 것에 작가는 의문을 제기한다. 작가는 이야기 꾼들이 청중의 신분에 따라 범인의 신분을 바꾸었을 가능성을 언급하면서 법의학자의 자세로 아랑 전설을 전면적으로 재검토할 것을 주장한다. 이른바 소재의 재정비로 새로운 소설이 시작되는데, 이것을 나는 소설 창작 대신 소설 관리라는 말로 부르고 싶다. 김영하는 『정옥낭자전』 『청구야담』 등을 찾아내는 실증을 통하여, 또 여러 판본의 대비를 통하여 "다 아는 이야기를 다르게 말하기"(④-23)를 시도한다. 그리하여 소설은 아랑을 욕보이려다 죽게 한 범인 색출과 범행 배경에 주목하면서 이미 존재하는 전설을 뛰어넘는 흥미를 유발한다. 여기서 작가는 재탄생한다.

그러나 여기서 잠깐 짚고 넘어가야 할 게 있다. 우리는 지금 실제로 벌어졌던 사건의 실체를 밝히려는 게 아니라는 것이다. 우리는 살인사건을 조사하는 형사나 추리소설에 투입된 탐정이 아니라 아랑 전설을 재구성하는 사람들일 뿐이다.(④-31)

이 독창성은, 그러나 구성의 주관일 뿐, 사건 자체에는 결코 작가가 개입하지 않는다. '사건'을 즐겨 다루는 김영하이지만, 그는 사건을 즉물적인 문체로 선택, 보고할 뿐 그 스스로 그 속에 뛰어들어 사건을 만들어가지는 않는다는 것이다. 그럼에도 불구하고 그의 소설에는 특이한 사건들이 접종한다. 스파이 사건(『빛의 제국』), 20세기 초의 멕시코 이민사(『검은 꽃』) 등 별로 조명되지 않았던 이야기들이 끌려 나오는가 하면, 『퀴즈 쇼』에서와 같이 디지털 시대의 젊은 풍속도가 리얼하게 소개되기도 한다. 『퀴즈 쇼』에 등장하는 젊은 스마트폰 시대의 평상적인 행태들은 불과 10년 안팎 그 이전의 세대에게는 매우 낯설고 이색적인 현실들로 출몰한다. 예컨대 인터넷 퀴즈 방에서 이루어지는 퀴즈 쇼의 남녀들은 전 세대들에게는 난해한, 작가의 표현에 따르면 "사특한 교감"(⑧-37)인 것이다. 이렇듯 특이한 사건들의 수집과 그 재구성을 통한 새로운 제시는 결과적으로 크게 두 가지 의도를 내보여주는 것으로 판단된다. 그 첫번째는 서사는 사건의 전복(혹은 전복적 사건)이라는 소설가 자신의 믿음이다. 이때 그 사건은 물론 사건다운 사건, 즉 독자에게 흥미를 주는 사건이다. 전통적인 의미에서의 서사가 민족이나 한 나라 혹은 사회의 거대한 사건, 그리고 그것을 주도하거나 배후에 있는 인물의 영웅적 행위와 관계된다면 오늘의 서사는 그러한 내용에서 '서사시'적인 것이 물러나면서 오직 사회 행동적인 것으로 이행한다. 18세기 영국을 중심으로 한 산문소설 이후 그것을 근대적 의미의 서사시로 보는 견해 역시 오래된 문학적 관습이다. 문제는 '영웅'과 '방대한 스케일'인데, 18세기 이전의 문학에서는 주로 규모를 통해 그것이 가장 주목의 포인트가 되었지만 이제는 더 이상 유효하지 않다. 19세기적 소피스티케이션을 거쳐 21세기의 그것은 오히려 '이색'과 '엽기'같이 평원이나 궁정에서 일어나는 일이 아닌, 테이블 밑에서 일어나는 '전복적' 장면이다. 말하자면 이렇다.

그녀가 던지는 힌트는 식탁 아래를 건너와 허벅지를 간질이는 부정한 애인의 발이었다. 사람들은 식탁 위에 놓은 음식과 그 위에서 오가는 대화에만 관심이 있을 뿐, 아래에서 무슨 일이 벌어지는 줄 모른다. 오직 두 남녀만이 그 비밀을 공유하며 태연스레 사람들의 대화에 동참하며 음식을 먹는 것이다. 퀴즈 방에서도 마찬가지다. 나는 그녀가 나만을 위한 은밀한 힌트를 보내고 있다고 생각하고 혼자 모니터를 보며 미소 짓는다. (⑧-37)

현대의 서사는 퀴즈 방에서, 자동차 안에서, 엘리베이터에 끼어서 전개되며 그것들은 모두 '발전'이라는 이념 아래 형성되고 있는 현대의 성격 그 자체를 증거한다. 그다음 두번째 의도도 바로 그것이다. 특이한 사건을 서사라고 믿고 선택·편집한 서사의 내용은 '현대'의 퇴폐와 폭력이며, 현대성은 바로 이것들에 의해 촉발되고 증폭된다는 조작(操作) 논리다. 이 조작 논리는 이를 무시하고 내달리는 이른바 리얼리즘적 관행에 브레이크를 걸고 장난을 친다. 현실은 총알택시 기사에 의해, 폭력 아버지에 의해, 퀴즈 쇼와 섹스가 일상화된 젊은이들에 의해 굴러가는데도 다만 '비판적 묘사' 위에서 무사무사 지나가는 문학의 태만을 그는 뒤집는다.

"장난하지 마."
생각해보니 나는 이런 장난을 좋아했던 것 같습니다. 죽은 척하기.
(⑨-99)

인간 이성의 발달에 의해 합리적인 근대 사회를 거쳐 현대에 이르렀다는 문명의 핵심은 결국 '기계'다. 그러나 과연 '기계'는 천사인가. 김영하가 쓰고 있는 일련의 소설들은 말하자면 천사 죽이기이며, 기계 죽이기이다. 기계 예찬의 모습으로 나타나는 기계 죽이기? 그것은 아마도 '좋아하는 척하기'일 것이다. 작가가 이미 10여 년 전 "유독하고 매캐한, 조금은 중독성이 있는 〔……〕 탈색된 채로 뱉어져 주위에 피해를 끼치는"(③ -285) 소설을 쓰고 싶다고 했을 때 역설과 아이러니를 통한 '현대'의 전복은 이미 시작되고 있었다.

〔2011〕

# '미니멀' 투어──이야기 만들기
## ──정영문의 소설

## 1. 자아의 착종

옷가게에서 바지 한 벌을 샀는데, 붉은색 계통의 알록달록한 체크무늬 바지였다. 뭔가에 대해 대단하거나 대단하지 않은 온갖 편견들을 갖고 있는 나는 본래 체크무늬는 좋아하지 않았고, 특히 체크무늬 셔츠는 입어서는 안 되는 옷이라고 생각했지만, 그 체크무늬 바지는 무대의상 같은 내 재킷과 어울릴 것 같았다. 그 바지로 갈아입고 거리로 나서자 평생 몸담고 있던 서커스단이 해체되어 다른 살길을 찾아야 하는 광대처럼 여겨졌고, 〔……〕 혼자 가끔 광대의 흉내를 내며 광대의 미소를 짓기도 할 광대같이 느껴졌다. (⑪−232~233)[1]

---

1) 일반적으로 난해하고 무의미한 소설을 쓰는 소설가로 평가되는 정영문의 소설들은 발표 순으로 볼 때 다음과 같다. ①『겨우 존재하는 인간』(세계사, 1996) ②『검은 이야기 사슬』(문학과지성사, 1998) ③『하품』(작가정신, 1999) ④『핏기 없는 독백』(문학과지성사, 2000) ⑤『중얼거리다』(이마고, 2002) ⑥『더 없이 어렴풋한 일요일』(문학동네, 2001) ⑦『꿈』(민음사, 2003) ⑧『달에 홀린 광대』(문학동네, 2004) ⑨『목신의 어떤 오

다시 우리가 여관으로 돌아왔을 때 J는 그만 집에 돌아가고 싶어 했다. 〔……〕 하지만 나는 혼자 좀더 남아 있고 싶다고, 그러니 먼저 가라고 했다.

〔……〕 그럴 이유라도 있어, 그녀가 물었다. 아니, 모르겠어, 그냥 혼자 더 있고 싶어, 더 있어야 할 것 같아, 내가 말했다. 하지만 이곳이 마음에 들어서는 아냐. 말은 그렇게 했지만 그곳의 어딘가가 마음에 들려고 하는 것도 사실이었다. (⑦-62~63)

이런 식이다. 소설 화자인 '나'는 늘 미확정이고, 우유부단하다. 실존주의적이라고도 할 수 있는 화자의 이러한 심리 동향은, 그러나 바로 정영문 소설의 출발점이며 모티프라고 할 만하다. 소설가는 자신의 이러한 심리와 마음 때문에 소설 쓸 생각을 했을 것이며, 그렇게 쓰다 보니 그 자체가 소설의 대상으로서 썩 훌륭한 모습이 된 것이다. 그러나, 나 또한 정영문 식으로 묻는다. 과연 그런가, 하고. 이 미확정의 우유부단한 심리와 마음이 소설이 될 수 있을까. 앞의 인용은 그의 최근작 『어떤 작위의 세계』에 수록된 「복수에 대한 생각」에서 발췌한 것이다. 작품 제목이 '……생각'이듯이 그 생각은 화자의 마음이 이랬다저랬다 하는 과정에서 생겨나는 것이므로 일단 거기서 소설은 출발할 수 있을 것이다. 미확정과 우유부단은 화자의 입장이 모호하다는 것을 반증하지만, 그 입장은 동시에 사태의 양면성, 혹은 전면성을 보여주는 유리함을 지닌다. 말하자면 특정한 대상을 집중적

---

후』(문학동네, 2008) ⑩『바셀린 붓다』(자음과모음, 2010) ⑪『어떤 작위의 세계』(문학과지성사, 2011). 이 글은 이 가운데 ②, ⑦, ⑨, ⑪을 집중적으로 다루었다.

으로 조명하는 일방성 대신, 있을 수 있는 개연성을 두루 훑어보고, 또 결정에 앞서서 다시 뒤집어 봄으로써 구석구석을 비춰 보는 신중함으로 뜻밖에 연결되는 성과를 가져온다. 예컨대 체크무늬 옷을 좋아하지 않는 원래의 성격에도 불구하고, 그 성격대로 달려가는 직접성을 유보하고 "무대의상 같은 내 재킷과 어울릴 것 같"은 생각을 다시 한 번 추가함으로써 다른 결과를 유도해낸다. 전복의 묘미라고 할 수 있는 이러한 반전 기법은 정영문 소설 최대의 매력이라고 할 만하다. 자신의 성격과 취향에 반하는 모험을 택함으로써 화자는 평생 몸담고 있던 서커스단이 해체되어 "다른 살길을 찾아야 하는 광대"가 되는 것이다. 그것은 우유부단의 불가피한 산물이지만 오히려 '광대'일 수밖에 없는 '문학예술'로의 단호한 결단이 된다. 뒤이은 인용의 '나'도 마찬가지다. 그는 여자 친구의 요구에 의해 여행을 떠났으나 정사를 포함한 그 어떤 예상된 장면도 보여주지 않고, 어린 소년들에게 돈만 뺏기는, 예기치 않은 일만 겪을 뿐이다. 요컨대 재미없는 여행에 가담한 꼴이 되었고, 당연히 그 여행은 중단되어야 하는 것이 상식적인 전개이다. 여자 친구의 여행 중단 요구는 따라서 지극히 자연스러운데, 여기서 또 뜻밖에도 화자가 도리어 그 여행을 혼자 계속하겠다고 우긴다. 일종의 반전이다. 그곳에 더 머물 이유도 없이 그냥 남겠다고 하는 화자의 태도는 그 자체의 전복성 이외에 다른 이유가 없다. "왜 하루를 더 머물려고 했는지 생각해보았지만 알 수 없었다. 아무 일도 없는 하루를 더 보내기 위해서, 아니면 무슨 일이 생기기를 바라며? 그 어느 쪽도 아닌 것 같았다"(⑦-63)는 진술은, 결국 소설 화자, 즉 '주체=자아'의 의식이 내부에서 엇갈리고 있음을 말해준다. 자아의 착종인 것이다.

어떤 결과로 연결되든지, 자아의 착종은 정영문 소설의 가장 큰 특징이다. 처음에 그것은 의도적으로 구성된 것으로 보이지만 이제 그것은 무의식적으로 거의 모든 소설을 지배한다. 이렇듯 착종은 정영문 소설의 모티프이며, 문체이며, 구성이다. 그러나 그것이 그가 지향하는 세계는 아니다. 모티프라는 것은, 사물과 세계를 바라보고 인식하는 주체, 즉 자아의 아이덴티티가 불확실한 데에서 그의 소설이 출발하고 있다는 점을 의미한다. 작가는 앞서 보았듯이 체크무늬 하나를 선택하는 데에도 미결정을 반복한다. 미결정은 간혹 결정을 한 다음에도 후회하거나 되돌아보는 보류의 심사를 거듭하게 한다. 늘 이런 것도 같고, 저런 것도 같은 것이 자신의 마음이다. 작가는 자기 스스로 "뭔가에 대해 대단하거나 대단하지 않은 온갖 편견들을 갖고" 있다고 고백한다. 이때 그 편견은 작가의 말대로 편견일 수도 있고 편견이 아닐 수도 있다. 그러나 그는 편견이 있다고 생각하며, 그렇기 때문에 글로써 그러한 내면을 풀어놓아야 한다고 믿는다. 편견으로 인한 사물과 현상의 전복적 파악이라는 이점이 있음에도 불구하고, 오락가락—우유부단은 자아의 착종이 필경 주체의 미확립 속에서 대상보다는 주체가 훨씬 중요하다는 역설을 성립시킨다. 주체의 미확립은 대상을 흔들리게 만들기 때문에 그 대상은 끊임없이 변화한다. 따라서 대상과 주체와의 관계도 변화한다. 소설이 사회를 반영하고 개선한다는 발자크의 19세기 고전론도, 소설은 숨겨진 삶을 찾아내어 구성하면서 잃어버린 총체성을 회복하고자 하는 역사철학적 상황의 산물이라는 루카치의 담대함도 이러한 미확정의 세계 어느 곳과도 무관하다. 이론과 굳이 관계가 있다면 '소설은 이야기의 한 특수한 형식'이라는 뷔토르의 그것과 이어질 수 있을 것이다.[2] 뷔토르에 의하면 이야기는 문학의 영역을 훨씬 넘어서는 현상이기에, 루카치가 형상화의 형식에 의미를 주고자 했던 그 '형식'에 구애받지 않고, 크게 열려 있는 그 어떤 것이며 따라서 대상과 주체의 관계가 늘 흔들리는 정영문의 소설은 차라리 이러한 범주에서 이해되는 것이 훨씬 편해 보인다. 정영문의 소설에 대하여 몇 차례 해설을 쓴 일이 있는 김태환에 의하면 그의 소설은 유아적 세계관을 나타내고 있는데, 이 부분도 이와 관련되어 설명될 수 있을 것이다. 김태환은 정영문이 그림자에 대해 깊은 관심을 지니고 있고, 또한 동물에 대해 집요한 호기심과 친근감을 보여주고 있다는 점을 그 증거로 제시한다. 매우 예리한 관찰이다. 이 경우 유아적 세계관 역시 대상에 대한 주관의 미확정과 긴밀한 관계에 있음이 분명하다. 미확정이라는 성격과 유아적 세계관은 그 앞뒤를 따져 정해놓는 일이 불필요하고, 또 가능하지도 않다. 그러나 그것이 확정된 결론을 거부하는, 혹은 싫어하는 호기심의 소산인 것만은 확실하다. 이 호기심은 말을 바꾸면, 탐구이며, 그것은 뷔토르의「탐구로서의 소설」론을 연상시킨다.

    우리의 일상적 세계의 꽤 많은 부분을 구성해주는 이러한 모든 이야기들가운데에는 일부러 꾸며낸 이야기들도 있을 수 있다. 오해를 피하기 위하여 이야기로 꾸민 사건에다가, 우리가 늘 접하는 사건과 단번에 구별되는 특징들을 부여한다면, 우리는 환상문학, 신화, 콩트 앞에 있게 된다. 소설가는 우리에게 일상적 사건과 비슷한 사건들을 제시한다. 그는 그것들에다 아주 그럴듯한 외양을 주려고 하므로, 그것은 속

---

2) 미셸 뷔토르, 『새로운 소설을 찾아서』, 김치수 옮김, 문학과지성사. 1996, p. 7.

임수에까지 이를 수 있다.[3]

그렇다. 정영문은 자아를 의도적으로 착종시킴으로써 세계에 대한 자신의 시선을 유보시킨다. 그 대신 많은 시선들을 유포함으로써 그 어느 것도 확인할 수 없도록 한다. '일부러 꾸며낸' 이야기가 있을 수 있다는 것인데, 이 경우 소설가 자신도 불분명한 태도의 배후에 감추어져 있으므로 '일부러'는 확인이 불가능하다. 결국 그의 착종은 사실과 허구의 교묘한 직조에서 유래한다. 더 정확하게 말한다면, 작은 사실에서 큰 허구를 만들어낸다는 것이다. 정영문의 소설은 그런 의미에서 뷔토르의 "속임수"에 근사하며 소설이 이야기의 실험실, 혹은 공장이라는 막연한 통념의 구체적인 현장인 셈이다. 아, 우리는 이 평범한, 오랜 관념을 이 '난해한' 소설가를 통해서 이제야 확인하게 되는가. 그 구체성을 심지어는 '관념적'이라는 말로 거꾸로 읽는 인식의 착종이야말로 어디서 비롯되는가. 확고한 자아의 정립 아래에서 대상에 대한 주체적 진술과 묘사에 익숙해진 독법만을 '쉬운 것'으로 간주하고 있는 것은 아닌가. 그 밖의 것, 예컨대 동식물과 같은 자연, 그렇잖으면 작가의 뒤집어 보기와 같은 인식을 좇아가기엔 우리의 소설 읽기가 관습적이며, 논픽션적인 것은 아닌가. 소설의 이야기적 구체성을 오히려 난해성으로 읽는 독법의 반성을 작가는 요구하는 것이다. 유아적 세계관이 '유치한 것'이라는 개념과 함께 '순진하다'는 개념을 더불어 지닌다면, 또한 그것은 유연성의 근본적 힘이기도 하다. 다소 유치해 보이면서도 너무 순진하여 우리를 웃음 짓게 하는, 그러

---

3) 위의 책, p. 8.

나 되돌아보지 않을 수 없는 고정관념에의 타격을 다음 대목은 리얼하게 보여준다.

    그 법과 관련해 여러 가지 까다로운 문제가 제기될 수도 있었다. 가령, 눕는 것은 불허하지만 앉는 것은 허용할 경우 앉는 것의 기준은 엉덩이를 땅에서 떼는 것을 기준으로 할 것인가? 그리고 앉는 것은 어디까지 허용할 것인가? 엉덩이를 뗀 채로 쪼그리고 앉는 것은 허용하지만 퍼질러 앉는 것은 금지할 것인가? 건물 벽에 등을 기대고 반쯤 누울 때에는 앉아 있는 것으로 보아야 하는가, 아니면 누워 있는 것으로 보아야 하는가? 눕는 것을 조건부로 허용할 경우 시간제한은 어떻게 할 것인가? 잠시 눕는 것은 괜찮지만 잠이 들어서는 안 되는 것인가? 누울 경우 어떤 자세, 팔베개를 하고 옆으로 눕는 것은 괜찮지만 드러눕거나 엎드려 눕는 것은 안 되는 것인가? (⑪-233~234)

    유치함 속에 유연함이 있고, 유연함은 관찰의 시선과 해석을 무한대로 열어놓는다. 무한대를 쫓아가는 길은 무한대다.

## 2. 이야기 만들기

    정영문의 소설은 일종의 투어다. 그 투어는 매우 특수한 투어여서 자연경관이나 역사유적을 탐방하는 그것과는 사뭇 다르다. 그렇다고 해서 보여주는 자, 말하는 자만이 알 수 있는 내면 여행기이기만 한 것은 물론 아니다. 그 특수성은 가령 귀신 투어의 어느 부분을 연상시킨다.

　넋이 나간 채 벌어진 입 아래 목을 감싸고 있는 몇 겹의 낡은 새끼 줄…… 교수형을 기다리는 사형수의 모습이 영락없는데 이를 들여다본 사람이 먼저 기절한다. 밀랍인형이라지만 사람과 너무나도 똑같은 이 사형수는 이른바 폴터가이스트Poltergeist가 되어 그를 보는 사람들에게 상처를 입힌다. 이 귀신은 17세기 귀족 맥켄지라고 알려져 있는데, 가이스트 현상은 그의 유해가 담긴 납골당에서 발생한다고 한다. 그 방에서는 이따금 "날 꺼내달라"는 호소도 들리고, 관광가이드의 등에 상처 자국이 파이기도 하며, 어떤 이는 그 속으로부터의 어떤 힘에 의해 밀쳐져 넘어지기도 한다는 것. 에딘버러 지하감옥Edinburgh Dungeon은 문패부터 핏빛으로 글자가 물들어 있다. 여기를 지나면 만나게 되는 곳이 에딘버러 캐슬 던전인데, 여기엔 수십 명의 죄수가 드러눕는 커다란 나무침대와 함께 홀로그램의 출현이 오싹하다. 귀신의 차가운 손이 닿으면 죽게 된다는 귀신 마을도 있고, 잃어버린 애인을 찾아 헤매는 여자 귀신도 있다. 화이트 레이디라는 이름의 흰옷 귀신이 나오는 성도 있으니 이 투어 기간 제정신을 지키고 씩씩하게 남게 된다면 오히려 이상할 지경이다. 이 투어는 말하자면 한을 남기고 간 고인들과의 교제 시간이라고 할 것인데, 아닌 게 아니라 귀신들과 귓속말로 속삭이는 관광객도 있다고 한다.[4]

　귀신 투어를 연상시키는 정영문의 소설은 수다하다. 초기작 『검은

---

[4] 『매일경제』 2010년 7월 30일자.

이야기 사슬』이라는 수상한 제목의 책 안에 수록되어 있는 수십 편의 짧은 이야기들이 대부분 그렇다. 제목만 보더라도 「임종기도」「장의사」「안락사」「악몽」「처형」「막연한 공포에 대한 상상」「살인에 대한 상상」「신들의 처형」「죽음과도 비슷한」 등이 모두 귀신들이라고 할 수 있는 어떤 것들의 출몰을 다루고 있다.

내가 인기척에 눈을 떴을 때, 어떻게 된 노릇인지, 내 방문 앞에는 안쓰러워 보이는 늙은 난쟁이 하나가 눈을 끔벅이며 서 있었다. 〔……〕 그는 내가 눈을 깜박이는 것을 보고는 내 가까이 다가와 내게 손을 내밀었지만, 나는 그 손을 뿌리치며 그대로 누워 있었다. (②-11)

늙은 난쟁이의 실체와 상관없이 이게 귀신 아닌가. 아무런 통지도 없이, 알지도 못하는 사람, 그것도 자고 있는 사람 앞에 불쑥 나타난 존재— 귀신일 수밖에 없다. 이렇게 시작하고 있는 「임종기도」는 결국 "하지만 내가 걸음을 옮김에 따라 길은 스스로를 접고 있는 것처럼, 그에 따라 내가 갈 수 있는 곳은 어디에도 없는 것처럼 느껴졌다"(②-25)라며 끝을 맺는다. 정영문 소설의 심상찮은 유령적 성격은 이렇게 등장 초기부터 음산하게 나타난다. 그러나 귀신을 암시하는 실체가 보이지 않는 경우라 하더라도 그의 소설은 특이한 이야기를 제공하는데, 그것들은 음산하지는 않다고 하더라도 기이하다. 대부분 비상식적, 반경험적 현실이 의도적으로 꾸며지고 있고, 그것들은 대체로 여행에서 일어나는, 즉 투어의 내용을 이룬다. 예컨대 이렇다.

샌프란시스코는 처음은 아니었는데, 5년 전 여름에 미국에 왔을 때 이 도시에 아주 잠시 머문 적이 있었다. 그때 나는 아주 오래전 한동안 사귀었던 과거 여자 친구와 그녀의 멕시코계 남자 친구와 함께였다. 〔……〕 결국 그가 그렇게 부르게 내버려두었고, 나 역시 그를 형제라고 불렀다. 하지만 그 후 내가 그를 자매라고 부르기 시작하면서 그 역시 나를 자매라고 불렀고, 그렇게 해서 우리는 자매 사이가 되었지만 자매처럼 지내지는 않았다. (⑪-9)

최근작 『어떤 작위의 세계』에서 정영문은 이렇게 투어를 시작한다. 전 애인, 그리고 그녀의 새 남자친구와 더불어 생활한다는 샌프란시스코 체류기는 출발부터 범상치 않은 데다가, 분명히 남성인 그 남자친구와 자매로 지낸다는 고백이 변태를 넘어 해괴한 설정으로 다가온다. 그러나 정영문 소설의 특이점은 이러한 이상 설정보다는, 그럼에도 불구하고 소설 화자의 서술이 그 이상 설정에 대하여 스스로 이상하다고 생각하는 이중의 전도성에 있다고 할 것이다. "우리는 자매 사이가 되었지만 자매처럼 지내지는 않았다"는 뒤집기의 묘미를 그는 소설 도처에서 거의 끊임없이 행하고 있다. 어쩌면 『어떤 작위의 세계』는 이 같은 뒤집기의 경연장이라고 보아도 무방할 정도다. 소설 끝 부분의 「하와이의 야생수탉」이라는 소제목 아래에는 다음과 같은 기묘한 이야기도 나온다.

내가 하와이에 가기로 결정한 데는 어쩌면 어디선가 읽은, 브라우티건이 썼거나 말한 어떤 이야기가 영향을 줬을 수도 있었다. 그것은 〔……〕 하고 싶은 일도 없는 상태에서 문득 살아 있는 닭 한 마리를 구해 그 닭을 품에 안고 사진을 찍고 싶은 생각이 들어, 실제로 호놀룰루 시내에서 어렵게 닭을 구해 실제로 품에 안고 사진을 찍은 후 하와이에서 할 일을 모두 다 했다는 기분으로 하와이를 떠날 수 있었다는 얘기였다. 〔……〕 하와이에 도착한 날부터 나는 하와이에 온 것을 무척 후회했다. 일주일간 하와이에 머물면서 내가 어떤 목적을 갖고 한 것처럼 한 유일한 일은 시내에 있는 모자 전문 가게 대부분을 찾아가, 가게들에 있는 수많은 모자들을 써본 것뿐이었다. (⑪-246~247, 249)

이런 난센스가 있을까. 소설의 화자는 항상 '좋아하지 않음에도' '생각은 전혀 없었으나' 결과적으로 그 일을 행한다. 단순히 도식화하면 작가는 별로 하고 싶지 않은 일을 늘 하는 것이다. 왜 그는 마음에도 없는 일을 할까. 혹은 일을 하면서도 '이건 내가 하고 싶어서 하는 건 아니'라는 변명과 핑계를 내놓을까. 그 자신의 설명으로는 "모든 것이 해도 그만, 하지 않아도 그만인 것 같았고, 뭔가를 하는 것과 하지 않는 것이 아무런 차이가 없는 것 같았"(⑪-25)기 때문이다. 말하자면 이 세계의 다양한 현상들이 그에게는 어떤 의미의 차이를 주지 않는 것이다. 이렇듯 의미의 편차 없음, 즉 무(無) 차이는 특별히 인간 사회를 대상으로 하는 경우 각별하게 부각된다. 앞서 보았듯이 그는 인간 사회의 관습과 질서에 아예 무심하다. 과거 여자 친구의 지금 남자 친구와 스스럼없이 어울리는가 하면 남자끼리 '자매'로 부르면서 지낸다. 이것은 동성애라든지, 성관계가 쿨하다든지 하는 문제를 넘어서는, 사회적 불감증의 문제라고 볼 수 있다. 적극적인 새로운 태도와 인식을 지향하는 것이 아니라, 기존의 제도와 관습 자체가 시큰둥한 것이다. 대신 그는 이러한 범주와 전혀 다른 범주, 그러니까 동물들의 생태계라든지 인간적/사회적 인과관계와 절연된 상태에서의 닭놀이, 모자놀이라든지 하는 것들에 흥미를 나타낸다. 대체 왜 하와이에 가서 꼭 수탉을 품에 안고 사진을 찍어야 하는가. 아니, 그것이 하와이에 갈 이유가 되는가. 결론적으로 그것은 정영문에게 충분한 이유가 된다. 왜냐하면 뚱딴지같기 때문이다. 뚱딴지같아야 '이야기'가 되는 것이다. 사실 조금 깊이 생각해보면 그 논리가 오히려 타당하다. 사회적 관습이나 질서와 동행하는, 혹은 인간 심리의 움직임을 따라가는 이야기야말로 무슨 이야깃거리가 되겠는가. 이런 평범함을 넘어서는, 즉 '차이'를 위한 돌출로서의 의미를 지녀야, 이야기, 즉 스토리 창출의 모티프를 제공하고, 거기에 작용하는 것이다.

『검은 이야기 사슬』은 정영문이 초기부터 이러한 이야기꾼으로서의 자질과 비전을 조용하게 선언한 작품집이다. 아무것도 아닌 일에서 끊임없이 이야기를 만들어내는 작은 발동기들로 이 작품집은 쉬임없이 통통거린다. 여기 수록된 소설들에는 난쟁이, 곱사등이 등 불구의 인물들뿐 아니라 살아 있는 사람을 죽은 이 취급하는 장의사 등도 등장하지만 그 광경은 비극적이라기보다는 차라리 코믹하다는 느낌을 주며, 전체적으로 장난감들과 어울리는 어릿광대 놀이를 연상시킨다. 이 역시 옛날이야기와는 다른, 새로운 스타일의 이야기—그러니까 게임용 이야기를 방불케 하는 이야기의 세계로서, 세계를 뒤집어보여주는 재미를 던져준다.

오늘날 '이야기'는 몇 가지 범주에서 논의될 수 있을 것이다. 그 하나는 전통적인 '옛날이야기'로서 신화, 설화 따위가 여기에 속한다. 다음으로는 현실에 존재하지 않는, 이른바 가공의 픽션들인데 주로 판타지라는 이름으로 불리는 동화적 성격을 지닌 그것들이다. 어떤 의미에서는 이즈음 가장 맹위를 떨치고 있는 장르가 이에 해당된다고 할 수 있다. 대표적인 예가 바로 '해리포터' 시리즈다. 이러한 이야기들에는 물론 현실이 배경에 깔려 있는 경우가 많지만 주어진 난관들을 극복해나가는 방법에 있어서 동화적인 환상성이 극대화된다. 장르 소설 혹은 장르 문학이라는, 장르와 연결되는 고리도 여기에 있다. 다음으로는 앞의 두 범주와 물론 부분적으로 중복되지만 동물 우화에 속하는 이야기들을 예거할 수 있다. 정영문의 경우는 이중 어느 것에도 걸쳐지지 않는, 굳이 유사한 범주를 찾는다면 에딘버러의 귀신 투어를 다시 연결 지어볼 수 있으리라. 왜냐하면 대부분의 이야기는 어딘가로 떠나면서, 혹은 여행지에서 일어나기 때문인데, 귀신이 그렇듯이 그 장소와 전혀 무관하지는 않다고 하더라도, 그 발생한 실체는 관찰자의 심리(마음)에서 나온 것이라는 공통점이 있다. 그러면서도 정영문의 이야기는 제3의 유형, 즉 동물 우화, 혹은 동물 자체와 많이 섞여 있다는 특징을 지닌다. 그것은 인간적 사회성보다는 자연에서 친밀감을 느끼는 그의 애니미즘적 성격 내지 사람들이 곧잘 간과하는 세밀한 것을 찾아내는 미니멀 취향과 관계되는 것일 수 있다.

    그리고 그녀를 찾아오는 또 다른 손님들도 있었다. 바로 돼지들이었다. 돼지들이 집 안에 들어와 그녀의 몸을 핥기도 했다. 돼지들은 그녀의 몸을 기분 좋게 핥았다. 그녀 또한 돼지가 자신의 몸을 핥는 것에 기분 좋아했는지는 알 수 없다. 어쨌든 그녀는 돼지들에게 몸을 적극적으로 내맡기지는 않았지만 그것들을 피하지는 않았다. (⑨-178)

어쩐지 나는 아라비아의 노래가 들리는 가운데 나타났다 사라진 닭이 있던 사막의 오아시스로 다시 가고 있는 것 같았다.(⑨-166)

근본적으로 그의 이야기는 동화적이다. 귀신 투어가 동화의 현실화이듯이, 그는 동화에서나 있을 법한 이야기들을 소설의 이야기로 다시 만드는 실천을 행한다. 소설 제목 자체를「목가적인 풍경」으로 객관화해놓는 일,「닭과 함께 하는 어떤」처럼 '닭'을 즐겨 대상화하는 일 등은 그 실천의 과감한 현장이다. 소설집『목신의 어떤 오후』에서는 아예「동물들의 권태와 분노의 노래」라는 연작소설이 1, 2, 3으로 펼쳐지기도 하는데, 그 동물의 세계 속에서 작가는 인격적 동일화를 체험한다. 무엇이 그를 동물과 교감하게 하며, 그 속에서 오히려 존재감을 발견하게 하는 것일까.

내가 좋아하는 것 중 하나는 근처 대나무숲에서 작은 민달팽이들을 잡아 등대로 가져가 그 안에다 풀어놓아주는 것이다. 〔……〕 밤새 벽을 기어올랐을 그것들이 아침이 되어서도 계속해서 벽을 기어오르는 것을 어떤 황홀한 광경에 온통 마음을 빼앗긴 것처럼 바라보는 것은, 나의 의도는 정작 딴 데 있었지만, 보는 이로 하여금 얼마나 기쁨에 탄성을 지르게 하는지!(⑨-291)

이 인용에서 '정작 딴 데 있었'다고 하는 그의 의도는 기쁨의 탄성만이 아니라, 연민의 감정, 때로는 동물들의 고난을 즐기기까지 하는 짓궂은 욕망 등이 모두 포함된다. 그러나 그 어느 경우라 하더라도 작가는 동물들과의 공존에서 인간들보다 훨씬 활발한 교통을 하며,

그들과 대화하고 교류한다. 이러한 교류는 사실 비단 동물에 관한 것만은 아니고, "그러한 무용한 짓들은 이상하게도 내가 자연과 하나라는, 적어도 내가 자연의 일부라는 느낌을 갖게 해주고, 나는 무용함이 내게 얼마나 커다란 소용이 있는지를 새삼스럽게 깨닫게"(⑨-293) 한다. 말하자면 동물을 포함한 자연과의 혼융은, 역설적으로 무용하다는 것이 그 이유다. 쓸데없는 짓이라는 것을 작가 스스로 알고 있는데, 이 무용이 그에게는 유용하다는 것이다. 동식물과의 놀이를 통해 도달한 무용성 유용론은 결국 정영문 '이야기'의 핵심적인 아이콘이 된다. 별것 아닌 것에 흥미를 느끼고 그 세밀한 내부에 눈을 돌림으로써, 일종의 '무에서 유를 창출해내는' 것이다. 별것 아닌 것에서 이야기를 끌어내는 작가의 관심과 능력에 대해서는 이미 그 자신이 직접 피력하고 있다. 여기저기서—

> 오래 살다 보니 별일을 다 겪는군, 하는 생각을 했는데, 그것은 틀린 생각 같았다. 그 일은 별일도 아니었고, 내가 그렇게 오래 살았다고 볼 수도 없었다. 그럼에도 나는 별일 아닌 일에도, 오래 살다 보니 별일을 다 겪는군, 하고 생각하는 버릇이 있었다. 그럴 때면 나는 별일을 다 겪기 위해서라도 오래 살고 볼 일이군, 하는 생각을 하기도 했다. 하지만 아무리 오래 살아도 별일이 없을 것이 틀림없었는데, 어떤 일도 별일이 아닐 것이기 때문이었다. (⑪-236~237)

아무것도 아닌 것에서 무엇인가 이야기를 만들어내는 능력은, 이를테면 귀신을 만들어내는 능력이다. 사실 동물이든 식물이든, 어떤 것이든 그 내부를 가만히 살펴보면 미시를 통한 거시가 발견된다. 실증적, 객관적으로 존재하는 모든 사물이 동일한 얼굴로 거기 그렇게 있다면 거기에서는 어떤 창조적 이야기가 생성될 수 없다. 이야기가 창의성의 산물이라면, 어차피 무로부터 나오는 위력을 발휘해야 할 터—

### 3. 착종의 질서—문체

 정영문 소설의 가장 중요한, 핵심적이라고 할 만한 특징은 그의 문체다. 몇 개의 문장이 복문 형태로 얽혀 있기 일쑤인 그의 문장들은, 마치 복잡한 서구어의 번역문을 연상시키면서 또 다른 착종을 야기한다. 그러나, 아니다. 그의 기이한 복문들은 착종이 아니라 착종을 풀어놓는, 혹은 착종을 처음부터 예방하는 질서의 수행으로서 기능한다. 거의 모든 문장들이 예문이 될 수 있겠는데 그중 몇몇으로 나누어 살펴보자.

 1) 그 낯선 사람은 내게 미소를 지어 보였다. 나는 얼굴을 찡그렸는데 그의 미소가 너무나 어색하게 느껴졌기 때문이라기보다는, 이유가 전혀 없었던 것은 아니지만, 너무 환하게 느껴졌기 때문이었다.(⑦-43)

 2) 나는 불쾌하긴 하지만 견딜 만한 그 소리를 물리칠 수 있는, 세상의 어떤 소리도 무색하게 만들 수 있는, 그리고, 내 생각에는, 하늘에 계신 분의 얼굴을 찡그리게 하기에 부족함이 없는, 나의 괴성을 내질러볼까 했지만, 혼자가 아니라는 생각을 하며 단념했다.(②-17~18)

3) 이 사건과 관련해 분명하게 말할 수 있는 게 있다면, 분명하게 말할 수 있는 게 아무것도 없다는 사실뿐이었다.(⑦-8)

4) 대체로 밑도 끝도 없는 얘기거나, 아무런 뜻이 없는, 불필요한, 그래서 들으나 마나 한 얘기거나, 〔……〕 언젠가 한번 했던 이야기를 〔……〕 (⑦-13)

5) 그녀가 K와 함께 왔으면 좋았을걸, 이라고 말한 것은 그들이 이 여행을 떠나온 후로 두번째였다. 첫번째로 그 얘기를 했을 때, 그녀는 K와 함께 왔으면 더욱 좋았을걸, 이라고 말했었다.(⑨-43)

6) 그는 가로수들을 바라보며 정신을 잃으려 해보았지만 되지 않았다. 차의 속도가 너무 느려서인지 아니면 햇살이 충분히 강렬하지 않아서인지는 알 수 없었다. 운전대를 잡고 있는 그녀의 손톱의 매니큐어가 눈길을 끌었다. 파란색이었다. 매니큐어의 색으로는 적당치 않아 보이는 그 색이 보기가 좋았다.(⑨-61)

1)은 "이유가 전혀 없었던 것은 아니지만"이라는 삽입구의 사용이 눈에 띈다. 이 삽입 문장의 앞뒤엔 물론 콤마가 사용되고 있는데 엄격한 필자가 아닌 경우 일반적으로 잘 생략되는 것이 우리말 관습이다. 이러한 삽입구는 한국어 생활습관에서는 문장 전체의 일부분을 끊고 들어오는 일이 드물다. 대개의 경우 문장 앞뒤에 놓이거나 별도의 문장으로 처리된다. 정영문의 삽입구 애용은 한국어 관습을 비트

는, 다분히 서구어/인도게르만어의 영향을 받은 것으로 보인다. 그러나, 그렇다 하더라도 그가 즐겨 이러한 문장법을 사용하는 이유는, 한국어법의 무의식적인 답습에 대한 의도적인 거부가 분명하다. 그 거부는, 한국어 구문이 작가가 말하고자 하는 대상을 세밀하게 반영하지 못하고 있다는 생각에서 야기된 불만이리라. 삽입구는 그리하여 화자의 마음과 심리를 아주 분명하게 드러낸다.

이 세밀함은 자연스럽게 엄격함을 동반하기 마련인데, 그것은 앞서 말한 콤마 사용에서 지나칠 정도로 까다롭게 준행된다. 2)를 보라. 한 문장 안에 여섯 개의 콤마를 갖고 있는, 한국어로서는 거의 희귀한 경우에 속하는 문장이다. 왜 이렇게 콤마가 많은가. 콤마는 읽는 이의 호흡 조절을 목표로 하는 것이 그 사용의 첫째 이유다. 당연히 그 배경에는 필자의 의도를 세밀하게 끊어서 말하고 싶다는 욕망이 숨어 있다. 그러나 지나친 콤마의 사용은 오히려 호흡을 끊고 문맥의 연락을 저해할 수도 있다. "—있는, 그리고, 내 생각에는,—"은 확실히 과도하다.

3), 4)는 명백한 말장난Wortspiel이다. 말장난이라고 하는 것은, 말들끼리 어울려 어떤 재미를 만들어내는 일인데, 이 경우 그 말이 의미하거나 연상시키는 현실적 상응 관계가 존재하지 않는다는 점이 특이하다. 이러한 말장난은 시에서 20세기 중반의 다다이즘같이 긍정적인 평가를 받는 경우를 제외하면 대체로 부정적인 비판과 만난다. 그러나 소설에서도 말장난을 통한 이야기의 생산이라는 측면에서 반드시 비판적으로만 볼 일은 아니다. 정영문에게서 특히 말장난의 구문은, 문체의 의도적인 세밀화를 통해 대상의 내부를 섬세하게 관찰하겠다는 의지와 관계된다. 그것은 왜곡된 세계가 필연적으로 갖게

마련인 언어의 왜곡을 가능한 한 곧게 펴보겠다는 의지다. 끈질긴 섬세함은 이러한 의지의 뒷받침 없이는 불가능해 보인다.

정영문 문체의 착종은, 결정적으로 문맥의 이산화(離散化)에서 온다. 그의 소설에서 귀신 투어를 연상하는 나의 판단은 이 같은 이산화 현상과 관계되는데, 이러한 특징을 잘 보여주는 작품이 바로 5)「여행의 즐거움」이다. 이 소설에서 딱히 몇 개라고 말할 수 없는 많은 이야기들이 나열, 혹은 병치되어 있는데, 문제는 그들 이야기들이 내용상 서로 연락되는 것들이 아니라는 점이다. 그런 의미에서 서로 다른 것들이 '흩어져 있다'고 표현하는 것이 타당해 보인다. 자, 보자. 몇 이야기를 순서대로 본다면, ①그와 그녀는 함께 T반도로 여행하면서 K와 함께 왔으면 좋았으리라는 대화를 나눈다. ②K는 그만의 자족적인 세계에 살고 있다. ③그가 그녀를 오래전 우연히 유럽 어느 지방 도시에서 만났는데, 그녀 또한 우연히 열차 안에서 자신의 성기를 보고 있던 어떤 젊은 남자를 따라서 그 도시에 내렸던 것이다. ④바닷가 여관의 둘밖에 없는 투숙객이었던 그와 K는 좋은 친구가 되었는데, K는 피아노 전공의 양성애자였다. ⑤그녀는 꿈을 꿨는데, 꿈에서 청나라 시대의 만주족들처럼 변발을 하고 있는 그를 보았다고 한다. 그녀는 또 몽고 제국을 생각하면서 슬퍼지기도 한다. 그녀는 이상한 꿈을 계속 꾸고, 그는 "이상한 얘기들을 해줘서 좋다"고 한다. ⑥이후 둘 사이의 대화 내용은 서로 무관한 것들이다. 몸속의 포도당 역할, 자동차 충돌시험용 인체 모형, 두꺼비/매미에 관한 것들, 불가리아 리듬체조 선수, 두 남자가 한 여자를 죽이고 그 살을 먹고 뼈를 갈아버린 엽기적인 미국 이야기, 아내를 고속도로 휴게소에 놓아두고 가버린 북유럽의 건망증 남편, 절반이 넘는 아이들이 사생아인 아이

슬란드, 무인도를 향해 함포 사격을 하면 재미있을 것이라는 이야기……

 이 이야기들은 상호관련성이나 아무런 인과관계도 없고, 더구나 소설 화자와의 현실관계가 전무한, 말하자면 그냥 흩어져 있는 것들이다. 그렇다면 이러한 이산화 작업이 주는 효과는 무엇일까. 그 시사점은 "그래, 재미있는 일들이 우리를 기다리고 있을 것 같다"면서 동시에 "아니면 별일이 없을 수도 있겠지"라는 양가(兩價) 감정과 "그는 무한하게 가볍게 느껴졌고, 그 가벼움의 느낌이 좋았다"의 '가벼움'이 아닐까 싶다. 무용(無用)의 대화와 무용성을 통한 현실성의 무화(無化) 위에 이루어지는, '순수한 이야기'의 조성이다. 더불어 지적될 수 있는 것은, 6)이 전형적으로 보여주듯이 문체 속의 안티노미 현상이다. 즉 서로 이율배반적인 내용을 한꺼번에 한 문장 속에 담고 즐기는 것이다. 정신을 잃지 않으려고 하는 것이 아니라 정신을 잃으려 한다는 것, 매니큐어의 색으로 적당치 않다고 보면서 동시에 보기가 좋다고 하는 투의 문장들은 그의 모든 작품들을 지배하면서 사물의 양면성을 잡아낸다. 정영문은 기계화된 폭력의 세계, 그것이 성인과 남성의 현실이 되고 의미가 된 시대의 의미 있는 소설가다. 그가 즐겨 그리는 '닭―수탉'이 위엄과 울음소리를 잃어버린 세상, 스냅사진으로밖에 볼 수 없게 된 세상에서 정영문의 무의미 투어는 의미심장하다. 이야기의 새로운 개척자일까?

〔2012〕

# 라멕의 노래
― 김영현의 소설

1

작은 읍내의 전직 마을금고 이사장이 피살되었다. 그에게는 전처소생의 아들 둘과 후처소생의 아들 하나, 그리고 후처가 데리고 들어온 딸이 하나 있다. 토목사업으로 돈을 번 그는 수전노인 데다가 호색한으로서, 일종의 지방 토호 행세를 하던 문제 많은 영감이었다. 한편 후처인 아내는 초대 출신의 젊은 과부로서 깔끔한 성격이었으나, 표독스럽고 이중적이었다. 큰아들은 일정한 직업이 없고, 둘째 아들은 수도원에서 공부 중인 예비 신부이다. 평범한 주부인 딸, 그리고 군복무 중인 막내아들이 있다. 살인사건은 장남이 범인으로 체포되면서 아연 긴장 국면으로 나아가는데, 거의 원수 사이다 싶은 부자 관계와 모든 정황이 그것을 뒷받침했다. 그러나 둘째 아들의 등장과 그의 새로운 문제 제기로 사건은 반전된다. 반전 과정에서 피살자가 자신의 집에서 일하던 처녀를 겁탈하여 출생한 청년이 진범으로 밝혀진다.

뿐더러 피살자는 하녀를 범한 후 뜨내기 바보 총각에게 시집보낸 다음, 그 바보를 다시 교묘히 살해한 의혹도 받고 있었다. 더욱 놀라운 사실은 큰아들 역시 그 하녀와 관계를 갖고 있던 터여서, 진범인 청년은 아버지의 아들인지, 아들의 아들인지 모를 해괴한 상황이라는 것이다. 진범 청년은 체포되었으나, 큰아들은 석방을 앞두고 자살해 버린다. 이로부터 삶과 죽음, 죄와 속죄에 대한 고뇌가 둘째 아들을 중심으로 펼쳐진다.

얼핏 살인사건을 둘러싼 가족 내부의 복잡한 치부를 소재로 한 추리소설처럼 보이는 이 작품에는, 오랫동안 우리 문학이 놓쳐온 중요한 문제들이 응축되어 있다. 그것은 삶과 죽음, 신과 진리의 문제이다. 우리 문학은 어떤 의미에서 이러한 명제에 접근하지도 못한 채 개인적, 사회적, 이념적 문제에 머물러온 것이 사실이다. 말하자면 인간 근원, 혹은 본질에 대한 도전에 나태했다고 보아도 무방할 것이다. 그런데 김영현의 장편소설 『낯선 사람들』(실천문학사, 2009)에서 내가 특히 주목하는 부분은 살인과 같은 폭력의 문제이다. 이 소설에는 여러 죽음이 나온다. 폭력에 의한 죽음만 하더라도 이사장의 죽음, 큰아들의 죽음, 하녀 남편의 죽음 그리고 외삼촌의 죽음 등. 타살이든 자살이든 폭력에 의한 죽음은 폭력의 가장 극악한 예를 보여주지만, 죽음 이외에도 폭력은 많다. 이 소설에서 그것은 성폭행과 협잡에 의한 축재 등으로 나타나는데, 이런 모든 것들은 폭력의 일반적인 양태라고 할 수 있다. 나로서 관심을 갖게 되는 점은, 이 소설이 이 같은 폭력의 근원에 날카로운 메스를 가하면서 특히 그 끝이 종교를 향하고 있다는 점이다. 우리 소설에서 드물게 발견되는 진실로의 육박이라. 도스토옙스키의 일련의 소설들이 연상된다. 어두운 현실에 직면하여 혼돈을 겪으면서도 진실을 향해 움직이는 작은아들 앞에 던져지고 있는 다음의 두 상반된 생각들은 종교성의 심부를 겨냥한다.

    종교는 무시무시한 범죄를 숨기는 은폐막이며, 소름 끼치는 야만적 행위를 정당화시키는 장치이고, 사악한 사기 행위에 대한 면죄부일 뿐이다! 봐, 이 친구의 말이 바로 내 말과 똑같잖니? 그러니까 처음부터 신 같은 존재는 없었어! 너무나 우스꽝스런 상상일 뿐이지. 이 상상에 불과한 것을 신념으로 가지고 인간들은 얼마나 오랫동안 서로를 미워하고 죽였는지 생각하면 너무나 어리석은 희극 같은 생각이 들지 않니?(p. 98)

    어차피 모든 것은 헛되고 헛될 뿐이야. 그러므로 세상이 오히려 아름다운 것인지도 몰라. 하루살이의 아름다움은 그 자체가 은총이기 때문이야. 우리가 죄악이라고 생각하는 것도, 고통이라고 생각하는 것도, 슬픔이라고 생각하는 것도 알고 보면 그이의 가없는 은총이지. 〔……〕우리의 이 이야기가 끝나는 순간, 우리는 영원한 하느님 나라의 존재를 깨닫게 되겠지. 창조주에겐 오류가 없는 법이야. 그리고 우리에겐 우리의 운명을 선택할 수 있는 선택권이 없어. 모든 것은 그이의 것이야. 그러므로 우리에겐 괴로워하거나 분노할 근거조차도 없는 거란다. 다만 그저 감사하며 살 뿐이지.(pp. 139~40)

앞의 말은 피살자의 아들의 외삼촌의 것으로, 그는 무신론자 약사였는데 정신병원에 수용된 후 자살한다. 뒤의 말은 아들의 이종사촌인 신부의 것인데, 폭력의 현실에 의해 야기된, 참기 힘든 참혹한 상황을 보면서 행한 세상과 인간에 대한 인식이자 진단이다. 양자 사이에는 엄청난 거리가 있지만, 그 성격이 종교적이라는 면에서는 동일하다.

 김영현의 이 소설은 큰 테두리에서 볼 때, 폭력이 폭력을 낳고, 질서처럼 보이는 어떤 조직이나 권위도 결국은 폭력에 의해 지탱된다는 저 지라르René Girard적 세계의 한 단면을 보여준다. 마을금고 이사장은 비록 하부 조직일망정 정치 조직에 가담하고 그 시대가 띄우고 있는 폭력적 분위기에 편승하여(낙동강에서 인민군 일개 소대를 맨손으로 때려눕힌 애국자라는 말의 부단한 강조, 반공연맹 지부장에다가 통일주체국민회의 대의원의 약력, 경찰서장의 뺨을 때렸다는 소문, 육이오 때 생겼다는 흉터 등……) 돈을 벌었고 그 금력과 권력으로 가정과 지역사회를 지배하였다. 그러나 가정과 지역사회는 결코 만만하게 지배되지 않았다. 끊임없는 반란이 도모되었으며 그 반란은 살인이라는 폭력을 통해서 이루어졌다. 살인의 직접적인 주범은 하녀의 아들이었지만, 피살자의 후처와 장남은 거의 직접적인 심정적 동조자였고 읍내의 여론도 대부분 그 폭력에 동정적이었다. 말하자면 지배와 그에 대한 파괴 또한 폭력적이었다.

2

 김영현의 소설을 읽으면서 1989년에 떠나간 외우 김현 군과 그즈음 그가 매달렸던 지라르가 생각난다. 그는 가기 두 해 전인 1987년

『르네 지라르 혹은 폭력의 구조』라는 책을 상재하였다. 그는 이 책머리에 "柱演에게. 기독교를 둘러싼 너와의 오랜 토론이 이 책으로 나를 이끌었기 때문에, 이 책을 너에게 바친다"는 헌사를 내게 보냈다. 르네 지라르를 소개하는 책인데, 나는 지금껏 이에 대한 답을 보내지 못하고 있다. 문학비평가로서의 지라르 비평이 기독교적 비평이라는 평가를 받고 있음에도 불구하고, 제의를 일종의 폭력으로 보는 그의 인식 때문에 나는 지라르에 대해 동의도 이해도 하기 힘들었기 때문이다. 김현 군이 살아 있다면 이런저런 토론이나 논박도 가능했겠으나 그가 없는 텅 빈 자리에서 새삼 쟁론을, 그것도 부정적인 논란을 편다는 것은 신의 없는 일로 생각되었기 때문이다. 그런 차에 김영현의 소설은 더 이상 이 문제를 피해 갈 수 없다는 절박함으로 나를 이끈다. 어떤 힘이? 지라르가 맞다는 말인가? 아니면 그를 압도할 현실의 논리가 생겼다는 말인가? 먼저 르네 지라르가 제기하고 인식하는 폭력의 구조와 그 문화적 성격을 살펴보자.

1923년 출생한 역사학 전공의 지라르는 1970년대 이후 현대 사상 전반에 걸쳐 광범위한 비평 활동을 보이는데, 특히 1973년의 『폭력 *La Violence*』은 그의 대표작이 되면서 세계 사상계에 그의 이름을 크게 각인시켰다. 김현은 그 세계를 요약해서 '욕망은 폭력을 낳고 폭력은 종교를 낳는다!'는 말로써 다소 비약적, 자극적인 정리를 행한다. 지라르의 첫 저서가 된 『낭만적 거짓과 소설적 진실』에서 그는 소설적 체험과 종교적 체험의 비분리를 내세우는데, 종교 자체를 거론하거나 결부시키기 싫어하는 이러한 진술은 우선 파격적이다. 모든 욕망은 타자에 의해 매개된 욕망인데도 오히려 그 자발성을 믿는 것은 낭만적 거짓이라는 것이 그의 주장인데, 바로 이 낭만적 거짓을 잘 드러내주는 소설이 진실한 소설이 된다. 여기에 지라르의 기독교성이 나타난다. 즉 '낭만적 거짓'은 신을 죽이면 모든 것을 얻을 수 있다는 니체와 도스토옙스키의 주인공에서 나타나는데, 그 약속은 물론 거짓 약속이다. 그러나 소설가 도스토옙스키는 그것을 정직하게 드러냄으로써 그의 소설을 진정한 소설로 만든다. 말하자면 낭만적 거짓은 자기가 자신의 주인이라고 믿는 비기독교적 발상에 기초하고 있으나 그것을 그대로 보여주는 소설은 기독교적, 즉 종교적이라고 할 수 있다. 도스토옙스키의 소설들이 반신론적, 독신론적 담론들에도 불구하고 종교적일 수 있는 것은 이 까닭이다. 소설적 체험이 종교적 체험과 분리될 수 없는 이유이다. 그렇다면 지라르는 독실한가? 글쎄요, 다. 지라르의 분석을 조금 더 들어보자.

매개된 욕망은 무한한 욕망이므로 그 끝은 육체적, 정신적 죽음일 수밖에 없으며, 정신적 죽음의 경우 종교적 회심으로 나타난다. 일종의 형이상학적 죽음이라는 것인데, 회심이라는 모방적 욕망의 포기는 그 자체가 새로운 모방적 욕망이라는 견해가 가능한 것이다. 여기서 지라르는 진정한 회심이 가능하다고 믿는 것 또한 낭만적 거짓이라는 입장을 확실히 한다.

자, 그렇다면 그의 폭력론과 앞의 이론은 어떤 관계에 있는가. 「폭력과 신성성」에서 그의 제의적 희생이라는 개념을 도입하는데, 기독교를 포함한 거의 모든 종교에서 속죄양-희생물로 봉헌되는 제물을 거대한 폭력에 바치는 작은 폭력으로 그는 이해한다. 제의적 희생으로 사용되는 폭력을, 그는 폭력을 속이는 또 다른 폭력으로 파악하는 것이다. 쉽게 말해서 지라르는 종교에 대해 선의적이며, 이해의 눈을 갖고 있는 것 같으면서도 그 기능면에 주목, 이를 사회와 문화라는 외연에서 접근하는 이중의 안목을 세우고 있는 것이다. 흡사 이중 스파이를 연상시키는데, 문제는 그 같은 파악이 상당한 설득력을 지닌다는 것이다. 여기서 그는 범죄적 폭력과 제의적 폭력이라는 쌍곡선의 분기점에서 문화가 생성된다는 견해를 내세운다. 그러니까 양자가 섞이지 않을 때 문화는 발전하지만, 양자가 혼류할 때 문화적 변별성이 위협받으며 사회 전체가 위기에 함몰된다. 오늘의 우리 사회와 관련지어 볼 때 지나칠 수 없는 유사성에 흠칫 놀라게 된다. 주위를 둘러보라. 온갖 문화 현상이 폭력화되고 있지 않은가. 장르별로 볼 때 폭력에 가장 앞서고 있는 부문이 영상 쪽, 그중에서도 영화다. 몇 년 전부터 「살인의 추억」 「말죽거리 잔혹사」 「조폭 마누라」 등 폭력을 명백하게 조장하는 영화들이 그 제목부터 선명하게 등장하기 시작하더니 이제는 아예 새로운 트렌드가 되어버렸다. 이런 영화들에게 상이 주어지고 돈이 주어지는 문화와 그 사회는 서로 다른 두 폭력이 혼재하는, 문화적 차이가 소멸된 경우의 전형적 보기이리라.

지라르 식으로 표현된 '순수폭력'과 '비순수폭력'의 차별성이 없어짐으로써 한 개인의 개별성이 지니는 차이와 경계는 물론 사회 모든 부문의 경계가 허물어진다. 오늘의 우리 현실의 참담함이 거기서 온다. 양자의 구별 뒤에 있던 폭력의 무차이적 현실이 나타나는 것이다. 그 전형이 되고 있는 영화 이외에도 인터넷 문화 전반이 폭력에 의해 오염되고 있다는 사실은 널리 인정되고 있으며, TV 역시 이 문제로부터 자유롭지 못하다. 가령 TV의 경우 9시에는 폭력을 개탄하는 뉴스를 내보내고 동일한 채널에서 10시 드라마를 통해 바로 폭력물을 방영한다. 그리고 다시 11시에는 이 문제를 다루는 심야토론을 진행한다. 어쩌면 지라르는 순수·비순수 경계의 실종이라는 점을 통해 그토록 날카롭게 문제의 정곡을 찌르고 있는가. TV야말로 짬뽕의 선두 주자인 격이다. 여기서 나는 '짬뽕'이라는 용어를 썼는데, 이는 다소 의도적이다. 왜냐하면 문어체와 구어체의 혼용이야말로 언어의 경계가 무너지고 있는 폭력의 현장이라고 할 수 있기 때문이다. 문어체가 비교적 점잖은 말이고 구어체가 비교적 막말에 가깝다면, 이즈음은 그대로 섞어 쓰는 것이 유행이다. 최고 위정자라고 하는 사람부터 막말 쓰기를 즐기고, 이런 현상을 서민적이라고 생각해서 친화감을 느낀다면 언어는 이미 붕괴되어간다고 해야 할 것이다.

언어의 폭력화가 기승을 부리고 있는 곳이 바로 인터넷이다. 소위 누리꾼들에 의한 '악플'이 화면을 도배하다시피 하고 있는 현실 속에서 사람들의 마음들마저 날이 갈수록 살벌해져가고 있다. 악플에 시달려 자살하는 사람들까지 나오고 있지 않은가. 교양이니 문화니 하는 개념은 그나마 인터넷에 익숙하지 않은 고연령층에서나 남아 있고, 연령층이 연소화할수록 '개념'이라는 말 자체가 사라져버리고 컨셉 혹은 컨셉션은 영어로 개념이라는 뜻이지만 지금은 그렇지 않은 듯하다. '개념'이라면 많은 사람들에 의해 동의되고 공인된 정의를 동반하지만, '컨셉'은 다르다. 컨셉은 그저 말하는 사람이 자의적으로 진술하는 그때그때의 생각일 따름이다. 그만큼 즉흥적이고 일시적이다. "자, 이런 컨셉으로 갑니다"라든지 "그건 내 컨셉이 아닙니다" 하면 타자와의 소통은 그것으로 끝이다. '교양' 그리고 '문화'가 일정한 시간과 공간 그리고 대중을 전제로 하고 있다면, 컨셉 문화에는 그 같은 것이 크게 의식되지 않는다. 그러므로 일정한 타자 아닌 열린 공간을 향한 본능적인 토설(吐泄)만 있게 되는 것이다. 희한한 것은 악플을 뱉어내는 사람들일수록 표현의 자유를 주장하면서 인터넷

실명제를 반대하고 있다는 사실이다. 표현의 자유라는 제도는 권리와 책임이 그의 이름과 함께 동반되는 문화와 교양의 산물이다. 악플이라는 폭력의 테러를 표현의 자유라는 문화로 포장하려는 저 해괴한 논리야말로 순수와 비순수의 구별 뒤의 '폭력의 무차이적 현실réalité indifférenciatrice de la violence'이라는 지라르의 지적을 실감나게 해준다. 이 같은 언어의 폭력화에 발맞추어 젊은이들은 폭력과 문화를 분별할 줄 모르는 폭력문화로 함몰된다. 학교는 그 분별력을 훈련하는 장소에서 그 폭력을 실습하는 곳으로 바뀐다.

3

문제는 신이 존재하는 것이 아니라, 폭력의 환상적 현현이 바로 신이라는 지라르의 우울한 보고이다. 세상의 신화는 폭력에 의해 창조되었다는 것으로서, 사회계약설에 의한 사회의 발생을 전면 부인한다. 욕망의 매개자와 욕망의 주체 사이의 거리가 멀기 때문에 욕망은 모방으로 나타나며, 그 거리가 멀지 않을 때에는 그 모방이 희미하게 나타난다. 사회계약설은 폭력을 은폐함으로써 모방적 위기에 의한 사회의 억압을 감춘다. 지라르가 보기에 폭력에 의해 유지되는 원시사회는 그 폭력성의 은폐를 위해서 타부와 제의를 만들었으며 이로부터 문화가 생성·발전되는 것이다. 문화가 폭력의 자식이라는 비극의 발견은, 그러나 지라르가 처음은 아니었다. 「창세기」에 이미 '라멕의 노래'라는 이름으로 인간과 폭력, 문화와 폭력 그리고 종교와 폭력과의 관계가 참혹하게 그려져 있다. 들어가보자.

> 카인이 여호와의 앞을 떠나 나가 에덴 동편 놋 땅에 거하였더니/아내와 동침하니 그가 잉태하여 에녹을 낳은지라 카인이 성을 쌓고 그 아들의 이름으로 성을 이름하여 에녹이라 하였더라/에녹이 이랏을 낳았고 이랏은 므후야엘을 낳았고 므후야엘은 므드사엘을 낳았고 므드사엘은 라멕을 낳았더라/라멕이 두 아내를 취하였으니 하나의 이름은 아다요 하나의 이름은 씰라며/아다는 야발을 낳았으니 그는 장막에 거하여 육축 치는 자의 조상이 되었고/그 아우의 이름은 유발이니 그는 수금과 퉁소를 잡는 모든 자의 조상이 되었으며/씰라는 두발가인을 낳았으니 그는 동철로 각양 날카로운 기계를 만드는 자요 두발가인의 누이는 나아마이었더라 —「창세기」 4:16~22

잘 알려져 있듯이 카인은 동생 아벨을 죽이는 살인을 행했다. 따라서 하나님을 떠날 수밖에 없는 처지였으나 하나님은 그를 아주 버리지 아니하였다. 인용된 부분 바로 앞 15절에 나와 있듯이 카인을 죽이는 자에게 벌을 일곱 배나 준다고 하면서 죽임을 면하게 하는 표를 줌으로써 사실상 그를 살려준다. 카인이 거하게 된 놋 땅은 '떠도는'이라는 뜻을 지닌 유랑지—그러나 그곳에서 그는 성을 쌓고 정착한다. 자손들이 번성한다. 육축 치는 자도 나오고 수금과 퉁소를 잡는 자의 조상도 나온다. 그런가 하면 동철로 기계를 만드는 자가 그의 후손에서 출생하기도 한다. 유랑은 끝나고 문화가 발생하는 것처럼 보이는 것이다. 살인자에게 웬 축복인가 의아해지지 않을 수 없다. 게다가 카인의 후손 가운데 라멕이라는 자는 이런 고백을 공공연하게 한다.

> 라멕이 아내들에게 이르되 아다와 씰라여 내 소리를 들으라 라멕의 아내들이여 내 말을 들으라 나의 창상을 인하여 내가 사람을 죽였고 나의 상함을 인하여 소년을 죽였도다/카인을 위하여는 벌이 칠 배일진대 라멕을 위하여는 벌이 칠십칠 배이리로다 하였더라
>
> ―「창세기」4 : 23 ~ 24

아벨에 대한 카인의 살인처럼 그 현장이 구체적으로 묘사되고 있지는 않으나 카인의 후손인 라멕은 자신이 조상 카인보다 열 배 이상의 살인죄를 저질렀음을 고백한다. 성경 해석가들은 이 부분을 가리켜 정착문화가 이루어짐에 따라서 폭력이 오히려 증대되어갔다고 설명한다. 이를 일컬어 '라멕의 노래'라고 하는데, 그것은 현실 묘사나 권고 혹은 독백이 아니라 아내들을 향해 자신의 상황과 마음을 읊조렸다는 의미이리라. 물론 그 노래의 내용은 흉흉하기 짝이 없다. 왜 문화와 폭력은 비례하는가. 신은 또 그 현실을 방치하는가. 폭력이 종교적이라는 비판까지도 받아야 하는가. 우리가 머물러 되돌아보아야 할 지점은 어디인지 나로서도 미상불 그곳을 찾지 않을 수 없다.

큰 폭력에 맞서는 작은 폭력, 비순수의 폭력에 대항하는 순수의 폭력의 제의(祭儀)라면, 여기서 가장 중요한 핵심으로 살펴져야 할 것은 폭력의 희생이 되는, 그러니까 제의의 제물이 되는 자의 태도일 것이다. 모든 종교의 제의에는 제물이 따르는데, 그 제물은 거의 한결같이 동물이다. 기독교도 구약시대에는 번제로 양이 드려졌다. 그러나 동물인 제물에게 우리는 그 태도에 대해 물어볼 수 없다. 그렇다면 신약시대를 연, 사람이 제물이 된 예수에게는? 그는 물어보기에

앞서서 이미 누누이 자신의 태도를 표명하고 있지 않은가. 자신이 제물이 되리라는 것을 벌써 알리면서 우리들에게 '서로 사랑할 것'을 엄중히 설파하지 않았던가. 이 점에서도 김영현의 『낯선 사람들』은 역작으로서의 메시지를 담고 있다.

당신은 증오라는 것이 얼마나 무서운 것인지 모를 거야. 머릿속의 세포를 하나하나 파괴해버리고 마침내 미쳐버리게 만드는 증오 말이야. 난 어릴 때부터 그 증오 속에서 자랐어. 증오가 나를 키운 셈이지. 그가 나의 아버지라는 것을 안 순간, 나는 지옥에라도 떨어지는 듯한 기분이었어. 〔……〕 난 내가 태어난 내 어미의 자궁을 저주하고 증오했어. (pp. 253~54)

자기 집의 하녀를 겁탈하고 그 결과 태어난 아들이 다시 그 아버지를 죽이는 이중의 처참한 폭력! 그들을 매개하는 것은 증오밖에 없었다. 자신이 그 같은 폭력의 소생이라는 사실을 알았을 때 누군들 증오의 불이 솟지 않으랴. 그러나 법과 제도는 다시 그 아들을 죽일 것이다. 이때 지라르는 매개된 욕망의 무한성 때문에 폭력은 결코 그칠 수 없다고 비관한다. 군림과 증오, 그리고 문화적 거짓에 의해 끊임없이 폭력은 반복되기 때문이다. 그러나 벗어날 단 하나의 방법은 있다. 폭력의 제물이 된 예수의 모습을 작가는 이런 식으로 바꾸어 말한다.

"나의 하나님…… 그래요, 그이는 이 세상과 함께 있는 분이라는 걸 이번 일을 겪으면서 깨달았어요. 아버지와 형의 죽음, 연옥이 누나의 눈물과 고통에 몸부림치는 수길의 모습…… 아무런 희망도 없이 내팽개쳐진 가련한 영혼들을 보면서 말입니다. 그이가 내 귀에 속삭였어요. 그래, 너는 수도원으로 가거라. 나는 이곳에 있을 테니, 하고 말이에요."

"하지만……."

"이 누추한 세상 위를 거니는 하느님, 만일 사랑이 없다면 그이 역시 우리에게 무슨 소용이 있을까요. 그이가 우리에게 준 가장 큰 선물은 바로 사랑이었습니다. 사랑이야말로 때로는 지옥처럼 고통스럽지만 결코 포기할 수 없는 우리의 생에 그이가 준 축복이자 선물이었어요.

(pp. 295~96)

피살자의 작은아들, 예비 신부가 말하는 이 사랑이라는 또 다른 마력이 있는 한, 그리고 예수를 존중하고 따르는 인간들이 있는 한, 지라르의 이론은 절반의 설득력을 가질 수밖에 없다. 제물이 된 인간이 증오 대신 사랑을 말하고 있지 않은가. 그렇다면 순수·비순수 폭력의 혼재에 의한 문화의 위기도 염려할 것이 없으리라. 사랑과 용서는 폭력을 무력화시킨다. 구약시대의 논리는 이제 새로워질 수밖에 없다. 폭력에 빚지고 있는, 그러면서도 그것에 무지하고 무의식적인 유희와 기능으로서의 문화도 새로워져야 한다. 이 짧은 글이 지라르와 김현 군에게 보내는 나의 답신이 되기를 희망한다.

[2007]

# 기억의 바다, 그 깊이에 홀린 물고기
―― 이인성의 소설

1

　이인성은 깐깐해 보이며, 착해 보이며, 막막해 보인다. 그러나 자세히 뜯어보면 이인성은 여리면서도 치밀하다. 이인성의 소설은 바로 치밀하고 여린 모습의 전면적인 떠오름이다. 이인성 소설은 언어로 된 내시경이 되어 그의 의식을 후비고 들어가 힘든 숨을 내뿜으면서 뇌수로, 허파로, 창자로, 자궁으로 돌아다니는 힘 좋은 유랑객이다. 그의 숨결은 때로 허덕거리지만, 그 일을 멈추지 않고 밀어붙인다는 점에서 분명히 강력하다. 따라서 그의 내시경에 포착된 육체와 의식의 어떤 부분도 그 예리한 통찰의 시선과 손길을 피해 갈 수 없다. 생

---

\* 이 글에서 다루는 이인성의 작품은 다음과 같다: ①『낯선 시간 속으로』(문학과지성사, 1983; 신판 1997) ②『한없이 낮은 숨결』(문학과지성사, 1989; 신판 1999) ③『마지막 연애의 상상』(솔, 1992) ④『미쳐버리고 싶은, 미쳐지지 않는』(문학과지성사, 1995) ⑤『강 어귀에 섬 하나』(문학과지성사, 1999).

각해보라. 그 섬세한 고도의 성능 앞에서 어떤 부위가 온전히 남아날 수 있겠는가. 영육 간에 모든 상처는 "낯선 시간"이 되고 "한없이 낮은 숨결"로 나타난다. "낯섦"과 "낮음"이야말로 투명한 의식으로 상투화된 일상의 미세 단위부터 새롭게 점검하고자 하는 이 작가의 기초가 되는 화두이다. 그런 의미에서 이인성은 언어의 미생물학자이다. 학문화/체계화를 거부하는 그이지만 그는 천생 미생물학자이며 해부학자이다. 이인성은 어떤 의미에서 아도르노를 닮아 있다. (아도르노는 체계화—지식의 제도화를 몹시 싫어하고 그에 저항하였을 뿐만 아니라 학자로 평가되는 것을 끔찍이 싫어하였으나, 천생 그는 높은 수준의 학자 아니었는가.)

소설가로서의 내 의식이 감추고 싶어 하는, 혹은 소설가로서의 나와 분리시키고 싶어 하는 또 다른 나의 면모가 이 대목이다. 지적 체계를 벗어나는 것을 창조해야 한다는 의식이 지적 체계를 가르쳐야 한다는 의식을 편하게 바라볼 수 없도록 만드는 것이다.(③-20)

작가 자신의 이러한 고백은 예외 없이 그의 작품 전체에 그대로 반영되어 있다. 그 가운데에서도 『한없이 낮은 숨결』은 전형이다.

당신도, 나도, 그도, 아닌…, 그들도, 당신들도, 나들도, 〔……〕 너희들도, 그들들도, 아닌…, 누가, 무엇이…,, 〔……〕
여태껏…, 그러나, 말로 못 나서니…, 말, 말아야, 할까?…,, 말컨대…, 말로 되어야만…, 되는, 있는, 것이라면…,, 더듬거려도…, 어쨌거나, 더듬, 말은…, (②-367)

위의 인용에서 짐작되는 작가의 의도는 첫째, '나' 혹은 '너' 혹은 '그'라는 인간의 사회적 정체성, 혹은 실존에 대한 물음이며, 다음, 인간의 어떤 생각이나 행동도 결국 말을 통해 표현되며 존재할 수밖에 없지 않겠느냐는 물음이다. 이 물음은 너무나 근원적인, 언어와 존재에 관한 고민의 물음이다. 작가의 고민의 밀도는 바로 이 서술 방식에서 드러난다. 음절마다 쉼표를 치지 않고서는 서술을 진행할 수 없는 불연속의 흐름은 마치 철저자연주의자 Konsequenter Naturalist 들이 그렇게 했듯이, 자신의 정직함을 가능한 한 가장 정직하게 보여주겠다는 의도의 표출인데, 말을 바꾸면 '고민'이다. 고민하지 않는다면, 통용되어온 소설의 관습에 따르면 되는데, 이인성에게 그것은 왠지 '가짜'로 여겨지는 것이다. 결국 그는 문법을 뒤집고 언어를 분절하지 않을 수 없는 것이다. 말과 존재의 새로운 존재 양식을 자신의 방식대로 세워나가는, 힘겨운 길에 들어선 것이다. 작가는 "낮은" 숨결이라고 했지만, 그것은 엄청난 모반이며 혁명이다. 니체 식으로 표현하면 '프로메테우스 콤플렉스'인데, 나는 차라리 그것을 '프로메테우스 쿠데타'라고 부르고 싶다. 그것은 제우스의 광휘 아래 머무르고 싶지 않은 반역인데, 단순히 권력을 좇는 쿠데타가 아닌, 김현의 지적을 따르면, "꿈이 있는" 자리에 독자적으로 앉아 있고 싶은 욕망의 쿠데타다. 한없이 "낮은" 숨결은 그러므로 높고 고상한 숨결로 숨쉬고자 하는 반어의 세계이다. 프로메테우스는 자신의 세계를 구축하기까지 얼마나 힘든 학대와 반어의 세상에 머물러 있어야 했던가. 학대와 반어를 자청하는 곳에서 이인성은 출발한다.

## 2

이인성 소설이 거느리고 있는 달무리 비슷한 고정관념이 있다. 정확하게 말한다면 이인성 소설에 대한 편견인데, 그것은 난해함이라는 편견이다. 그의 소설들이 때로 숨차고 뻐근하고 지루한 것은 사실이지만, 사실 난해하지는 않다. 왜냐하면 그의 소설은 크게 두 가지, 즉 첫째는 자기 자신의 소개이며, 둘째는 작가 혹은 소설에 대한 자신의 견해를 피력하는 일로 구성된다. 따라서 약간의 인내를 갖고 그의 생각에 귀 기울인다면 뜻밖에도 흥미롭고, 적잖이 새로운 생각들을 손쉽게 만날 수 있다. 사실 소설이라는 이름 아래 우리는 얼마나 많은 따분한, 너무나 익히 잘 알려진 진부한 이야기들이 무더기로 질펀거리는 것을 보고 있는가.

그러니까 우선은, 작가란 삶을 이야기하는 데 있어 더 이상 전능한 신적 존재가 아니라는 뜻이지요. 즉 당신은, 작가란 자들을 당신이나 마찬가지로 이 세상에서 허둥대며 살아가는, 동등한 인간으로 파악하기 시작한 겁니다. 그렇다면 그가 어떤 사람이며 세계를 어떻게 보고 어떻게 이야기하느냐는 게 숨김없이 드러나야, 그와 참다운 의사소통을 할 수 있지 않겠어요? (②-49~50)

작가에 대한 작가 이인성의 견해다. 여기서 주의할 점은, 이러한 견해가 작가론으로 진술되지 않고, 소설의 일부로서 서술되고 있다는 사실이다. 그의 소설들 상당수와 상당 부분은 사실 작가론 혹은 소설론 이외 다름 아니다. 그러므로 미리 겁먹고 떨 일은 아니다. 어떤 의미에서 이인성이야말로 가장 세심하고 친절한 소설 안내자라고 할 수 있다. 그렇다면 그가 생각하는 작가는 누구인가. 우선은 "전능한 신적 존재가 아니"다. 이러한 인식은 근대 이후 보편화된 개념이기에 새삼스러울 것이 없다. 다음으로는, 그렇기 때문에 세계관과 그 서술 방식이 "숨김없이 드러나야 한다"는 것이다. 이인성 특유의 견해라고 할 수 있는데 이것은 1 정직성, 2 정확성의 양면을 포함한다. '숨김없기' 위해서는 무엇보다 정직해야 한다. 이 정직함이 이념적으로 반영된 것이 리얼리즘이며, 비판과 연구가 거듭되면서 뒤에 나타난 것이 프로이트이며, 또 현상학이다. 요컨대 가장 정직하기 위한 방법의 모색 위에서 리얼리즘과 모더니즘은 이념적 상반에도 불구하고 큰 흐름을 발전시킨다. 이 과정에서 정직성은 자연스럽게 정확성을 요구한다. 모더니즘에 이르기 전, 이미 19세기 말에 대두된 극자연주의는 그것을 보여준다. 자연을 있는 그대로 정직하고, 정확하게 반영해야 한다는 생각인데, 가령 홀츠A.Holz 같은 작가는 이 이름을 붙이고 극단적인 실험을 시도했다. 예컨대 주저, 반복, 기침 소리, 담배 피우는 모습 등 순간순간을 그대로 묘사하려고 했는데, 특히 연극에서 그것을 그 나름대로 묘사하였다. 이른바 '순간문체Sekundenstil'라는 것으로서, 결국 모더니즘으로 가는 길목이 된 것이다. 이인성이 소설가와는 별도로 연극 전공의 학자라는 사실은 이와 관련하여 흥미롭다. 「잃어버린 사건—1974년의 악몽」이라는 희곡을 잠시 살펴보자. '나오는 사람들' 소개에 이어서 이런 프롤로그부터 심상찮다.

※ 주의할 점—선생과 선생'는 한 인간의 두 면을 나타낸다. 즉, 동

일인을 두 연기자가 행하는 것이므로, 우선 외모상 그들의 모습을 거의 흡사해야 한다. 선생과 선생'에 대한 외모상의 구별을 거울을 가운데 두고 마주한 두 모습과 같이 서로의 대칭성 속에서 발견되도록 해야 한다. 예컨대, 선생이 왼팔 소매를 걷고 있으면 선생'는 오른팔 소매를 걷고 있어야 하며, 선생이 머리를 왼쪽으로 넘겼으면 선생'는 오른쪽으로 넘긴다. 이런 대칭성 중에서 특히 눈에 띄는 것을 하나쯤 설정함으로써, 관중들이 그 둘을 분명히, 그러나 거슬리지 않게 구별하도록 해주는 일이 필요하다. (③-261~262)

자질구레하다고 할 만큼 세세한 이 주의 사항은, 그러나 따지고 보면 인간 내부에서 일어나고 있는 거대한 운동에 대한 유념이다. 사실 이 미세한 움직임을 무시하거나 제외하고, 얼마나 많은 문학 작품들이 인간과 인생, 세계를 말하는가. 그것을 참지 못하는 소수의 예민한 계보 위에 이인성은 서 있다.

3

신판 『낯선 시간 속으로』를 읽는다. 1997년판이니 신판이라지만 벌써 10년이 넘었다. 초판은 1983년 것이니 25년이 되었다. 이 작품집에는 「길, 한 이십 년」 「그 세월의 무덤」 「지금 그가 내 앞에서」 「낯선 시간 속으로」의 중편 네 편이 수록되어 있는데, 이들은 발표 연대와 상관 없이 작중 화자의 삶을 연대기적(너무 거창한가? 그냥 나이순대로라고 말해도 좋다)으로 추적한다. 나 역시 그 순서대로 읽는다. 막막함, 혹은 먹먹함으로 표현할 수 있는 독서의 인상은 우선 독특한 문체에서 기인한다.

이인성 문체의 첫번째 특징은 문장들의 행 바꾸기〔別行〕를 가급적 피하고 있다는 점에 있다. 그는 몇 페이지를 넘기더라도 행을 바꾸지 않고 문장을 계속하기 일쑤다. 행을 바꾸면 우선 시각적으로 시원하다. 그러나 그것은 독자 쪽의 느낌이다. 작가는 독자 쪽의 느낌보다 자신의 느낌에 더 집중한다. 별행은 일종의 숨 쉬기인데, 그는 숨 쉬는 것보다 숨을 몰아가는 일이 더 바쁘다. 그만큼 그에게는 내발적 욕구가 급하게 밀려 올라오고 있는 것이다. 이러한 욕구의 대상은 당연히 자기 자신의 의식이다. 그 의식은 1974년에 모인다. 73년 겨울, 혹은 74년 봄부터 시작되어 여름, 가을, 겨울로 이어지는 그 대상에서 의식은, 누구나 지나가기 마련인 20대 초의 젊은 시절을 예리하게 고통한다. 행 바꾸기가 무시된 문체는 괴로운 의식의 급박한 진행이며, SOS와도 같은 호소이다. 대체 그는 왜, 어떻게 괴로워하는가.

어디로? 낯익은 거리를 내다보던 그는 다시 뜻 모를 조바심을 느꼈다. 그리고, 버스가 창경원 돌담을 끼고 고가도로를 넘어 '弘和門' 앞에 멈추었을 때, 황급히 버스를 내렸다. 한 정거장을 남기고, 그는 예정된 목적지를 포기했던 것이다. 그곳은 그가 돌아가야 할 곳이 아니라는 깨달음이 들면서, 그리고 한 정거장만 더 갔다면 또 자신을 속일 뻔했다는 생각이 들면서, 그는 번번이 그런 의식에 시달리는 것이 힘겹게 여겨졌다. (①-10. 상점 표기는 인용자)

청년은 버스를 타고 간다. 그가 어디를 가는지 소상히 밝혀져 있지는 않지만, 홍화문(弘和門) 다음 정거장에서 내리는 것으로 나와 있다. 그러나 갑자기 한 정거장 앞에서 내린다. 원래 목적지는 돌아갈 곳이 아니라는 깨달음이 들었는데, 이 깨달음의 의식은 힘겹다. 그러나 자신을 속이지 않기 위해서는 힘겹더라도 이 깨달음이 소중하다. 여기서 중요한 것은, '낯익은' 것에의 거부다. 원래 목적지로 가는 것이 왜 자신을 속이는 일인가? 낯익은 곳이기 때문이다. 갈 곳이 딱히 정해져 있지 않더라도 '낯익은' 곳이어서는 안 된다. 청년은 귀향하는 제대병이다. 그는 그러나 집으로 가지 않는다.

빌어먹을, 어쩐다? 어디로 가야지? (①-11)

정말 어쩐다? 어디로 가지? (①-12)

집은 가장 낯익은 곳이며, 그런 의미에서 돌아갈 곳이 못 된다. 부모를 포함한 가족들은 그리움의 대상, 가장 먼저 달려가야 할 대상이 아닌, 되도록 기피해야 할 사람들이다. 낯익기 때문이다. 친구도 마찬가지다. 낯익은 것을 기피하며 망설이는 그에게 홍화문 속의 왕, 물덩이, 에미우 새, 돌무늬 등등…… 일상의 관심이 되지 못하는 사물들이 오히려 관심의 대상이 된다. 그것은 '있음'과 '없음'이라는 존재의 유무에 대한 실존적 관심의 결과이다. 소설에서는 이렇게 나온다.

그것이 없다는 것을 알면서도 그 '없음'의 '있음'에 빠져들 수밖에 없는 어떤 상태를, 그는 헤매고 있었다. 껍질을 깨고 나올 때, 껍질의 안과 밖을 선명히 구분해볼 때, 그러나 그곳이 그 껍질을 둘러싸는 더 큰 껍질의 안쪽일 때, 그럴 때… 다시 고개를 들었을 때, 그는 옥좌에 버티고 앉은 한 마리 거대한 사자를 헛보았다. (①-29)

'있음'과 '없음'은 결국 주관과 객관의 문제이다. 물리적으로도 보는 자에 따라서 환시도 있고 착시도 있다. 그러나 '존재'란 객관적인 사실 아니면, 주관적인 인식에 의해 그 여부가 판단된다. 이때 주관적인 인식의 범주는 거의 무한하다고 할 정도다. 이인성의 인식은 무한하지는 않지만, 적어도 무한을 향해 열려 있다. 낯익은 것은 '사실'의 세계이며, 낯익지 않은 세계는 '인식'의 세계이다. 사실은 객관이고 인식은 주관이다. 하나의 사실과 객관은 '하나'로 존재하지만 그에 대한 인식은 '무한'하다. 인식의 주체인 '나'에 의해 인식되므로, 그 인식의 내용은 순간에 따라서 얼마든지 달라질 수 있다.

'낯익음'으로부터 벗어남으로써 획득되는 이 무한한 가능성의 자유! 릴케는 이 세계를 '습관의 왜곡된 충실성'으로부터의 벗어남으로 설명하는데, 습관, 즉 낯익음을 '왜곡된 충실성'으로 읽는 데에서 이인성 소설과의 동질성이 확인된다.

릴케가 시를 통해 탈주로부터의 지향점을 발견하였다면, 이인성의 그것은 아직 모색의 도정 위에 있어 보인다. 지금은 정직성과 정확성의 강조를 통한 방법, 정신의 추구가 급해 보인다. 가령 희곡 「잃어버린 사건」에서의 '선생'과 '선생'의 분리 등장은 대상으로서의 의식, 인간 내면에 대한 통찰의 중요성이 무엇보다 선행되어야 함을 말해준다.

선생: 당신은?… 당신은 누구요?

선생': 날세.

선생: 나라니?

선생': 자넬세. 자네 자신. 그러니, 바로 날세.

선생: 나? 나 자신?

선생': 자네가 고뇌할 때마다 나타나는 나. 자네 자신도 알 수 없게, 자네는 마음으로 나를 불렀지.

선생: 그래서 왔나?

선생': 부르지 않아도 나는 늘 여기 있네. (③-275~276)

내면과 의식 세계에는 다양한 요소들이 매 순간 갈등하면서도 공존하는데, 이른바 서사 위주, 혹은 사건이나 행동 위주의 전통적 소설 기법에 의해서는 이러한 본질이 반영되지 않는다. 이인성이 희곡이나 희곡적 방법을 선호하는 것은 따라서 인간 내면과 의식을 정직하게 드러내기 위해서 걸어가는 불가피한 선택으로 보인다. 그 지향점이 반드시 소설이라는 양식의 문제인지 여부를 판단하는 것은 아직 이르다. 왜냐하면 소설보다는 차라리 희곡 내지 연극 쪽에 기울어 있는 것처럼 보일 때가 많기 때문이다. 그러나 그는 그것을 소설이라는 양식 속에 또한 담고자 한다. 말하자면 연극도, 비평도, 이론도 모두 소설 속에 끌어넣고 있기 때문에 그 모든 모색이 지향이 될 수밖에 없다. 아니 이렇게 말하자: 그에게 있어서 지향은 모색이다, 라고.

……무대다. 나에 의해 있게 된 무대다. 〔……〕무대를 향한 확신이 흔들리면서, 차라리 나는 '지금-여기'를 벗어나고 싶었던 것이다.

〔……〕 그리고 저 '비어-있음'의 정체를 드러낼 때까지 심문하고 싶었다. 〔……〕
 ……무대다. 그가 있게 될, 그의 '있음'이 시작될 무대다. (①-119~120)

'있음'은 인식이다. 인식 이전은 '비어-있음'이며, 그것은 무대다. 그 무대는 모색이다.


4


 만 스물세 살의 청년 주인공이 이처럼 어두운 의식의 바닥을 훑지 않을 수 없는 이유에 대해서, 이인성 소설이 내면의 세세한 기록일 수밖에 없는 이유에 대해서, 그리하여 그가 악몽의 무대를 연출하면서 욕망의 실현을 연습하는 이유에 대해서, 작가는 스스로 말한다.

 하지만 나는 내 믿음을 살아가지 못했다는 데 대해, 그리고도 내가 살아 있다는 데 대해, 나 자신을 용납할 수가 없어⋯ 이제는 지금의 나만으로는 안 돼. 그 이상의 무엇이 필요해. (①-112~113)

 문제는 "믿음"이다. 이 믿음은 신앙이라는 말로 바꾸어도 좋다. 그의 소설은 전반적으로 신앙이라는 말이 연상시키는 거룩함, 경건함과 먼 거리에 있는 것 같지만, 사실은 역설적으로 매우 종교적이다. 니체가 종교적이듯이 이인성도 종교적이다. 「이 사람을 보라」「미지의 신에게」와 같은 시를 통해서 니체는 얼마나 자기 자신의 신을 갈구했는가. 차라투스트라를 내세워가면서 그가 추구한 신에의 열망은 애처롭기까지 하다. 작가 자신이 동일화된 소설 속의 청년은 결국 신앙이 없음으로 해서, 자신만의 신앙을 갖고 살아가고자 하며, 그 같은 삶을 살아가지 못한다고 스스로 판단하면서 자기 자신을 용납하지 못하는 것이다. 요컨대 믿음의 부정―믿음의 부재―자기 믿음의 추구―그 실현에의 회의―자기 부정으로 이어지는 절망의 과정을 걷게 되고 '낯선 시간 속으로'에서 그것은 자살에의 유혹으로 나타난다.

　발길이 끌리는 대로, 그는 비에 젖은 성모 마리아의 석고상 앞에 마주 섰다. 이 무지한 인간이 철들고 처음이자 마지막으로 올리는 단 한 번의 기도를 받아주시옵소서. 신이여, 당신이 진정 계셔 자비로우시다면, 당신을 믿지 않음을 용서하소서. 저는 당신을 지나 더 먼 곳으로 되돌아가야 하옵니다…(①―60)

　"당신을 지나 더 먼 곳으로 되돌아가"기―이인성 소설의 주제는 바로 여기에 요약되어 있다. 이때 당신은 물론 신이다. 그러나 동시에 아버지이기도 하고 할아버지이기도 하다. 그 아버지와 할아버지는 각각 그들의 믿음을 갖고 있었으며, 그리하며 각각 자신들만의 품위를 지니고 있었다. 그러나 아들이자 손자인 청년에게는 그 믿음이 없다. 믿음의 거부, 혹은 믿음의 부재는, 그러나 아버지와 할아버지에 대한 적극적인 반항을 의미하지는 않는다. 그렇다기보다는 오히려 그들을 넘어서겠다는 초월에의 의지가 강하다고 할 수 있다.

"어머니, 저예요. 제가 왔어요." "너구나. 그래 어제 온다더니, 연락도 없구. 얼마나 걱정했는데." 〔……〕 "아버지 좀 바꿔주세요. 아버진 또 공부만 하고 계신가요?" "뭐라고?" "아버지께 드릴 말씀이 있어요." 〔……〕 "다시는 갈 수가 없어요. 거길 지나왔거든요." "지나가다뇨?" "더 가야 해요. 이제는 더 가야 한다구요." … "얘, 얘, 정신 있니?" "아버지, 저 돌아왔어요. 할아버지가 계셨던 산골 학교를 들러 오느라고 늦었어요. 거길 지나왔으니, 이제 아버질 또 지나가야지요…" 어디로 떠나갈 것인가? 어디로 돌아갈 것인가? (①-62)

공부만 하는 성실한 역사학자인 아버지, 산골 학교에 봉사하는 할아버지, 두 사람은 모두 독실한 기독교인(할아버지는 그러나 무교회주의자였다)으로서 그들 나름의 정도(正道)를 걸어온 인물들이다. 그러나 아들에게는 바로 이 '정도'가 미심쩍다. 사이비 정도라는 뜻이 아니라, '올바른 길'이라는 '정도'가 과연 올바른 길일 수 있겠느냐는 근본적 회의가 있는 것이다. 더 나아가 만일 그 길이 진짜 올바른 길이라면, 아들로서는 그보다 더, 최소한 그에 못지않은 "올바른 길"을 가고 싶다는 의지와 욕망이 있는 것이다. 그들보다 "더 가고" 싶은 것이다. 게다가 이미 그들을 "지나온" 것이다. 그 지향이 어디일까? 이미 첫 작품에 그곳은 강하게 암시된다.

나의 밖. 늦은 봄 또는 이른 여름의 밤비가 내리고 있다. 〔……〕 어둠의 우물 안에서는 설핏 빛의 소리들이 울려 나온다. 창문을 열고, 나는, 그 깊은 깊이를 향하여 몸을 기울인다. (①-63)

어둠의 우물 안에서 울려 나오는 빛의 소리에 귀 기울이며 그 깊이를 향한 탐색의 길을 나서는 것이다. 이를테면 '어둠의 빛'이다. 모순 같아 보이는 말의 이러한 조합은, 그러나 이인성에게 있어서 전혀 모순이 아니다. 그가 괴로워한 낯익은 세계는, 그 모순을 그대로 모순으로 받아들이는 몰인식의 세계이며, 진부한 상투성의 세상이다. 그 세상은 숱한 대립과 대결로 형성되어 있는데, 이인성에게 와서 그 경계가 무너지고 사라진다. 붕괴한 실종은 해체이며, 그러므로 이인성 문학은 해체론의 중심에 선다. '나'는 '너'이고, '너'는 '나'다. 낮과 밤은, 더러움과 거룩함은 그 대결의 모습을 벗어나야 하는 것이다.

저곳에서, 어둠과 빛은 가장 은밀하게 서로를 뒤섞고 있다.(⑤-52)

그러나, 끝내 그러고자 하는 어떤 자기가 있음. 제 속에 맺혀진 광기를 못 견뎌 제가 먼저 미친 듯이 저를 떠나고 싶어 하는 어떤 자기가 있음. 자기 밖으로 소외되어 갈라진 자기를 바라볼, 이제는 자기가 자기 아니게 된 그 자기는, 그리하여… (④-23~24)

그러면, 왼손은 맥없이 힘을 풀고, 송수화기를 사이에 둔 채 오른손과 깍지를 끼며, 흐느낌 같은 경련을 일으키곤 했는데,, 〔……〕 속 복잡한 어떤 공범 관계로 얽힌 두 손의 모습은 그럼에도 너무 대조적이었다.(④-14)

다르면서도 같은 두 그루의 검은 나무를 중심으로 그려졌던 두 폭의 풍경화,, 네가 나와 그가 될 때 그려졌던 표층의 존재화와, 〔……〕 마음부림 몸부림 온갖 부림을 칠 수밖에 없었던 것은, 어쩌면 당연했다. (④-212)

"다르면서도 같"고, '왼쪽이자 오른쪽'인 등식 해체의 현상은, 이른바 포스트모더니즘의 전형적인 증상이다. 이인성의 소설은 물론 포스트모더니즘이 시대적 트렌드가 되기 이전에 등장하였고 그 시대적 아픔은 개인적 아픔과 맞물리면서 1970년대의 질병을 보고한다. 그의 시대는 군부 독재 유신 시대이며, 그의 개인사는 품위가 무너진 시대에 품위로 남아 있는 아버지와 할아버지의 그것을 넘어가고 싶어한다. 이러한 욕망은 포스트모더니즘이 대두되기 이전에 발병하였지만, 포스트모더니즘의 전사(前史)로서도 그럴싸하고 성격적으로도 매우 비슷하다. 그러나 그 길은 험난하다.

비교적 상당한 현실감을 띠고 있는 작품 『미쳐버리고 싶은, 미쳐지지 않는』에서 주인공 청년은 모처럼 실제 여행길에 나선다. 전주로, 남원으로, 여수로, 마침내 땅끝까지 이르는 그 길에서 그는 애정 행각을 펼치기도 한다. 이 여행을 작가 자신도 대견하게 생각했는지 스스로 기뻐한다. 그러나 여기서도 대립적 언어/명제는 소명한다.

그래! 그로서의 그, 그여, 길떠남에, 찾아나섬에, 한사코 치열해보거라. 나도 나에게 한사코 치열하련다, 내 기다림에. 기다리는 게 가는 것이고, 가는 것도 기다리는 것인지 모르겠지만서도. (④-190)

가는 것-기다리는 것이 대립에서 풀려나 한통속으로 묶인다. 그러니 그가 어디로 갈 것이며, 어디에 있을 것인가.

소설 공간이, 자기 안에 존재하는 두 개의 자기가 하나 되기 위한 싸움에 의해 형성되고 있다는 점을 이해하면 이인성 읽기는 편안하게 끝난다. 이 동일화의 싸움은 어느 순간, 순간의 행복을 획득하지만 대체로 실패한다. 그러나 이 실패가 곧 그의 소설을 성공으로 이끌어 간다. 그러나 성공된 공간은, 무서워라, 악몽의 공간이다. 살펴보자.

잠속에 있는데도 서로가 함께 있는 기묘한 잠. 마치 서로의 잠을 열고 같은 꿈속에 잠긴 것처럼, 그들은 함께, 되돌아서는 다시 나갈 수 없어 보이는 그 어둠의 문을 등지고 옷을 벗으리라. 꿈이라면 아마도 그것이 죽음으로 가는 꿈이 아니려나, 텅 비어 가득한 어둠을 짊어지고 어둠 위에 서서 숨소리만으로 서로의 존재를 인지할 그들은, 다른 선택의 여지가 없는 그 공포의 유혹 속으로.(④-191)

악몽에 관한 언급은 소설 도처에 산재해 있다. 악몽은 동일화―나와 타자, 주객, 안팎 등―와 공존의 실태에서 보통 비롯되지만, 특이한 것은 이로 인해 주인공은 좀처럼 실망하지 않는다. 그렇기는커녕 악몽의 상황은 마치 기대되었던 순간처럼 다가온다. 타자와 나, 안과 밖은 어차피 분리될 수밖에 없기 때문인가, 그는 차라리 즐기는 기분이다. "다른 선택의 여지가 없"기 때문이기도 하지만 '나'와 '너'로 분리된 채 함께 있는 것 같은 "기묘한 잠"이 재미있는 모양이다. 그리하여 그는 "공포의 유혹"을 느끼면서도 그것이 "끝 모를 깊이로 하강"(④-213)할 수 있다는 점에서 최초의 그 "깊이"(①-63)와 내통함을 느낀다. 그 깊이를 향해 기울였던 그의 몸은 그리하여 마지막

의식을 끊어내고 한 마리의 물고기가 된다.

　불현듯 그 폐에 부레를 심고 그 살갗에 비늘을 키우고 그 등과 배에 지느러미를 돋우어, 네 회상의 몸체를 물고기로 변신시킨 것은 무엇이었던가? (④-214)

(악몽은 물고기가 되고, 동일화를 향한 안타까운 노력은 끝이 난 듯하지만, 그것은 그러나 '치욕'으로 서술된다. 너무 빨랐던 첫사랑의 기억이 거기에 있다.)

### 5

　이인성 소설의 근원적 모티프는 아버지와 어머니이며, 소설 공간은 분열된 자아가 동일화하려는 욕망, 그럼에도 불구하고 동일화하지 못하는 긴장의 무대이다. 아버지의 억압이 문학을 비롯한 예술 일반에서 저항의 힘으로 작용하는 예는 프로이트 이론을 원용하지 않더라도, 주변의 많은 실례들이 이를 입증한다. 그러나 이인성의 경우는 그 관계가 매우 특이하다. 그 억압은 억압하지 않는 억압이다. 그 억압의 구조는, 억압자의 단정한 진실성 때문에 야기되는 아들의 의문과 소외감, 마침내는 그 진실성을 넘는 진실성을 획득해보겠다는 욕망 때문에 생겨나는 긴장감으로 형성된다. 말하자면 진실성 대 미실현된 진실성의 초월이라고 할 수 있는 대립 구조다. 따라서 미실현된 초월에의 의지를 지닌 아들은 늘 상반된 두 개의 의식/감정에 의해 시달린다. 그 하나는 아버지를 능가하겠다는 품위의 의욕이며, 다른 하나는 그것이 실현되지 않는, 혹은 실현되지 않을지도 모른다는 불안감, 혹은 그 품위의 정당성에 대한 회의 따위다. 앞서 살펴본 "당신을 지나 더 먼 곳으로 되돌아가"기는 주인공의 제대 이후, 즉『낯선 시간 속으로』이후 여러 작품들에서 끊임없이 변주, 반복된다. "길을 잃고 산속을 헤매"(①-266)는가 하면, "주검의 넋처럼 홀연히 스며"(①-280)드는 바닷가를 떠돌기도 한다. 결국 그의 '되돌아가기'는 '소설 기행'이다(「그를 찾아가는 우리의 소설 기행」「이미 그를 찾아간 우리의 소설 기행」, 이상 ②-156~316). 이를 위해서 작가는 백지로 된 직사각형을 작품 모두에 내어놓고 그것을 '언어의 화면'이라고 주장하면서 되돌아가기와 떠돌기가 소설 쓰기일 수밖에 없는 이유를 깊이 있게, 너무 깊이 있게 설명한다.

 그에게는 분명히 상처가 있다. 그 상처는 첫사랑과 관련이 있는 것 같기도 하고, 부모의 의연함에서 유발되는 무심함 같기도 하다. "어느 순간, 두께를 느낄 수 없을 정도로 얇고 예리한 면도칼이 단 한 번 소리도 없이 그 장막 위를 스치고 지나간다면? 〔……〕 그리하여 그 한 줄의 칼길 너머로 언뜻 제의식의 밖인 다른 하늘이 보인다면? 그때, 그 의식의 다른 하늘은, 그것이 무엇인지 확인되기도 전에 우선 아픔으로 올 것"(①-311)이라는 고백 속에는 얇고 예리한 면도칼과 같은 상처가 있다. 이 상처는 훨씬 뒤 "기억에 파문이 일어 불확실하긴 하지만, 그것이 꼭 부모가 없었기 때문은 아니었다, 라고 짐작되는데, 아버지가 있던 자리도 어머니가 있던 자리도 이랬다저랬다 헷갈렸고, 기억에 해초들이 끼어들어 불확실하긴 하지만, 그러니까 오히려 부모가 여기저기에 있었던 까닭이 아니었던가" 하는 기억과 연관된다.

 한마디로 요약하자: 이인성 소설은 무엇인가. 지향을 거부하는 지향, 결론을 부인하는 결론, 체계를 뒤집는 체계, 어디로 가기를 싫어하면서도 어디론가 흘러가는 흐름. 그것은 현실 속에서 가능하지 않은 꿈을 꿈꾸는 꿈. 그렇다, 악몽일 수밖에 없는 공간에의 머무름이지만, 문제는 작가가 이러한 혼돈의 거대한 조직을 철저히 관리하고 있다는 점이다. 혼돈이라는 질서를 만드는 사람, 그가 작가 이인성이다. 인간은, 그리고 현실은 결코 질서 있게 되어 있지 않다는 사실, 분열과 혼돈이 그 실체라는 사실을 그는 질서화하려고 무진 애를 쓴다. 이 애씀이 그의 소설이다. "흔적이 지워지지" 않는 상처(①-311)만이 상처임을 고백하는 작가에게는 행인지 불행인지 그것이 지워지지 않는 기억으로 남아 있다. 그 기억으로 인하여 그의 소설은 물고기가 되어 "기억의 바다"(④-218)를 헤엄친다. 무진 애를 쓰면서, 지나가고, 돌아가는 헤엄치기. 어디를 향하여, 라고 이제 말하지 말자.

 우리는처음엔무엇이어떻게될것인가를전혀모르면서그기억의바다에서기억의밥을물어오라고머릿속물고기를끄집어내띄워보낼것인데때로그깊이에홀린어떤물고기들이그깊이속으로영영가라앉아 (④-218)

[2008]

## 소리와 새, 먼 곳을 오가다
―윤후명의 소설

<blockquote>
새가 온 들을 채어 쥐고<br>
한 기운으로 꾸드드득 오를 때<br>
활짝 당겨 개이는 먼 오름<br>
숲과 들을 벗어나 휘달려<br>
그는 죽음의 사랑에 접근한다<br>
―「명궁(名弓)」 뒷부분
</blockquote>

1

윤후명의 소설은 공간적으로는 먼 서역, 시간적으로는 저 역사의 시원을 향한 그리움의 소산이다. 이 그리움을 바탕으로 그는 꿈을 꾼다. 꿈은 현실이 아니므로 현실적 질서를 반드시 필요로 하지는 않는다. 그의 소설이 과거와 현재, 꿈과 현실, 신화와 역사 등이 착종하고 얽히면서 형성되고 있음으로 다소 난해한 진행을 보이고 있는 것은 이 까닭이다. 또 그는 왜 자꾸 저 먼 로울란이나 둔황, 그 사막과 폐허의 땅으로 가려고 하는가. 또 그는 왜 봉산탈춤을 비롯한 탈놀이, 고조선의 공후인, 처용의 세계와 복희씨/여와씨의 중국 신화에 그토록 집착하는가. 무엇이 이 같은 동경과 열망을 만들고 있는가. 여행소설도 역사소설도 아니면서 이것들이 어우러져 기묘한 몽유 공간을 이루고 있는 윤후명 문학은 매우 특이한 향기를 뿜는다.

1983년 『敦煌의 사랑』을 출간한 이후 윤후명은 『부활하는 새』(1986), 『원숭이는 없다』(1989), 『오늘은 내일의 젊은 날』(1996), 『궁』(1996), 『여우 사냥』(1997), 『가장 멀리 있는 나』(2001), 『둔황의 사랑』(2005), 『새의 말을 듣다』(2007) 등 아홉 권의 소설집과 『별까지 우리가』(1990), 『약속 없는 세대』(1990), 『협궤열차』(1992), 『삼국유사 읽는 호텔』(2005) 등 네 권의 장편소설을 출간했다. 거의 모든 작가가 그러하듯이 윤후명 역시 20년이 훨씬 넘는 이러한 작품 활동을 통하여 피상적 변모 속에서도 오히려 변하지 않는 자기 세계를 확인하고 강화해왔다. 기묘한 몽유 공간이라고 앞서 지적한 그 세계는 그의 초기작에서부터 최근작에 이르기까지 발전하며 성숙한다. 가령 초기작 「귀」의 일부를 인용해보자.

귀에 생각이 미치자 그 방이 떠올랐다. 낮에 열차를 타고 오면서도 나는 예전의 그 방을 떠올렸었다. 그때 작은 서향 창으로 오후의 햇살이 비쳐 들어와 그 방을 비현실적으로 보이게 하던 것도 아울러 떠올랐다. 그때의 그 느낌만은 언제나 환등기에 비춰보듯이 어두운 뇌리에 환하게 비춰졌다. 그것은 이승의 방 같지 않았다. 하지만 이승이 아니라고 해서 그렇다면 저승이란 말인가. 그것도 아니었다. 그것은 먼 어떤 세상의 그것이었다. 아무도 모를 유배지의 바닷가, 그 벼랑의 아늑한 동굴 속. 나는 마치 어릴 적에 낮잠을 자고 일어나 문득 다가오는 감정, 서럽고도 외롭고도 감미로운 이상한 세상에 외홀로 떨어져 있는 그런 감정에 사로잡혀 있었다. ─『원숭이는 없다』, p. 109

여기서 먼저 주목해야 할 부분은 짧은 지문 가운데에서 무려 세 번이나 나타나는 '떠오르다'라는 동사이다. 이 '떠오르다'는 어떤 사물의 객관적 표현이 아닌, 소설의 화자인 '나'에게 생각이 떠올랐다는 의미로 쓰인다. 이것은 지문의 진행이 과거의 어떤 사실에 대한 기억으로 이루어지고 있음을 보여준다. '소설이 행동이라면 시는 기억'이라는 장르의 오래된 관습을 적용한다면, 이 지문은 소설 아닌 시로서의 특징을 지녔다고도 할 수 있고, 원래 시인으로 출발한 작가의 체질을 함께 고려할 수도 있을 것이다. 그러나 이 작품은 소설이다. 이 사실의 인정과 더불어, 그러나 우리는 윤후명이 기억에 바탕을 두는 과거 지향성을 지니고 있는 작가라는 점을 인식하게 된다. 그리고 이 사실은 그가 뒤이어 발표한 거의 모든 소설을 관류하는 특징의 확인으로 이어진다.

　기억을 통해 도달하는 그의 과거는 일정하지 않다. 다만 분명한 것은, 그의 기억이 개인적인 체험에만 관련된 것은 아니라는 점이다. 그의 기억은 훨씬 역사적인 것이어서, 왜 그와 같은 과거의 역사에 그가 관심을 갖고 있는지 궁금할 정도다. 그다음에 눈길을 끄는 대목은, 멀쩡한 방이 이승 같지도 않고 저승 같지도 않은, 먼 어떤 세상의 방처럼 느껴지게 하는 몽환의식이다. 이 몽환의식은 윤후명 소설의 중심 심리이자 주제로 발전하는 중요한 사항이다. 이 의식으로 인하여 소설은 때로 몇 가지 이야기가 엇박자로 헷갈리는 느낌마저 주면서 현실과 꿈, 현재와 과거를 직조해나간다. 이 의식을 작가는 감정이라는 말로 표현하는데, 그 감정은 '서럽고도 외롭고도 감미롭다.' 말하자면 작가는 비애와 고독을 즐기고 있는 것이다. 이러한 즐김은 비애와 고독이 먼저 존재하고 그것을 즉물적으로 즐기는 모습으로 나타나기도 하지만, 중립적인 사물이나 현상을 서럽고 외로운 것으로 받아들이기 일쑤인 감정의 관습을 일컫기도 한다. 탈감정적인 사물이 슬픈 감정의 옷을 입고 나타나는 것이다. 그러나 그 감정의 심연을 들여다보면, 거기에 매복해 있는 과거의 상처, 공포, 두려움을 발견하게 된다. 예컨대 협궤열차가 오지 않는 늦은 저녁, 역 부근에서 울리는 전화벨 소리 하나에 작가의 연상은 비애감을 지나 절망감으로 치닫는다.

열차는 오지 않으니 기다리지 마십시오…… 급히 알려주는 전화 같았다. 여러분은 지금 위험한 지경에 빠졌습니다……라고 말하려는 것일까. 그 지역은 이미 적의 수중에 떨어졌습니다…… 낙동강 지역에서 치열한 전투가, 아뿔싸, 소장마저 적의 포로로! 채병덕 장군님! …… 구상은 이중섭을 배에 태워 일본으로 보내주었습니다…… 어둠 속에서 울리는 모든 소리는 비상시의 소리처럼 들렸다. 어둠 전체가 열차가 오는 길을 차단하고 완강하게 저항하고 있는 것만 같았다.

—『원숭이는 없다』, pp. 122~23

소설 「귀」의 내용 일부인데, 주인공 화자는 거의 모든 작품에서 이처럼 절망감을 드러내고 있다. 외부의 작은 사건은 물론, 사건이라고 할 수 없는 무시무시한 사물이나 현상에서도 서럽고 외로운 느낌을 받으며, 이 느낌은 곧 절망감으로 연결되곤 한다. 특히 중기작이라고 할 수 있는 『균』『여우 사냥』까지 이어지는 이러한 절망감은 대체 어디에서 오는 것일까. 단편 「귀」는 여기에 소중한 단서를 제공한다. 그것은 작가가 유년 시절에 맞은 저 육이오 체험의 공포와 관계된다.

윤후명 소설의 근본 동기를 형성하는 육이오 체험은 치열한 전쟁, 부친의 죽음, 어머니 사랑의 실종과 가족의 해체라는 아픔 속에서 고독과 비애의 실존적 비극으로 성장한다. 오지 않는 열차를, 한때 사귀었던, 그러나 지금은 다른 사람의 아내가 된 사람과 함께 기다리고 있는 기묘한 상황 속에서 암울한 마음의 주인공은 물론 작가 윤후명의 모습일 것이다. 비애와 고독으로 받아들여진 그녀의 방에는 조각에서 떨어져 나온 귀가 있었고, 그 모든 분위기는 불길한 예감으로 작용하며, 그대로 적중한다. 그러나 이 소설의 끝 부분에 이르면 "먼 데서 실낱같이 가늘게 잘가닥잘가닥 바퀴에 레일 밟히는 소리가 들려"온다. 열차가 오는 소리이다. 작가는 "아무리 먼 소리라도 청력이 좋은 나는 잘 분별하여 알아들을 수 있었다"고 쓰고 있는데, 여기에 윤후명이 세계와 맺고 있는 관계, 혹은 구원의 방법론이 숨어 있다. 즉 그는 자신을 둘러싸고 있는 고독과 비애의 상황을 그 자신의 힘으로 능동적으로 극복하거나 개척하는 것 대신, '먼 데서 오는 소리'를 통하여 위로받는 것이다. 이때 '먼 데'와 '소리'는 함께 나타나기도 하며, 각각의 모습으로 작용하기도 한다. 양자는 대부분의 경우 별도의 방법론으로 움직인다. 예컨대 저 먼 서역, 가령 중국의 변방 둔황을 향한 그리움과 여행은 '먼 데'의 구체적 실현이며, 최근작『새의 말을 듣다』를 비롯, 그의 작품 도처에 편재해 있는 '듣다'와 '소리'의 출몰은, 바로 이 '소리'의 구체적 양태들이다. 비애와 고독으로 가득 찬 는개와 같은 공기의 윤후명 소설이 '먼 데'와 '소리'를 통해 구원으로 옮겨가는 길은 소중하지만, 멀다.

2

『둔황의 사랑』은 윤후명의 대표작이다. 「둔황의 사랑」「로울란의 사랑」「사랑의 돌사자」「사막의 여자」 등 네 편의 중편들이 수록된 이 작품집은 1983년 『돈황의 사랑』으로 출간된 이후 2005년 다시 『둔황의 사랑』이라는 이름으로 나왔는데, 제목을 중국식 발음(돈황→둔황(敦煌))으로 바꾸고 수록 작품에 변화를 주었다는 사실 이외에도 약간의 변모가 눈에 띈다. 그 변모를 작가 자신의 설명에 의해 좇아가보면 이렇다.

비단길, 실크로드. 〔……〕 하지만 내가 1982년에 그 길의 중심 유적지인 둔황을 끌어들여 소설을 쓴 뒤 한 시절이 지나가기까지도 우리에게는 낯선, 미지의 이름이었다. 〔……〕 그곳에 가보지도 못한 채 나 역시 갈망 속에서 둔황에 관한 이야기를 쓰지 않을 수 없었다. 〔……〕 그러나 나는 비단길과 이어지는 우리의 정체성을 어떻게든 되살려놓고 싶어서 안달이 났었다. 〔……〕 그곳이 어디인가. 둔황은 중국 서역의 오아시스 도시로서, 실크로드에서 가장 융성했던 곳이다. 〔……〕 그러니까 이 소설은 우리와 세계를 필연으로 이으려는 노력 아래 쓰기 시작한 것이었다. 그것은 내가 세계를 받아들이는 한편, 나타내는 통로였다. 〔……〕
소설가가 되고 나서 나는 지금까지 궁극적으로 이 세계를 벗어나본 적이 없다. 그러므로 소설을 쓰는 근본이 여기에 있다고 말할 수밖에 없다. 〔……〕 소설 「돈황의 사랑」을 씀으로써 나는 본래 시인으로 시작한 문학적 행로를 소설가로서 다시 연 이래, 비로소 내가 나아갈 자리를 찾기 시작했다고 해야 한다. —『둔황의 사랑』, pp. 271~73

돈황에서 둔황으로의 바꿈에서 발견되는 가장 큰 변화는 작가가 현지를 머릿속에서만 그려보고 소설을 썼다는 사실이, 실제 현지 답사에 의해 씌어졌다는 사실로 바뀌었다는 점이다. 그러나 관념→현실로의 변화 이외에도, '둔황'은 작가 스스로 이 작품을 자신의 대표작으로 공언하고 있다는 점에서 주목된다. 무엇보다 '둔황 시리즈'가 한데 묶인 『둔황의 사랑』은 폐허의식과 사랑을 묶어 발화시키고 있다는 점에서 윤후명 문학의 주제와 직결된다. 그는 하필이면 이 삭막한 땅 둔황에서 사랑을 찾고, 그것을 의미화하려고 하는가. 작가 자신의 그 같은 의도는 과연 정당한 것이며, 타당한 방법으로 구현되고 있는가. 또 그의 많은 다른 작품들과 자연스러운 관련성을 맺고 있는가. 연작 형태가 된 『둔황의 사랑』 속 네 편의 작품을 통시적으로 관류하고 있는 흐름은 사랑이다. 그러나 주제적으로 강조되고 있는 사랑은 중요하지 않다. 보다 중요한 것은 무엇이 그것을 배태하고 있으며, 어떻게 그것이 형성되고 있는가 하는 문제일 터인데, 여기서 주목되는 점은 뜬금없게도 '사자' 모티프이다. 작가는 한국에서는 볼 수도 없는 사자에 집착하는 이상한 편집을 나타내는데, 그것은 놀랍게도 소설의 모티프로 발전한다. 일인칭 화자에 의해 작가 스스로의 얼굴을 즐겨 공개하고 있는 윤후명은 일찍이 사자를 만난다. 일찍 작고한 아버지를 대신하여 그를 돌보아준 작은 아버지의 고향 북청에서 사자놀이를 통해 사자를 본 것이다. 그 사자는 물론 사람들이 만든 사자였으나, 어린 작가의 눈에는 이미 친밀한 동물/사물이 된 것이다. 그 사자놀이가 바로 서역, 즉 둔황 쪽에서 전래된 것이었다. 탈춤과 함께 연희되는 사자놀이에서 작가는 이미 어린 시절 슬픔을 느꼈다고 고백하고 있는데, 그 이유로 상 자체가 슬프게 그려져 있다는 사실과 더불어 익명성(모두 '가면' 아닌가!)이 지적된다.

> 담배 연기를 허파꽈리 속에 깊숙이 들이마시며 이리저리 생각을 굴리고 있는데 뜻하지 않게 사자가 떠올랐다. 먹중들 사이에서 슬프게 오락가락하는 사자였다. 그렇다. 그런 사자가 둔황의 벽화에도 그려져 있었다.
> ―『둔황의 사랑』, p. 41

사자는 어린 시절 작가의 상상력을 인생에 대한 슬픔으로 자리 매김시킨 모티프였고, 성장해서는 서역으로 가는 이미지의 모태였다. 그는 사자춤을 추는 혜초를 생각했고, 춤을 추면서도 고독을 감추고 있는 모습으로 늘 사자를 각인시켜왔다. 비애와 고독 속에서도 멀리서 다가오는 열차 소리를 듣는 작가는 사자에게 이제 도착한 열차의 모습을 오버랩시킨다. 그리하여 사자는 비록 고독하지만 먼 곳을 달리는(어슬렁거리는) 열차가 되고, 작가가 된다.

> 달밤이다. 먼 달빛의 사막으로 사자 한 마리가 가고 있다. 무거운 몸뚱어리를 이끌고 사구(沙丘)를 소리 없이 오르내린다. 매우 느린 걸음이다. 쉬르르쉬르르. 둔황 명사산의 모래가 미끄러지는 소리인가. 〔……〕 사막의 한복판에 사자의 그림자만 느릿느릿 느릿느릿 움직이고 있다. 〔……〕 아득한 시간이 사막처럼 드러나고 그 가운데서도 사자는 하염없이 걷고 있다. 〔……〕 가도 가도 끝없는 허공을 사자는 묵

묵히 걷고 있다. 발을 옮길 때마다 모래 소리가 들린다. 달빛에 쓸리는 모래 소리인가. 시간에 쓸리는 모래 소리인가. 아니면 서역 삼만리를 아득히 울어온 공후 소리인가. ―『둔황의 사랑』, p. 118

사자는 과거와 역사를 돌아보는 작가가 가장 구체적으로 표상하고 있는 엄중한 사물이다. 윤후명은 서럽고 외롭다는 감정을 간단없이 고백하고 있지만, 다른 한편으로는 석굴암에 가고 싶은 열정을 표출하는 등 이상 취향을 드러낸다. 그러나 그것은 이상 취향이 아니다. 그의 주인공들은 고독 속에서 슬픔만을 반추하는 인물로 투영되지 않고, 이른바 문화 예술의 원류로서의 역사적 문물에 대한 깊은 관심을 나타내는데, 그 과정에서 발견된 '춤추는 사자'는 봉산탈춤, 강령탈춤 속의 그것으로서, 작가는 거기서 사자, 혹은 역사 속의 어떤 인물과의 동일화를 끊임없이 추구한다. 실제로『둔황의 사랑』의 내용을 구성하는 것은 그 대부분이 역사 이야기이다. 연극의 소재로서 거론되는 정약전의 물고기 책, 고려시대 원나라 유학생의 행태, 나폴레옹의 모노드라마 등 서로 연관도 없는 비체계적인 역사 자료와 담론들이 들락날락한다. 둔황의 막고굴에서 혜초의『왕오천축국전』이 발견되었다는 사실, 그 석굴 속에 약차와 사자, 천불과 비천의 상들이 있다는 사실의 소개 이외에도 소설에는 탈춤에 관한 지식이 상세하게 나온다. 예컨대 붉은 원동에 녹색 소매를 단 더그레에 붉은 바지를 입고 방울을 짤랑이는 취발이, 이 취발이 탈에는 혹이 일곱 개가 돋아 있으며, 소무(小巫)를 유혹해서 차지한다는 등 작은 에피소드라고만 보기 힘든 역사적 삽화가 많이 끼어 있다. 결국 그것들은 모두 서역, 즉 둔황을 중심으로 한 지역과 깊은 관계가 있는 것들이었다. 고대의 공후가 서역에서 온 악기이며, 사자놀이 역시 서역 땅에서 온 것이라는 사실은 대표적인 증빙이다. 우리 탈춤에 어떻게 사자가 등장할 수 있었을까 하는 경이로움으로 사자놀이를 바라보았던 작가는 처음에 혼란을 느끼지만, 이것을 다시 '이질성의 놀라운 친화력'(『둔황의 사랑』, p. 41)이라고 표현함으로써 그것과 동화된다. 그 이후 사자는 작가와 동일화의 과정을 거치면서 소설의 진짜 주인공이 된다. 가령 다음 순서를 보자.

1) "사자춤이었어. 갈기를 날리면서 추는 사자춤. 그러니까 내가 춘 게 아니지. 사자가 춘 거야. 난 구경을 하구 있었지."

2) 비록 쇠침대에 누워 사자춤을 꾸지는 않았다손 치더라도 나는 오랜 세월 춤추는 사자에 대한 꿈을 꾸어왔던 것이었다.

3) "이기 뉘기요? 북청 아즈바이 앙이오?"
사자는 말을 마치자마자 어느 결에 가죽을 훌훌 벗어 던졌다.
"참말 긴 하루였소. 이리 오래 춤추기두 아마 처음이지비?"
목구멍에 모래가 잔뜩 엉겨 붙은 쉰 목소리였다. 그러나 나는 그 목소리가 누구의 목소리인지 짐작할 수 있었다. 그것은 내 목소리였다.
— 『둔황의 사랑』, pp. 109, 116, 119

작가는 꿈속에서, 또 둔황에서, 어린 시절 북청 사자놀이의 사자가 된다. 그 사자는 마침내 '사랑의 돌사자'가 되는데, 작가는 이를 가리켜 '돌사자의 생명은 영원한 생명'이라고 의미를 부여한다. 사자 빈신사에서 사자 네 마리가 받치고 있는 석탑을 바라보면서 그는 둔황의 사자를 연상하고 사랑을 느낀다. 매우 독특한 사랑의 회로이며, 인식 방법이다. 이와 관련하여 윤후명은 매우 주목할 만한 발언을 한다.

돌사자들은 서울의 거리에도 살아 숨 쉬고 있다. 이 사실을 모르는 한 우리의 사랑도 헛된 장난에 지나지 않는다. 진실한 사랑에는 무엇보다도 생명이 중요한 것이며, 그것은 사자의 저 움직임, 나아가서는 몇십억 년을 기다려야 한다는 빛나는 미륵 세상까지도 연결되는 것이다. 그렇지 않고서야 사랑은 완성되지 않는다.

─『둔황의 사랑』, pp. 237~38

생명 없는 돌사자, 혹은 굴속의 사자상이나 탈춤 속의 사자와 같은 무생물이 어떻게 사랑의 표상이 될 수 있을까. 윤후명 소설의 환상적 공간은 이 부분에서 심한 이해의 장애와 만나게 된다. 이를 이해하기 위해서는 그의 작품 전반에 관한 섭렵이 필요하다. 그중 우선 같은 책에 수록된 소설 「사막의 여자」 끝 부분을 읽어본다.

그러므로, 사랑한다는 것은 자기 자신의 존재를 확인하는 일에서부터 출발한다. 엄청난 침묵, 위대한 고독, 끝없는 절대 속에서 태어나는 기도가 그 길을 열 수 있을 것이었다. 그리하여, 나는 이 세상의 모든 둔황, 모든 로울란을 거쳐, 그 찬란한 폐허를 거쳐, 하나의 탑을 내 존재 위에 세울 것이었다. ─『둔황의 사랑』, p. 270

위의 인용 부분은 세 가지를 말해준다. 첫째는 자기 존재의 확인인데, 「사막의 여자」에서 주인공은 낙타의 똥오줌 냄새를 맡으며, 정말로 사막 한가운데 '있음'을 절감한다. 둘째는 기도인데, 그것은 침묵과 고독, 절대 인내를 통해 이루어진다. 모든 탑들이 하늘을 향해 기도한다는 생각은 이렇게 생겨난다. 셋째는, 바로 이 존재를 절감하면서 행하는 기도에서 사랑이 비롯된다는 것이다. 그러므로 고독, 침묵, 인내를 거치면서 기도 위에 기초하지 않는 사랑은 사랑이 아니라는 논리가 형성된다. 탑과 사자가 그것인데, 그것은 결국 '찬란한 폐허'의 동의어일 수밖에 없다. 작가는 그 탑을 세우려고 한다.

3

 결국 윤후명의 사랑은 폐허의 오아시스와 같은 것이다. 그의 주인공 남성들은 실재하는 여성들을 좀처럼 사랑하지 않는다. 사랑을 갈구하면서도 사랑하지 않는다. 사랑을 갈구하면서도 막상 그 옆에 있는 실재의 여성에게는 몰입하지 않는다. 그렇기는커녕 자신이 여성을 사랑할까 봐 스스로를 제어하는 느낌이 강하다. 이 제어는 절제와는 다른, 일종의 회피에 가깝다. 「둔황의 사랑」「로울란의 사랑」 시리즈를 거쳐가고 있는 주인공 남성과 여성의 기이한 동서 생활은 그 전형적인 보기라고 할 수 있다. 그는 그녀와 만날 때부터 함께 살고 싶으면서도, 헤어질 것을 획책하는 이중의 자세를 견지한다. 그 스스로 '이기주의'라는 말로 정의하고 있는 특이한 심리 상황은, 예컨대 이렇게 서술된다.

그녀와 나의 동서 생활에 대해 나는 아무런 결론을 내리지 못하고 있었다. 그 동서 생활이 결혼까지 이어진다는 보장은 없었다. 아니 오히려 그래서는 안 된다는 게 내 입장이었다. 〔……〕 나는 갈피를 잡을 수 없는 생활을 계속하고 있었다. 갈피를 잡는다는 것, 확연히 정리되어 드러난다는 것이 두려웠다. ——『둔황의 사랑』, pp. 129~30

소설의 주인공은 늘 떠남을, 이별을 스스로 획책하면서도 또 스스로 좌절한다. 사랑을, 여인을 그리워하면서도 구체적 실재로부터는 오히려 멀리 가고자 하는 마음은, 경험적 논리로 볼 때 일종의 자신감 상실이라고 할 수 있다. 그러나 오랜 세월을 버텨와서 이제는 폐허가 된 땅에 서 있는 탑을 기도와 사랑으로 바라보는 작가의식에는 폐허야말로 사랑이 솟는 샘일 수 있다. 여기에는 어쩌면 동시대에 살아 있는 이성으로부터는 참다운 사랑을 기대할 수 없다는 비관론이 잠복해 있을 수 있다. 중기작 「아으 다롱다리」 1, 2를 비롯한 많은 작품들에서, 기대와 환멸의 점철로 반복되는 여인 이야기들과 더불어 비관론은 갈수록 증폭된다. 더 정확하게 말한다면, 윤후명 소설의 남녀 주인공들은 헤어짐의 형태로서 만난다고 할 수 있다. 남녀가 만나고 이별하는 사랑의 어떤 공식 속에서의 헤어짐이 아니라, 만남에도 뜨거운 사랑의 열정이 동반되지 않고 이별에도 애통의 안타까움이나 애절함이 뒤따르지 않는다. 그의 모든 소설에는 남녀 주인공들이 거의 반드시 등장하는데, 그들은 때로 싱거울 정도로 우연히 만나서 말없이 헤어지고 사라져버리기 일쑤다. 어떤 경우에는 다시 만나도 만나지 않은 모습이 되기도 한다. (가령 「새의 초상」의 여자처럼 다시 만났을 때 사람을 잘못 보았다고 딱 잡아떼는 일도 있다.) 이처럼 윤후명 소설들에 간단없이 드나드는 남녀들이 만남 속에 이미 헤어짐을 태생적으로 숨기고 있다는 사실은, 남녀 간의 만남과 사랑에 대한 작가의 생각이 이미 숙명적인 비관론에 빠져 있음을 보여주는 것이다. 그에게서 남녀의 만남은 벌써 그렇고 그런 헤어짐의 수순으로 예정되어 있고 정절과 의리, 인내는 아예 부인된다. 앞서 탑의 모습에서 발견되고 인식되었듯이 기도와 생명이 결핍된 사랑이 갖게 되는 당연한 결과가 작가의 비관론이 품고 있는 그 원인이다. 여기서 마치 시에서의 이미지처럼 나타나고 있는 윤후명 소설의 '새'에 대해 주목하지 않을 수 없다. 일찍이 『부활하는 새』라는 소설집을 상자한 이후 최근의 『새의 말을 듣다』에 이르기까지 책 제목에 쓰이지고 있을 뿐 아니라 작품 도처에 출몰하는 '새'는 대체 무엇인가. 사람의 사랑을 허무해하고 사자상과 탑에서 사랑을 찾아 헤매는 정신과 '새'는 과연 무슨 관계가 있는가.

4

윤후명은 원래 윤상규라는 본명으로 시를 쓰던 시인이었다. 그에게는 소설집들 이외에 두 권의 시집이 있는데 첫 시집 『名弓』(1997)에는 첫머리에 시집 제목과 같은 「名弓」이라는 시가 수록된다. 잡목 우거진 숲과 들판이 묘사되면서 그 위를 나는 새가 그려진 작품이다. 새의 첫 출현이다. 이 새는 보통의 새와 다른, 별난 새다. 일반적으로 문학에서 새의 이미지는 자유와 비상이다. 날개를 달고 자유롭게 날아다니는 새. 한곳에 정주하며 구속된 일상을 살 수밖에 없는 인간은, 그리하여 새의 자유를 부러워한다. '이 몸이 새라면······'이라는 독일 민요는, 모든 사람들의 꿈이 될 뿐 아니라 모든 시인들의 시적 모티프가 되기도 한다. 새의 날개 또한 모든 사람들의 간절한 희원이 되어서 시는 물론 소설에 잠복한 동력의 근원이 된다. 가령 소설가 이상과 최인훈에게서 나타나는 날개라는 표상은 역설적으로 인간 실존의 한계를 보여준다. 그런데 윤후명의 새는? 다르다. 아주 다르다. 그의 새는 온 들판을 채어 쥐고 죽음의 사랑에 접근하려고 휘달리는, 사나운 새다. 그리고 이 새가 바로 활 잘 쏘는 명궁이 되는 것이다. 이 새가 30년을 날아서 알타이어를 말하는 갈매기가 되어 날아다닌다. 그리하여 윤후명 소설은 이 새의 운명과 함께하는 어떤 예감으로 섬뜩해진다.

"그래서 말입니다. 저기, 이 배를 따라오는 괭이갈매기 몇 마리 있잖습니까?"

그가 뒤쪽 하늘로 눈길을 주었다.

"그렇군요."

갈매기 몇 마리가 배를 따르고 있었다. 나는 관심을 기울이지 않던 일이었다. 나는 건성으로 대답하고 나서, 그래서 그게 어떻다는 거냐고 캐묻듯이 그의 얼굴을 살폈다. 설마 독도의 갈매기도 사람들에게 뭔가 얻어먹으려고 배를 쫓아오는 것은 아닐 터였다.

[······]

"저 갈매기들은 괭이처럼 운다고 괭이갈매기라지만, 사실 그건 제가 듣기에 괭이, 고양이 소리가 아닙니다."

[······]

"고양이나 다른 동물의 소리를 말하는 게 아닙니다. 주제넘습니다만, 제 귀에는 그 소리가 알타이어로 들린다는 겁니다."

—『새의 말을 듣다』, pp. 30~32

2007년에 나온 그의 최신작은 소설집『새의 말을 듣다』이며, 여기에 첫머리를 장식한 작품이 단편「새의 말을 듣다」라는 소설이다. 독도 여행기로 되어 있는 이 작품의 내용은, 갈매기가 우는 소리를 알타이어로 듣는 한 사내의 이야기다. 모든 사물에 정령이 깃들어 있음을 믿으며, 그들과 대화할 수 있는 길은 자기 언어, 즉 그 사내의 경우 알타이어일 수밖에 없다고 말하는 청년, 그는 이 소설의 주인공으로서 윤후명 문학이 애니미즘에 기초하고 있음을 보여준다.

윤후명 문학의 애니미즘이 사실 새삼스러운 것은 아니다. 1977년에 상자한 시집에서 분명하게 확인되듯이 새에서 정령을 발견하는 애니미즘은 30년의 세월이 무색하게 일관된 흐름으로 나타난다. 그렇다면 과연 30년의 세월은 아무런 변주나 발전 없이 그 바탕을 견지해 온 것일까. 아홉 권의 소설집을 뜯어보면 피상적인 변모와 더불어, 변하지 않고 있는 어떤 것— 애니미즘, 정령, 샤먼, 몽유 그리고 이 속에서 모색되고 있는 그리움으로서의 사랑과 민족이라는 문제가 손에 잡힌다. 이때 그 모색의 대상과 방법이 지역적으로는 먼 서역, 시간적으로는 아득한 중세 이전을 헤매는데, 이것은 작가의 현실 인식이 몽환적 낭만성에 기인하고 있기 때문이다. 말하자면 윤후명에 있어서 현실은 기본적으로 부재와 결핍으로 인식되며, 온전한 사랑과 문화는 이미 소멸된 것으로 생각된다. 과거와 추억을 기반으로 하는 낭만적 사고의 소산인 것이다.

모든 낭만적 사고가 윤후명에게서처럼 추억과 과거를 바탕으로 하는 것은 아니다. 가령 낭만적 이론의 효시로 평가되는 슐레겔의 이론에 나타나듯이 "'낭만적 문학은 진보적 보편문학'이며, '문학에 생기를 불어넣어 삶과 사회를 서로 충만하게 하며, 또 그렇게 해야 하는 문학'"이 낭만주의이기도 하다. 그러나 윤후명에게서처럼 과거의 어떤 시대가 문화적으로나 윤리적으로, 더 나아가 정치적으로도 전성시대였다는 가설 아래 그 시대의 것을 수집하며, 그 시대로의 회귀를 꿈꾸어보는 것도 낭만주의자들이 즐겨 행하는 행태이다.

문제는 방법론이다. 대저 어떤 식으로? 많은 낭만주의자들은 그리하여 꿈을 꾼다. 이른바 환상이다. 환상이야말로 낭만주의의 본질이다. 그런데 여기서 더 나아가 그 아래에서의 많은 방법들이 작가들 각자의 날개 아래에서 푸드득거리는 것을 보게 된다. 이미 애니미즘이라는 동굴을 마련한 윤후명은 그곳을 향해 새를 날게 한다. 이 새는 시간을 거슬러 날아가며, 저 먼 곳으로의 비행도 마다하지 않는다. 이 새는 갈매기(「새의 말을 듣다」)이기도 하고, 동박새(「알함브라 궁전의 추억」)이기도 하며, 팔색조(「새의 초상」)이기도 하다. 이 새는 어디로든지 날아갈 뿐 아니라, 시간을 거꾸로 해서 저 원시로도 날아간다. 이 새는 시공을 초월하는 능력의 존재이며, 그런 의미에서 '죽음의 사랑에 접근'하는 새다. 죽음의 사랑이란 무엇인가. 그것은 죽어 있는 자들의 세계, 즉 과거에서부터 오늘에 이르는 저 둔황 벽화의 사랑이며, 사자춤의 사랑이며, 사자빈신사의 탑이 보여주는 사랑이다. 살아 있는 자들의 사랑은 허무한 배신의 사랑일 뿐, 참된 사랑이 아니다. 따라서 '죽음의 사랑'만이 참된 사랑인데, 그곳은 새를 통해 갈 수 있는 저 먼 시원의 세계이며, 저 먼 서역의 세계이다. 그렇다면 그 먼 곳으로는 어떻게 가는가.

  소리다. 윤후명 소설 곳곳에서 들려오는 '소리'.

> 괭이갈매기의 꽤액꽤액 소리가 알타이어로 들려? 이런!
> "들어봐주십시오."
> 〔……〕
> 그러면서 나는 다시금 수많은 물개들과 수많은 고래들의 기도 소리가 들려온다고 여겼다. 아무리 환청이라고 물리쳐도 헛일이었다.
> ─『새의 말을 듣다』, pp. 32~34

  위의 인용에서 소리는 물론 갈매기라는 새의 소리이며, 그 소리는 알타이어가 되어서 아득한 '옛날'을 '오늘'로 실어 나르는 기능을 한다. 그러나 새가 등장하는 많은 소설들에서 으레 함께 나올 수밖에 없는 소리들 이외에도 작가는 소리를 마치 환청처럼 들으면서 소리를 통해 이제는 소멸되고 없는 과거의 영화를 복원하고, 그 현재성을 누리고 즐긴다.

> 사랑 가운데는 한순간에 스쳐 지나감으로써 더 영원한 사랑도 있을 것이었다. 그녀가 택한 그런 방법을 나는 어리석게 모르고 있었다. 그리하여 내 귓전에 영원히 '호오이호오이' 부르고 있을 그 소리를 없애 버린 것이다.
> ─『부활하는 새』, p. 111

  과거가 되어 굳어버린 일회성으로서의 사랑은 소리로 기억되어 현재에도 살아남는다. 이것이 시 「名弓」에 나타난 죽음의 사랑이다. 이 소리는 먼 곳, 혹은 먼 시간을 왕복하는 교통수단으로서의 새와 더불어 윤후명 문학의 영물(靈物) 노릇을 하고 있다. 먼 곳, 먼 시간, 소리는 모두 감각적 실재를 넘어서는, 니체의 표현에 따르면 "망각의 양식"에 상응하는 아득한 관념들이다. 그 관념을 현재의 실재 속에서 부단히 재현해보고자 하는 힘든 운동 속에 윤후명 예술의 고뇌가 깃든다.

〔2008〕

# 문체, 그 기화(氣化)된 허기
### ─오정희의 소설

## 1. 성장소설인가

　모든 좋은 소설은 성장소설인가. 하기야 근대소설의 원조로 불리는 괴테의 『빌헬름 마이스터』 2부작도 결국 성장소설이고 보면, 이러한 의문형 명제에는 타당성이 있어 보인다. 1950년대에 이르기까지 우리 소설에서 찾아보기 힘들었던 성장소설의 황량한 땅에 샘물로 솟았던 작가는 김승옥이었다. 그의 「생명연습」은 사춘기를 거친 청년의 의식 속에 싹트고 있는 욕망과 윤리의 문제를 밀도 있게 다룸으로써 인간의 정신적/사회적 성숙에 대한 깊이 있는 성찰을 보여주었다. 1960년대 문학의 의미가 강조되고 김승옥 소설의 문학사적 위상이 끊임없이 평가되는 까닭도 여기에 있지 않을까. 그로부터 몇 해 뒤

---

\* 이 책에서 다루는 오정희의 작품은 다음과 같다: ①『불의 강』(문학과지성사, 1977; 개정판 1995) ②『유년의 뜰』(문학과지성사, 1981) ③『바람의 넋』(문학과지성사, 1986) ④『불꽃놀이』(문학과지성사, 1995) ⑤『새』(문학과지성사, 2009).

등장한 여성 작가 오정희는 바로 이러한 성장소설의 맥을 심화시키면서 1960년대를 한국 현대문학사의 가장 중요한 연대로 각인시킨다. 물론 오정희의 모든 작품들을 '성장소설'이라는 동일한 카테고리 안에서 정리할 수는 없을지 모르더라도, 적어도 그 세계의 본질이 성장소설에 있다는 것이, 그가 등단한 지 40여 년 만에 처음으로 오정희론을 쓰는 나의 판단이다.

성장소설은, 한 개인 — 그것도 흔들리는 개인 속에서 '세계'를 본다. 그 흔들림은 개인이 태어난 근원적인 성격과 실존으로부터도 오고, 가정적, 사회적인 조건으로부터도 온다. 오정희의 경우 그 발원지는 두 쪽 모두다. 가령 그의 후기작이자 대표작인 장편 『새』는 이 정황을 잘 반영한다. 어머니가 나가버린 가정에서 아버지 — 매우 불안정한 성정과 직업의 소유자인 — 와 남동생과 살아가는 소녀가 소설 화자인 이 소설에서 '나'는 바로 그 실존과 사회가 그를 세밀한 격랑 속에서 크게 흔들고 있음을 보여준다. 열두 살 소녀를 둘러싸고 있는 사회환경은 물론 가정이다. 그 가정은 엄마가 집을 나가고 외할머니에게로, 큰어머니에게로 전전하다가, 이따금 집에 들르는 아버지가 어느 날 화류계 출신 젊은 여성을 새 엄마라고 데리고 들어온, 그런 가정이다. 소설 화자인 소녀에게 그 가정은 '새엄마'가 들어오기 전이나, 들어오고 난 다음이나 어차피 결손 가정이다. 이러한 가정/사회환경은 마악 사춘기가 시작된 열두 살 소녀라면 어느 누구라도 흔들게 마련이다. 그 흔들림은 이른바 정상 가정 안의 그 어느 소년 소녀보다 훨씬 클 수밖에 없다. 그러나 그 흔들림은 크지만, 동시에 독특하고 예민하다. 오정희 성장소설은 늘 그 지점에서 출발하며, 거기서 그만의 민감하고 여린, 그러면서도 단단한 공간을 축조해낸다.

그 출발은 역시 민감하고 독특한 감수성을 통해서 빚어진다. 예컨대 이렇다.

> 우일이와 나는 자주 다락에 올라가 놀았다. 안방의 아랫목 쪽 벽 중간쯤 거의 우일이의 키 높이쯤 되는 곳에 두 개의 미닫이로 된 벽장문이 달려 있고 그 문을 열면 다섯 개의 계단, 그 계단의 끝에 어슴푸레 떠 있는 공간이 나타난다. 묵은 잡동사니들이 가득 들어찬 다락의 어둑신함과 그 안에 서린 매캐하고 몽롱한 냄새, 모든 오래된 것들의 안도감이 우리를 사로잡았다. 어둠과 먼지, 오래된 시간, 이제는 쓰일 일이 없이 버려지고 잊혀진 물건들 사이에서, 그 슬픔과 아늑함 속에서 우리는 둥지 속의 알처럼 안전했다.(⑤-26)

한식 가옥에서 어린아이들에게 집 안의 다락은 훌륭한 놀이터였다. 아이들에게는 감추어지고 닫힌 공간이 즐겨 선호되는데, 다락은 딱 맞는 장소, 더욱이 외부의 세계가 혼란스러울 때 그곳은 몸 자체뿐 아니라 의식의 피난처 역할도 한다. 그러나 위의 표현에서는 이 밖에도 주목을 끄는 대목이 있다. '어둑신함과 그 안에 서린 매캐하고 몽롱한 냄새'! 기억하는가. 그 썩은 듯하고 불명료한 분위기의 안도감이라니! 그 냄새는, 뭐랄까, '보수의 냄새'라고 불릴 만한 그 어떤 것이다. 작가 자신의 표현으로는 '오래된 것들의 안도감'이다. 밖의 세상이 끊임없이 흔들릴 때 아이들은 본능적으로 안정을 갈구한다. 가령 부부 싸움이 끊이지 않는 가정에서 아이들은 그 싸움이 있기 이전의 화평을 그리워한다. 그리하여 일반적으로 타기되기 일쑤인 '오래된 것=낡은 것'이라는 부정의 평가는 또 다른 불안의 요소가 될 따름이다. 오정희 성장소설을 이끄는 감수성은 이처럼 '불안한 밖'을 느끼면서 '안정된 내부의 공간'을 찾는 과정을 형성하면서 그 슬픈 아름다움을 구축해간다. '그 슬픔과 아늑함 속에서 우리는 둥지 속의 알처럼 안전했다'지 않는가.

오정희의 소설은 바로 이 '둥지 속의 알'을 만드는 과정 일체이다. 이 글의 결론부에서 나는 그것을 그의 문체라고 말하겠는데, 그에 앞서 과연 이 작가의 슬픔이 무엇인지 성장소설을 통해 펼쳐지고 있는 그 본질을 살펴볼 것이다.

## 2. 허기──욕망과 감춤

오정희의 슬픔은 허기에서 온다. 그 허기는 경제적 궁핍과 성적 욕망에서 비롯된다. 그러나 그것만이 그의 슬픔을 만드는 것은 아니다. 그의 진짜 슬픔은 그 궁핍과 욕망을 드러내놓고 욕망할 수 없다는 이중의 고통으로 인하여 뒤틀리고 힘들어진다. 그 뒤틀리는 왜곡이 그의 문체를 생산하기도 하지만, 근본적으로는 인내와 감수로 연결된다. 인내와 감수는 충족되지 않기 때문에 허기이며 슬픔이다.

오정희 소설에 화자와 더불어 주인공으로 즐겨 등장하는 아버지, 그리고 오빠──두 사내는 늘 가난하고 곤핍하고, 그리하여 왜곡된 인격으로 신산의 삶을 살아간다. 그들뿐이랴. 남편도 낯선 사내도 거의 모든 남자들은 행복의 양지를 등진 거친 응달에서 힘들게 살아간다. 그들의 시대적 배경이 1960, 70년대, 때로는 훨씬 이전의 삶이어서 빈곤은 불가피한 상황의 그림이었다고 하더라도, 어쨌든 그들의 발걸음은 지쳐 있고 얼굴은 피곤하다. 무엇보다 그들은 배가 고프다. 대부분의 여성 화자들은 이들을 삶의 파트너로 살아가면서 이중의 힘든 곤경을 겪는다. 그 주인공들은 남성도 있고 여성도 있지만 소설 화자는 대부분 여성들이다. 그 여성들은 다시 소녀(혹은 처녀), 젊은 여인, 나이 든 여인으로 나뉠 수 있는데 그 어느 연령대의 여인들이든지 궁핍으로 인한 허기로부터 자유로운 이들은 없다. 특히 어린 소녀에게 주어지고 있는 가혹한 가정/사회환경은 그의 성장을 지나치게 빠르게 촉진시키면서 허기를 그의 전 인생에 걸친 운명적 동력으로 각인시킨다. 널리 인용되는 「중국인 거리」에서 초등학생 소녀의 열기와 초경을 가난과 결부시켜 그려냈던 작가의 세계는 일관되게 발전하면서 거의 모든 작품들을 지배하는데, 예컨대 후기작인 장편 『새』에서의 탁월한 환상 공간의 구축에 이른다.

『새』는 '허기'를 원동력으로 한 수작으로서, 앞서 살펴보았듯이 작품의 주인공 남매 우미와 우일이는 어머니가 가출하고 아버지는 젊은 새엄마와 사는 반결손 가정의 가난한 아이들이다. 그러나 누나인 우미는 아버지가 거의 부재하다시피 하는 셋방에서 두 살 아래 남동생에게 어머니와 같은 존재, 즉 소녀 가장으로 커가면서 자신의 허기를 오히려 힘으로 삼아 일종의 환상 공간을 만들어간다. 그 공간은 이따금 꿈으로, 이따금 실제 어머니 대리역으로, 그리고 마침내 새를 통한 상징적 환상으로 나타나면서 허기를 기화시킨다. 허기의 충족이 일종의 액화(液化)라면, 충족되지 못한 채 상징 공간을 통해 날아가 버린 허기는 말하자면 기화(氣化)된 것이다. 궁핍은 해결되거나 극복되지 않고 공기처럼 떠돈다.

오정희의 허기 현상은 초기작부터 곳곳에 편재해 있다. 부부가 재봉일, 그것도 남편은 밤일까지 해야 하는 생활이거나(「불의 강」), 노인 요양 도우미를 하는 여인(「미명」), 술집에 나가는 젊은 과부(「관계」) 등 처녀 작품집 『불의 강』에 수록된 거의 모든 주인공들은 물론, 이어서 발간된 작품집 『유년의 뜰』에 실린 작품들도 허기로 가득 찬, 가난을 바탕으로 한 인물들이 주인공들이다. 이러한 현상은 작가의 소녀기를 지배한 1950년대가 육이오 전쟁 직후의 피난시대였던 탓이었을 것이다. 작가의 원초적 체험이 유소녀시대였던 점을 생각한다면, 원형으로서의 가난은 자연스럽다.

    속이 수이 꺼져서 그래요. 보리밥이 무슨 맥이 있나요. 한창 먹을 나인데… 아무거나 집어먹어 속을 채워야죠.
    [……]
    판잣집 앞에 세운 산소통이 땡땡땡땡 여러 차례 울렸다.
    배고프다 땡땡땡
    밥먹어라 땡땡땡(②-29, 37)

가난을 이보다 더 해학적으로 표현한 말이 있을까. 해학은 그 대상이 이미 상당한 현실이 되어 있어서 그것을 극복하는 과정의 한 방법으로 동원된다. 「유년의 뜰」에서의 가난은 해학의 일상화를 낳을 정도로 생활이 되어 있다. 심지어 가난으로 몸을 파는 여성까지 나온다(「저녁의 게임」 ②-118, 119). 여기서 주목되어야 할 점은 소설 인물들의 상당수가 이른바 정상적인 조건을 불비하였거나 이에 미달하는, 이를테면 결손이나 장애 등과 결부되어 있다는 사실이다.

작품집 별로 몇몇 소설들의 경우를 살펴본다면:

1) 『불의 강』
　「미명」—미혼모, 치매 노인, 출감자
　「안개의 둑」—장님
　「적요」—독거노인, 가정부
　「목련초」—무녀/별거녀 모녀
　「관계」—독거노인, 과부 며느리, 가정부

2) 『유년의 뜰』
　「유년의 뜰」—이름 모를 병으로 갇혀 있는 처녀
　「중국인 거리」—양공주
　「겨울뜸부기」—가짜 대학생
　「저녁의 게임」—중증 당뇨 환자

3) 『바람의 넋』
　「야회」—거식증 병원장 아들
　「인어」—바닷가에 버려진 기아
　「하지」—간질 증세 남자

4) 『불꽃놀이』
　「불꽃놀이」—혈액암 환자
　「불망비」—육손이 계집애, 원자병 걸리고 아편 맞는 삼촌

5) 『새』—부모가 가출한 집 어린 남매

그러나 오정희의 경제적 궁핍, 신체적/정신적 장애, 사춘기 아이들의 알 수 없는 혼돈 등은 이상하게도 아직 정체가 뚜렷하지 않은 성적 욕망과 함께 얽혀드는데, 여기에 그의 소설의 중요한 특징이 내재한다.

맹렬히 이빨 가는 소리 속에 우리들이 저마다 뿜어대는 땀 냄새, 떨어져 내리는 살비듬내, 풀썩풀썩 뀌어대는 방귀냄새, 비리고 무구한 정욕의 냄새, 이 살아 있는 우리들의 냄새는 음험하게 끓어올랐다.(②-31)

그것은 음습하다고 할 수밖에 없는 성적 욕망이다. 음습하다는 것은 드러내놓고 말하거나 실현할 수 없는 모습으로 숨어 있으면서, 동시에 그로 인한 자기 성찰이라는 이중의 괴로움이 간헐적으로 화자를 괴롭히고 있기 때문에 유발되는 표현이다. 그러나 여기서의 음습함은 가난한 현실과 얽혀 있는 상태에서의 본능적 심리와 동작을 동시에 가리키기도 한다. 요컨대 몸으로 발화되는 욕망의 놀이 이외에는 어떤 문화 환경도 빈약했던 당시 상황의 반영이기도 한 것이다. 소설 곳곳에서 화자의 의식을 건드리면서 허기를 자극하는 그 숨겨진 정체는, 예컨대 이렇다.

빈 잔에 물이 차오르듯, 달의 이음매가 아퀴를 지어 둥글게 영글 듯, 역시 씨가 벌게끔 영근 몸은 발끝에서부터 물이 차올라 발등을 간질이고 차츰 몸 안을 가득 채우고 마침내 입술에 새까맣게 조개를 만들어 나는 잦은 가락에 휘말리는 무기(舞妓)처럼 한껏 열꽃이 내솟았다. (①-150)

상대방과 관계없이 발생하는 여성 성적 욕망의 본질을 묘사하고 있는 이 관능적 표현은 욕망의 실현 여부를 떠나서 그 에너지의 열기와 소중함을 치열하게 드러낸다. 더욱이 드러나기 힘들고, 실현될 수 없는, 혹은 표면상 이루어진다고 하더라도 실패의 결과로 나타나기 일쑤일 때 그 상황은 음습해진다. 이러한 모습은 가난으로서의 허기와 마찬가지로 주인공 인물이 지닌 근원적인 한계로 말미암은 경우가 대부분이다. 즉 그들은 어리거나 늙어 있거나 병들거나 모자라기 때문이다. 처녀작 『불의 강』에 실린 작품들을 중심으로 조금 더 세밀하게 이 부분에 접근해보자.

우선 열두 편의 작품들이 수록되어 있는 첫 작품집 『불의 강』은 거의 전편에 이 같은 음습한 욕망을 감추고 있다. 공장 밤일을 나가는 남편을 기다리는 여인, 노인 요양 도우미를 하는 젊은 여인, 병든 늙은 어머니를 모시는 중년 여인, 아이를 시가에 떼어준 별거녀, 무심한 남편으로 인한 억압된 욕망의 여인, 남편이 죽은 집에서 시부와 살면서 술집에 나가는 젊은 과부 등등 대부분의 주인공 여인들은 불우한 상황 속에서, 인내의 삶을 살아간다. 그러나 이들은 '인내'라는 말에 어울리는 인내의 인물들은 아니다. 이들에게는 경제적 궁핍과는 또 다른 궁핍, 즉 성적 결핍이 '열꽃'처럼 내재해 있는 것이다. 그 타오름과 미실현의 고통을 오정희는 탁월한 상징으로 곳곳에서 묘사한다.

소설 「봄날」의 주인공 여성은 평범한 주부이다. 그러나 그녀에게는 개와 콜라, 그리고 술 취하기가 생활화된 남편이 있고, 그런 생활은 그녀에게 혐오감, 불안감으로 늘 작용한다. 따라서 그녀는 "아, 한가해"라고 독백하면서 담배나 피우는 "정말 할 일이 하나도 없는" 여자인 것이다. 미술을 전공한 그녀는 때로 잠재성 간질 증세를 보일 때도 있는데, 어느 날 남편 후배의 방문을 받고 그에게 슬며시 접근하지만 실패한다. 여기서 작가는 말한다.

> 최초의 병명, 미열의 나른한 행복감, 은밀한 죄의 쾌락, 최초의 성교, 입맞춤들이 시간 속에 침몰하며 용해되고 다시 결합하고 마침내 제가끔의 소리, 빛깔, 음영으로 교묘히 직조되어 시간의 늪에서 천천히 떠오를 때 그것은 실제와는 얼마나 다른 형태로 나타나는가.(①-147~148)

「봄날」은, 그리고 그 주인공 여성은 말하자면 성적 판타지를 그리고 있는 소설이며, 이와 연관된 인물이다. 성은 실제 팩트로서의 섹스 현장이 아닌, 그것을 꿈꾸는 환상 혹은 지나간 사실에 대한 반추로서의 기억이다. 오정희의 성적 허기는 이러한 모습으로 대체로 나타나는데, 그것은 때로 물질적 허기와 연결되어 사회적 상황과 복합되기도 하며, 「봄날」에서처럼 성적 환상 자체와 연관되는 실존적 상황을 반영하기도 한다. 물론 사회적/가정적 조건과 완전히 무관한 실존성이란 존재하지 않으며, '실존'이라고 불리는 그 어떤 것 속에서도 이미 여러 조건들은 원천적으로 개입해 있기 마련이다. 젊은 여성 화자들과 동떨어진 자리에서 남성 노인네들이 이따금 등장하는 것도 이와 관련해서 흥미롭다. 1960, 70년대 현실에서 이들은 이미 사회적/가정적 약자였다.

> 나는 퍼뜩 그녀의 살오른 허리께에 눈을 두었다. 해물을 가지고 패

를 지어 남녘을 비돌며 도부 치던 곳곳에서 안았던 여자들. 으슥한 곳이면 어디서나 미역 다발, 혹은 멸치 부대를 베고 누워 치마를 걷는 그네들의 몸에서는 늘 갯내가 풍겼다. 그리고 안개 속에서 들려오던 둔하고 우울한 무적(霧笛) 소리.(①, 90)

'나'는 독거노인이다. 오기 싫어하는 가정부를 돈으로 묶어두고 동네 소년에게 수면제 탄 주스를 먹여 자신의 옆에 두고 싶어 하는 외로운 노인이다. 그에게 있어서 섹스는 구체적으로는 아득한 추억이지만, 끊임없이 그 추억을 상기함으로써 현재화한다. 그러나 현재의 시점에서 욕망의 실현이 결핍되어 있다는 점에서 「적요」의 노인이나 「봄날」의 여인은 그 상황이 동일하다. 부재의 섹스는 그리하여 허기를 낳는데, 「봄날」에서는 뜨거운 '열꽃', 혹은 '새까만 조개'로, 「적요」에서는 '우울한 무적 소리'로 그 표현을 얻는다. 경제적 가난 때문에 성적 욕망이 실현되지 못하는 경우도 물론 허다하다. 가난한 부부의 가난한 여행에서도 그 허기는 가시지 않는다(「안개의 둑」).

나는 언제부터인가 아내와의 행위에 아내를 만족시키지 못했다. 우리가 세들어 있는 방은 길가에 면해 있었고 길 건너에는 테니스 코트가 있었기 때문에 밤 열한 시 무렵까지 야간등이 켜져 있고 탕탕 볼 맞는 소리들이 들려왔다. 〔……〕 그러나 그 환한 방 안에서 나는 누구에겐가 엿보인다는 느낌에 행위를 조급히 끝내버리곤 했다.(①-74)

판타지는 실체의 부재로부터, 혹은 더 높은 욕망의 실현을 위하여 태동한다. 성적 욕망의 경우도 마찬가지인데, 앞서 살펴보았듯이 오정희의 그것은 궁핍한 현실에서의 탈출과 본원적인 본능의 결합이라는 모습으로 나타나기 일쑤다. 그러나 단순한 육체적 욕망을 넘어 부재의 실체에 대한 그리움으로 욕망이 환상으로의 가능성을 시사하고 있는 경우도 있다.「비어 있는 들」이 그렇다.

　종잡을 수 없는 꿈에서 마치 등을 밀리우듯 깨어난 것은 무엇 때문일까. 그는 오늘 올 것이다. 그것은 약속보다 확실한 예감이었다. 〔……〕 그러나 나는 종종 예감과 기대로 설레며 새벽을 맞고 밤을 보냈다.(②-135)

　소설에서 그는 오지 않는다. 애당초 부재인지 미실현인지 밝혀지지 않은 채 그 남자는 오지 않는다. 오정희의 성적 욕망으로 드러나는 허기는 경제적 궁핍, 그리고 신체적/정신적 장애가 가져오는 궁핍의 허기와 근본적으로 상통한다. 결핍과 부재는 그것이 어떤 내용의 것이든 동일할 수밖에 없으며, 특히 본능과 실존에 관계되는 것일 때 그 내용과 색깔은 별로 중요하지 않다. 그러나 가난에서 유래하는 물질적 허기와 성적 욕망은 발원지의 문제보다 '채움'이라는 측면에서 달리 관찰되어야 할 중요한 점이 있다.
　가난은 전쟁으로부터 온 것으로서, 그것은 죽음, 절망과 같은 범주에 속하는 인간 실존의 파괴를 실제적으로 실현한다. 따라서 어떤 덕목도 가난 앞에서는 정당성을 가지기 힘들며 희생도 불가피하다. 오정희 소설에서 이 부분이 눈물겨운 비극을 보여주는 한 장면이 있다.

　두 개째의 스웨터 단추를 벗기는 데 실패하자 그는 빌어먹을 하며 스웨터를 걷어 올렸다. 나는 숨을 죽이고 있었지만 다리 안쪽 오스스 소름이 돋았다. 겨드랑이까지 드러난 맨살에 시멘트 바닥이 아프도록 차가워 등을 움츠렸다. 〔……〕

"돈이 좀 있으면 줘."〔……〕

"첨부터 순순히 굴라더니, 세금 안 내는 장사니 좀 싸겠지."

(②-119)

몸을 파는 장면이다. 그렇게 해서라도 밥을 먹어야 살 수 있는 것이 인간이다. 이 절망적 상황은 그러나 매춘을 통한 '입에 풀칠'로만 해결되는 것이 아니다. 매춘이 여성에 해당하는 일시적 방편이라면, 경제적 궁핍이라는 절망은 남녀 모두를 휩쓰는 전면적인 공포이다. 그것은 곧 죽음이다. 현실의 쓰나미처럼 습격하는 죽음 앞에서의 반응을 문학은 어떻게 보여주었는가. 성적 판타지다.

'성적 판타지'라는 용어를 우리는 이따금 사용하면서, 그 이미지나 분위기가 꽤 긍정적인 것을 발견한다. 그러나 반드시 그렇지는 않다. 판타지를 통해 절망이나 위기를 종종 극복하지만, 결과적으로 그것이 헛된 환상이었음을 깨닫는 경우도 많다. 그러나 …… 그렇다 하더라도 절망의 상황에서 인간의 문화적 본능은 꿈을 꾸게 마련이며, 그 대상이 섹스일 때가 많다. 가령 죽음이 지배하는 전쟁 상황에서 성적 판타지로서의 『시체공시장』 연작시를 쓴 독일의 고트프리트 벤을 상기해볼 수 있다. 벤의 성적 판타지는 결과적으로 정시(靜詩)를 거쳐 절대시론의 수립에까지 이르는데, 이것은 현실을 비극적으로 바라봄으로써 그로부터 독자적인 공간을 창출해내는 문학의 기능과 자부심을 과시하는 한 전범이기도 하다. 오정희의 성적 판타지도 이런 면에서 매우 주목된다. 특히 장편 『새』는 탁월한 그 창조 공간이다.

  소설 화자인 남매가 살고 있는 셋집의 다른 세입자의 새장을 들고 우미가 집을 나서면서부터 펼쳐지는 비현실의 공간은, 배고프고 더러운, 탐욕스럽고 무능한 아버지가 지배하는 현실로부터 지양된 세계이다. 새들은 새장을 나와서 날아가고 세속의 고리는 끊긴다. 가난과 욕망의 똥통은 여기에 없다.

### 3. 문체──아득한, 팽팽한 힘으로

  〔……〕 모두 눈에 덮여 있기 때문에 고속도로는 다만 백색의 공간을 양분하고 있는 단순한 구도의 조형으로 보일 뿐이며 주변의 드문드문 눈에 띄는 사람의 모습이나 때로 빈터에서 푸르르 날아오르는 주린 새 떼가 그것이 다만 무구(無垢)한 도화지에 그려진 풍경, 또는 허공을 가로지른 다리가 아니라는 것을 일깨울 뿐이다.
  그곳으로 향하는 시선이, 그 끝에 닿는 것이 다만 한 장의 풍경, 무구한 평면이라는 인식을 버릴 때 45도 정도의 비탈을 끊으며 4차선으로 뻗은 고속도로와 그 아래 눈 덮인 논들이 아주 확실하게 잡혀온다.
  지난밤에 내린 눈은 갑자기 내려간 기온에 결빙 상태로 들어가고 있고 고속도로 연변에는 제설 작업의 결과로 군데군데 모래와 뒤섞인 더러운 눈무더기가 쌓여 있다. 차량들은 바퀴마다 무거운 쇠사슬이 감겨 있어 눈빛을 반사하며 반짝인다. 딱히 쇠사슬이 도로 면과 닿는 마찰음이라고는 할 수 없는 쇠고리 맞부딪는 둔탁한 금속성은 아마 그 번쩍거림 때문일 것이다. (①－29～30)

다소 긴 이 인용문은 오정희의 『불의 강』에 수록된 단편 「미명(未明)」의 앞부분 일부이다. 이 문장들을 읽으면서 독자의 연상 속에는 어떤 그림이 그려질까. 세 번에 걸쳐 등장하는 '고속도로'를 중심으로 한 눈과 차량이 얽혀 있는 이 겨울 풍경의 도입부 묘사는 독자들에게 어떤 상상력을 일으키며, 어떤 시사를 던지고 있을까. 알 수 없다. 인용 부분으로 알 수 있는 것은, 눈 덮인 고속도로의 풍경이 세밀하게 묘사되고 있다는 사실이다. 그 묘사는 마치 동영상의 한 컷처럼 사실적이면서도 친절하다. 일반적으로 어떤 장면에 대한 묘사가 우리에게 전달해주는 것은 대상에 대한 정밀성을 부각시킴으로써 그 대상을 보는 이로 하여금 잘 알게 하는 인지→인식의 충실성이다. 그러나 소설 속에서 묘사가 주는 기능은, 단순한 충실성을 넘어 소설의 내용 혹은 메시지와 연결된 모종의 상징 효과이다. 말하자면 어떤 장면을 충실하게 묘사함으로써 작가는 그 부분을 독립적으로 그려내는 능력의 과시라는 수준에 머물지 않고 서사의 핵심과 연결되는 문학적 배려를 행한다. 일종의 유도동기Leitmotiv 기능으로서의 도입부 묘사이다. 그런 의미에서 오정희의 탁월한 소설적 능력의 바탕을 이루는 '묘사'는 주목될 만하다.

그러나 「미명」의 경우, 앞에 인용된 묘사 부분은 우리의 기대를 자연스럽게 배반한다. 소설 내용의 진전은, 눈 덮인 고속도로 일대 풍경이 그 내용과 별 관계가 없는 것을 보여주기 때문이다. 소설 내용은, 젊은 여성 화자 '나'가 '노인 시설'에 도우미로 일하면서 겪는 일이다. 거의 폐가나 다름없는 '시설'에 유폐되어 있다시피 한 한 노파와 그녀를 돌보는 '나'는 "노회한 이 집에 걸려 있을 주술을 생각하며 알지 못할 적의로 가슴"이 뛴다. 말하지도 움직이지도 못하는 노파를 돌보면서 추운 방을 지키는 '나'에게 그 모든 것은 구질스럽고 더러운 현실이다. 거기에 낯선 사내가 찾아오고, 한때 그 집에 살았던 그는 노파가 자신의 가족이 아니라는 것을 알았지만 나가지 않고 미적거린다. 갈 데가 없는 출감자였다. 애비 없는 아이를 빼앗긴 채 보호소에서 나온 '나'와 동병상련일 수밖에 없었지만, 사내는 새벽이 되어서야 그 집을 나간다. 어떻게 보면 이렇다 할 스토리를 갖지 못한, '노인 시설'에서의 며칠 동안 패락한 루저들 풍경이다. 젖 줄 아기를 빼앗겨 아플 정도로 젖이 통통 부은 '나'나 출감은 하였으나 오갈 데 없는 그나 모두 허기지기는 마찬가지다. 그 허기는 배고픔과 추위로 나타난다. 그러나 '나'가 할 수 있는 것은 주전자의 물을 끓이는 일뿐이다. 그렇다면 과연 이 내용과 도입부의 고속도로 풍경 묘사는 어떤 관계가 있을까. 양자가 거의 무관해 보이는 장면의 배열인데, 이처럼 긴 묘사와 내용 사이의 간극은 오정희 소설의 간과할 수 없는 요소이다. 얼핏 보기에 작품의 주제와 무관해 보이는 듯한 이러한 현상은 대체 이 작가의 세계에서 어떤 의미를 갖는 것일까.

 내 속에서 한 마리 벌레처럼 꿈틀거리는 성(性)도, 색정도, 간단없이 찾아와 축축이 가슴을 적시는 사랑도 언젠가는 끝나리라. 이윽고 나는 새처럼 가벼워져서 내가 태어난 어둡고 신비한 그늘로 숨어 하나의 새로운 싹으로 다시 트게 되리라. (①-183)

'번제'라는 낱말의 뜻이 그러하듯 소설 「번제」에서 서술되는 이러한 작가의 진술은 오정희 소설의 요체를 간결하게 압축한다. 물질적 가난과 폐허 의식에서 시작된 그의 조숙한 사춘기적 성장 의식은 성을 통해 밖의 세계에 눈을 뜨게 한다. 그 눈뜸은 동시에 내부를 향한 의식의 성장을 가져오면서 가난의 허기를 극복하는 에너지로서 기능한다. 그러나 그것은 물질적 결핍을 누르면서 성적 결핍을 추가하는 허기의 복합 현상을 유발하기도 한다. 물질적 허기가 어느 정도 채워질 수 있는 것이라면 성적 허기는 훨씬 질긴 것으로서 작가를 괴롭히지만, 역설적으로 이 괴롭힘이 소설의 근원적 힘이 된다. 그러나 그 힘으로 소설가는 무엇을 할 것인가. 그것을 발화시키는 동력학의 세계는 애당초 오정희의 것이 아니었다. 감춤을 통한 억제의 미학을 그는 처음부터 선택하였다. 정역학(靜力學)의 세계라고 할 수 있다. 이 세계에서 오정희는 "새처럼 가벼워지기"를 바란다. 그러나 그의 새는 창공을 향해 비상하는, 날아가는 새가 아니다. 그 새는 "내가 태어난 어둡고 신비한 그늘로 숨어" 재생을 꿈꾸는, 음험한 새다. 그렇기에 후에 장편 『새』에서 새는 '새장' 속의 새이며, 그 새장을 든 화자의 팔은 무겁고 뻣뻣하다. 새장 속의 새는 그리하여 "조그맣게 울" 뿐이다. 나는 그것을 에너지가 여전히 보존된 '기화'라는 말로 부르고 싶다.

　오정희의 소설은 1950년대 한국전쟁 이후의 피난살이(내지 그 후에도 계속된 경제적 궁핍)의 소산이다. 거기에는 상이군인도 있고 고아도 있고 과부도 있다. 물론 일거리 없이 살아야 할 실직자와 술집을 포함, 무슨 일이든지 할 수밖에 없었던 여성들이 있다. 당연히 걸인도 있고 장애인도 있다. 이 현실은 서기원, 오상원, 이범선, 손창섭 등등 1950년대 소설가들의 전후문학과 정확히 상응한다. 그러나 이들 소설가들이 청년기에 전쟁과 직접적으로 맞부딪히면서 전후문학을 낳았다면, 오정희는 유소년기에 전쟁을 '전후'의 입장에서 체험함으로써 이념의 대립과 죽음의 현장을 피하고 그 남아 있는 폐허의 현실을 '궁핍'이라는 풍경으로 만나게 된다. 이러한 시각의 차이는, 그러나 오정희를 1950년대 작가들보다 오히려 더 깊은 슬픔으로 각인시킨다. 그도 그럴 것이 어린아이 오정희가 눈을 뜨고 세상을 만났을 때 그 세상은 이미 폐허이며 가난이었기 때문이다. 말하자면 가난으로서의 세상은 오정희에게 원천적 실존이었던 것이다.

그러나 그 실존의 상황에 머물러 있었다면 소설가 오정희는 없었을 것이다. 오정희는 그 가난이 부끄러웠다. 더 부끄러운 것은 이때 그 가난을 드러내야 한다는 사실이었다. 그는 감추고 싶었다. 가난을 현실적으로 극복할 수는 없었으나 감출 수는 있다고 생각했다. 소설은 아마도 가난 감추기일 것이다. 그러나 역설적으로 이 감추기에 의해서 가난은 더욱 드러난다. 다만 죄일 뿐이고, 다만 추할 뿐인 것이 가난은 아니라는 메시지를 통하여—오히려 가난은 작가에게 끝없는 허기가 되어, 그 절망을 기화시키고 정신의 판타지를 생산한다. 허기와 갈증에서 솟아나지 않은 문학이 대체 어디에 있겠는가.

> 그는 먼지 이는 길을 뜨거운 햇빛, 희디희게 한입 가득 물고 걷고 있다. 뜨거운 햇빛은 가슴속의 불이 되어간다. 갈증에는 면역이 없다. 그는 이런 갈증에서 해방되어본 기억이 없다. (②−175)

이미 대가의 반열에 든 오정희. 면역 없는 갈증으로 끊임없이 목 태우시기를!

[2012]

# 명분주의의 비극
## ─현길언의 소설

### 1. 제주도 현실과 '제주' 모티프

　사실은 허구에 찬 별 볼일 없는 생애를 속속들이 알면서도, 겉으로는 거짓 박수를 보내고 속으로는 낄낄낄 웃고 있을 것 같은 생각이 들기 시작했다. 그렇게 거짓 손뼉을 침으로써 자신들의 허위를 감싸고 있다고까지 생각되었다.[1] (상점은 필자)

　현길언 문학의 주제는 '허구' '거짓 박수' '허위'라는 세 낱말에 압축되어 있다. 물론 더 있다. 좌우익의 대결과 상쟁 속에 엄청난 비극을 초래한 제주도의 4·3사건, 부정부패 혹은 독재정권에의 항거, 교육 현장의 비리, 교회와 교인들의 위선 등등이 주제로(때로는 단순 소재로) 등장하기도 하지만, 결국 작가가 말하고자 하는 메시지의 핵심

---

1) 현길언, 「우리들의 스승님」, 『우리들의 스승님』, 문학과지성사, 1985, p. 44.

은 이 세 낱말 속에서 녹는다. 현실을 허구로, 인간을 가짜 박수나 치는 허위로 파악하는 그에게는 '허위' 아닌 '진실'로의 갈망이 문학이다.

마흔 살이라는 비교적 늦은 나이에 소설을 쓰기 시작한 현길언은, 그러나 짧은 시간에 많은 작품들을 쓰고 발표한, 정력적인 작가다. 대학교수직에서 정년 퇴임한 2005년 여름에 이르기까지 그가 상자한 소설집은 모두 일곱 권, 장편은 열 권에 이른다. 그 밖에도 네 편의 어린이 소설이 있고 두 권의 선집이 있다. 방대한 이 작업량은 그중 절반이 전작 장편소설이라는 점을 감안할 때 더욱 놀랍다. 게다가 현길언은 평생을 교사와 교수로 살아온 직장인으로, 이른바 전업작가가 아니었다. 대학교수로서도 헌신적인 연구가 돋보인 모범적인 학자로서 백 편에 가까운 논문을 갖고 있을뿐더러 학장 등의 보직도 성실히 수행하였다는 사실을 고려한다면 거의 초인적인 능력의 인물이라는 점을 인정하지 않을 수 없다. 뿐인가. 그는 일찍이 중병으로 인한 수술까지 경험하였고 교회에서는 장로의 중책까지 희생적으로 감당하고 있다고 하니 그야말로 하늘의 능력이 더해졌다고나 할까. 요컨대 모든 환경과 조건의 호오(好惡)에도 불구하고 오직 소설 일념의 정신으로 정진해온 그의 문학은 이러한 관점에서도 독보적인 자리에 놓일 수 있을 것이다.

정공(正攻)을 지향하는 이 같은 현길언의 문학 정신은 작품의 내용면에서도 가장 소박한 의미에서의 리얼리즘에 밀착해 있다. 그의 소설은 무엇보다 우리 현실의 중심부를 꿰뚫는다. 그 중심부란 작가가 부딪히고 있는 동시대의 현실 한가운데를 지칭한다. 가령 그가 낳고 자란 제주도의 현실——무속의 전래적 분위기, 4·3사건, 재일동포와 관련된 제주도민의 사상적 갈등——, 교회와 신앙의 문제, 운동권 현실, 현실 참여에의 고민, 군부독재, 교육 현장, 이산가족 등등 우리 현실의 어느 하나 그의 날카로운 붓 앞에서 해부되지 않은 것이 없다고 할 수 있다. 그것들은 작가가 태어나기 전부터 배태된, 오래된 문제들로부터 그때그때 터져 나오는 현안들에 이르기까지 넓은 스펙트럼으로 펼쳐져 있다. 이렇게 다루어지는 현실은 그 전부가 사회 현실, 정치 현실에 집중되어 있는데, 기이한 것은 그 어떤 경우에도 여기에 접근하는 방법이 사회과학적 상상력을 철저하게 배제하고 있다는 점이다. 더 정확하게 말한다면, 작가 현길언은 아예 사회과학적 상상력과 무관한 자리에서 사회 현실을 바라보고, 그 현실의 문제를 야기하는 인간성의 허구를 가감 없이 적출해낸다. 현길언에게 있어서 모순과 비극으로 다가오는 현실은 곧 허위/허세/허구로 특징지을 수 있는 인간의 현실인 것이다. 이러한 상황은 심지어 신을 신앙으로 고백하는 신앙인에 있어서까지 그대로 나타나는데, 그 자신이 신앙인이기도 한 작가는 이 경우에도 예외 없이 날카로운 메스를 들이댄다.

대상이 된 현실을 중심으로 작품들을 분류할 때 가장 먼저 부각되는 것은 제주도라는 고향 공간이다. 이 공간은 작가에게 생명의 탯줄이기에 호오를 넘어서 숙명적인 삶의 기반이 된다. 그러나 일제 강점기하에서 일본과의 교통이 잦았던 터라 많은 도민들이 일본으로 건너가 생활하면서 한편으로 일본에 귀화하는 이들이 많은 반면, 독립운동이나 사상운동(주로 사회주의 운동)에 관여한 경우도 많았다. 그러나 이러한 일본 진출 내지 연루와 관계된 제주도민의 삶은 오히려 온갖 비극의 싹들이었다. 일제로부터 해방되었으나 그 싹은 더욱 커져서 마침내 4·3사건이라는 엄청난 비극으로 커졌고 제주도민의 숙명적 응어리로 굳어졌다. 이와 관련된 작품들은 현길언 문학의 단초를 형성한다. 첫 작품집 『용마(龍馬)의 꿈』에 수록된 첫 작품 「우리들의 조부(祖父)님」이 이미 그러하다.

    1948년이었다. 봄부터 어수선했던 섬 사정은 가을이 접어들면서부터 더 극심해졌다. 중산간(中山間) 마을 사람들은 해변 마을로 소개를 하였고, 공비들의 습격과 이에 대한 군경 합동 토벌대들의 작전이 벌어지면서 섬은 온통 수라장이 되어가고 있었다.[2]

  1948년은 해방 공간의 한복판으로서 정부 수립의 해가 되는데, 제주도는 오히려 좌우익의 유혈 충돌로 "온통 수라장"이 되었음을 간결하게 보고하면서, 이 복잡한 양상 속으로 작가가 혈혈단신 뛰어들 것임을 암시한다. 제주도가 직접 작품의 무대가 된 소설들은 중·단편만으로도 30여 편에 이른다. 첫 작품집 『용마의 꿈』에 수록된 「우리들의 조부님」「먼 훗날」「지나가는 바람에게」「귀향(歸鄕)」「김녕사굴(金寧蛇窟) 본풀이」「어린 영웅담(英雄譚) — 열전(列傳) 1」「씌어지지 않은 비문(碑文) — 열전(列傳) 2」「용마의 꿈 — 열전(列傳) 3」 등 여덟 편이 모두 제주도가 소재, 혹은 모티프가 되고 있으며, 그 뒤의 많은 작품들에서도 끊임없이 변주된다.[3]

---

2) 현길언, 「우리들의 조부님」, 『용마의 꿈』, 문학과지성사, 1984, p. 18.
3) 제주도를 소재, 혹은 모티프로 취하는 그의 작품들은 첫 작품집을 제외하더라도 다음과 같다. 「광정당기(廣靜堂記)」「땅 별곡(別曲)」「불과 재」(이상 『우리들의 스승님』, 1985), 「그믐 밤의 제의(祭儀)」「미명(未明) — 열전 11」「껍질과 속살」(이상 『닳아지는 세월』, 1987), 「향로」「미로 여행」(『무지개는 일곱색이어서 아름답다』, 1989), 「서식지(棲息地)」(이상 『배반의 끝』, 1993), 「꿩 울음소리」「집 없는 혼(魂)」「무혼(撫魂) 굿」(이상 『우리들의 조부님』, 1990) 등 모두 20여 편에 이르며, 다른 많은 작품들의 경우에도 간접적으로 연루된다.

제주도를 통해서 발견된 소설의 모티프는 이념에 의해서 파괴된 인간성이다. 이 인간성은 인간의 생명 자체에서 출발하여 인간 삶의 기본 단위인 가족, 그리고 인격에까지 이르는, 인간성의 광범위한 영역을 모두 포괄한다. 좌우익의 갈등으로 촉발된 4·3사건이 가져온 숱한 인명의 희생을 유소년 시절 직접 목격한 일이 있는 작가에게 그 체험은 공포와 더불어 인간성의 모든 측면에 대한 강한 회의와 불신을 초래한 원초 체험으로서 기능한다. 생명이 쓰러지고 가족이 무너지는 것은 말할 것 없고, 그것을 유발한 광기의 에너지 속에 잠복한 허구성이 작가를 몸서리치게 한다. 인간성 속에 숨어 있는 허구/허위/허세의 모습은 이후 작가 현길언의 근본 모티프가 되어서 제주도 이외의 소설에서도 일관된 문제의식으로 작동한다. 독재정권과 싸우는 현실 참여의 지식인, 노동운동, 교육 현장, 교회에 이르기까지 현길언의 안테나에 포착되어 그의 양식을 괴롭히는 것은 바로 이 '허위'라는 바이러스다. 마을에 살면서 공비라는 오해된 신분에 의해 살인이 일어났던 1950년대 초의 일을 재현하고 있는 「우리들의 조부님」, 두 사람 모두 제주 출신이지만 한 사람은 민단, 한 사람은 조총련으로 갈라져 일본 생활을 하고 있는 팔촌 간을 통해 분단의 실상을 고발하고 있는 「먼 훗날」, 어머니와 아들이 한 사람은 공비에 맞아 죽고, 한 사람은 그 공비에 죽은 자들의 가족에 의해 맞아 죽는 참극을 묘사하고 있는 「지나가는 바람에게」, 좌익이 되어 일본으로 간 후 소식도 없이 그쪽 거물이 된 아버지와 그로 인해 온갖 불이익을 당하며 살아야 하는 아들을 그린 「귀향」, 판관이 김녕 마을 요귀인 뱀 신을 퇴치한 후 노루 사냥 나갔다가 낙상하여 죽었다는 이야기의 「김녕사굴 본풀이」 등등의 초기작들 무대는 동일한 제주도다. 그 제주도는 공포의 제주이며, 배신과 분노의 제주이며, 요컨대 불안한 죽음의 땅인 제주이다. 그러나 이 제주도는 작가에게 세계가 무엇인지를 알려주며, 가족이 누구인지를 가르쳐주며, 마침내 인간의 죄성을 깨닫게 해준 원초적 환경으로서 그의 작가 의식을 태동시킨다.

이념에 대한 거부감, 더 나아가 그것을 죄악시하고, 그에 의해 움직이는 인간을 허위의 꼭두각시로 바라보는 작가 의식은, 이념에 의해 유발된 비극을 바라보는 작가의 시점이 유소년의 그것에 머물러 있는 점과 깊이 연관된다.

사태가 좀 가라앉자 이번에는 배고픔이 앞섰다. 사태로 몇 년 동안 농사를 짓지 못한 처지들이었다. 어머니는 아버지 시체를 제대로 매장하지도 못한 채 세 살 난 나를 등에 업고 40리 넘는 길을 걸어 외갓집엘 갔다. 외삼촌은 우리 모자를 보시고는, '죽은 사람은 죽어도 산 사람은 살아야 한다'면서 밀감 묘목을 줬다.[4]

첫번째 기억부터 그렇다. 늦가을 비가 며칠째 계속되던 저녁 어스름이었다. 네 살 때였으니까 그 기억이 그대로 간직되어질 수 없겠으나, 주위에서들 그날의 이야기에 나를 등장시켜 자주 이야기하는 사이에 그렇게 내 기억에 꽉 남아 있게 된 것이다.〔……〕
아버지의 귀향 소식은 충격적인 것만큼 또한 불안한 것이었다. 나뿐이 아니다. 당숙의 심정도 마찬가지였다. 이번에는 무슨 일이 일어날

---

4) 현길언, 「우리들의 조부님」, 『용마의 꿈』, p. 16.

것인가.[5]

「우리들의 조부님」「귀향」을 포함한 많은 작품에서 유소년의 시점은 포괄적으로 작동한다. 소년의 시점에 포착된 현실은 '불안'과 '공포'이다. '제대로 매장되지도 못한 아버지의 시체'를 보아야 했고, 아버지가 고향에 돌아온다는 것은 반가움 아닌 '충격'과 '불안'이었다. 그리하여 소설의 어린 화자, 즉 작가에게 가장 긴요한 일은 이 같은 공포에서 벗어나 편안하게 살 수 있는 '실존의 확보'였다. 「우리들의 조부님」이 말해주듯, 죽은 사람은 죽어도 산 사람은 살아야 했으며, 「귀향」에서 가슴 시리게 고백되듯, '폭도 새끼' 소리를 듣지 않고 차라리 아버지는 죽었다고 생각하며 사는 일이었다. 이 모든 일들은 화자의 시점이 유소년에 자리 잡고 있기 때문에 자연스럽게 성립되는, 일종의 리얼리즘이라고 할 수 있다. 거기에는 현실을 구성하고 있는 이념이나 도덕, 제도의 어느 한쪽에도 가담할 필요가 없는 소년──자연의 순수성이 본원적으로 존재하고 있기 때문이다. 제주도 체험은 이러한 순수성의 기억으로부터 재구성되는 문학적 자산으로 역할하며, 성인의 시점으로 성장한 소설 전반에서도 그대로 나타난다.

제주도를 무대로 삼고, 특히 4·3사건을 소재로 취한 소설들은 지금까지 적잖게 발표되었다. 그러나 그 적잖은 소설들에서 이념의 충돌에 의해 야기된 비극은 대체로 두 이념들 가운데 어느 한쪽에 기운 경우와 관련이 있었다. 작가 자신의 이념적 선호 이외에도 여기에서 유소년의 시점이 지니는 순수성을 기초로 하지 않은 작법의 작용을

---

5) 현길언, 「귀향」, 위의 책, pp. 73, 77.

지적할 수 있을 것이다.

## 2. 정의와 허구

　사람들은 도덕적인 존재인가.「창세기」에 의하면 인간은 에덴동산에서 신에 불순종한 이후 죄인의 운명에 처했다. 그렇다면 과연 그 이후의 사람들은 죄성을 가진 존재가 되었는가. 죄성과 도덕성에 관한 논란은 성선설과 성악설로 이어지면서 철학과 문학의 숙명적인 몸이 되었다. 가령 실재를 중심으로 하는 아리스토텔레스와 이념/이상을 중심으로 하는 플라톤의 대립은 그들만의 대립 아닌 인간 자신의 이원론으로 끊임없이 변주되어왔다. 실재론과 명분론/명목론의 마주 보는 상황 역시 리얼리즘과 이상론, 그리고 모더니즘 논란으로 확대되면서 철학과 문학의 영원한 테마로 자리 잡았다. 그러나 그것들은 꼭 해결되어야 할 숙제는 아니었다. 왜냐하면 해결될 수 없는 실존이기 때문이다. 남루한 모습으로 앉아 있는 주체적 실재도 실존이며, 어중 떤, 그러면서도 열광적인 몸으로 나타나는 명목론이라는 그림자도 어차피 실존이다. 이 불가피한 두 몸이 엎치락뒤치락하는 곳에 인생이 있다. 현길언의 문학은 바로 이 착종된 인생의 반영이다.

　한국인들은 대체로 도덕주의적이다. 아마도 도덕적이지 못한 생활 탓이 아닌가 생각된다. 하나는 명분/명목이며, 하나는 실재이다. 도덕적이지 못한 인생이야 어디 한국인들뿐이랴. 그러나 유독 한국인들은 그 같은 비도덕적 삶을 참지 못하고 도덕주의적 태도를 표방한다. 그것이 타인일 경우, 혹은 국가나 교회, 공공기관과 같은 타자적 존재로 투영될 때 강력한 도덕주의적 태도를 나타낸다. 그것은 일견 강한 정의감으로 드러나며, 정치적 범주로 이동할 때 평등/자유와 같은 사회적 선의 실현에 매달린다. 그리하여 종종 사회주의적 이념과 제휴하거나 오버랩되는 상황을 보여준다. 한국 근대사에서 이 상황은 불가피한 비극으로 이어졌다. 일제 강점기—저항으로서의 사회주의—민족분열과 상쟁—가정의 파탄—개인의 마멸로 이어지는 비극이었다. 이 비극은 우리 사회 전반을 휩쓸었으나(그 여진은 여전히 남아 있다) 제주도는 특히 그 진앙지가 되었고 현길언 문학의 원산지가 되었다. 제주의 비극은 좌우의 대결이라는 표면 아래에 잠복한 실재와 명분의 대립이었고, 현길언은 거기서 명목론의 허구를, 그것이 유발하는 실존의 파괴를 발견한다. 제주 모티프다.

제주도의 유년 체험에서 촉발된 인간의 허위의식, 이념과 제도의 허구성에 대한 깊은 회의는 사회에 대한 사회과학적 접근을 기피하게 한다. 이른바 정의로 칭의되는 선행(善行) 전반에 관하여 그 미덕의 배후를 투시하는, 이른바 인문적 상상력을 신뢰하게 된다. 이 '정의'는 크게 사회적 정의와 종교적 정의로 대별되는데, 작가는 양자 모두를 향하여 날카로운 인문적 상상력의 날을 세운다. 사회적 정의는 다시 정치적 정의와 교육적 정의로 나누어 살펴지는데, 작가의 이러한 관심은 초등학교로부터 대학에 이르는 교육 현장을 평생 지켜오면서, 한편으로 기독교 교회의 중직자로 봉사하여온 그의 이력과 무관하지 않아 보인다. 교육, 정치, 종교 부분을 향한 작가의 시선은, 가장 선한 것으로 드러나고 있는 '정의'의 정점을 응시하고 분석하는 침착한 비판으로 일관한다.

첫째, 교육적 정의: 단편 「급장선거(級長選擧)」와 「우리들의 스승님」을 비롯한 많은 작품들이 여기에 해당한다. 예컨대 「급장선거」는 초등학교 3학년 학생들의 급장선거 풍경을 보여준다. 민주적인 투표를 통해서 이루어지는 이 선거는, 그러나 어린 학생들 자신에 의한 것이라기보다는 자모, 곧 엄마들에 의해 이루어지는 대리 선거의 모습이다. 그것도 가장 세련된 언행의 엄마, 은밀한 돈봉투 등에 의해 그 선거가 조직적으로 관리되고 있음을 보여줌으로써 오늘의 교육 현장을 실감 있게 묘사한다. 작가는 여기서 분노의 필치로 그것을 고발하지 않고, 선거의 진행 과정을 침착하게 따라갈 뿐인데, 이같이 절제된 묘사는 오히려 고발의 설득력을 높인다.

교육적 정의에 대한 작가의 관심은 교육자의 허위의식에 집중한다. 「우리들의 스승님」에 나타나는 '송덕진 선생'의 초상은 바로 일그러진 그 의식의 반영이다. 교육대학 학장을 끝으로 교육계에서 물러나는 송 선생은, 경성사범 졸업 후 초등학교, 중학교 교사를 거쳐 고등학교 교장으로 명성을 떨쳤고, 교육감을 두 번이나 역임한 교육계의 거목이다. 자녀들도 의사로, 교수로 일하고 있고 사회 각 분야에 진출한 제자들도 허다하다. 그러나 성공적인 교육자의 길을 걸어온 그에게도 '허위'와 '허세'로 평가할 수밖에 없는 과거가 있다. 그 가운데에서도 가장 치욕스러웠던 기억은 자유당 집권 말기인 1950년대 말 장학관 시절에 겹쳐 있다. 대통령 선거에 동원되어 교직원들을 독려하는 일에 그가 앞장섰던 것이다. 이 일로 인해 집안을 일으켜 세울 후손으로, 선비의 지체를 지켜갈 인재로 촉망받던 그는 제자로부터 모욕당하는 형편에 이른다. 초등학교 시절의 제자인 '서익재 선생'으로부터 울분의 지적을 당하게 된 것이다. 부정선거를 독려하는 스승인 송 장학관에게 서 선생은 사표로써 항거한다.

그러나 송 장학관은 뼈를 깎는 반성이나 죄의식 없이 오히려 1970년대 유신시대를 명교육감으로 영달을 했다. 죄의식은커녕 "이런 거센 역사의 격랑을 타고 넘어서야 하는 일이 바로 자신에게 주어진 운명임을 확인"한다. 놀라운 사실은 유신의 정당성 홍보에, 이번에는 그처럼 비판적이었던 양심 교사 서 선생이 대학교수가 되어 동참한다. 1950년대에서 1970년대에 이른 변절이랄까. 그 허구의 삶은 소설 끝 부분에서 이렇게 극명하게 드러난다.

「축하합니다.」
그들은 하나같이 같은 말로 축하를 하였다. 순간 송 선생은 이들에게 한 자신의 답사가 온통 거짓으로 전해졌음을 느꼈다. 계속되는 축하 인사가 치욕을 자극하는 야유처럼 들리면서, 신열로 달아오른 몸 전체가 갈가리 찢겨지는 것 같았다.[6] (상점은 필자)

교육 현장 이곳저곳에서 나타나는 인간의 허위의식은 정치 분야에서 가장 추하고 노골적인 모습을 보인다. 그것은 '정의'라는 이름으로 호도된, '정의'와는 가장 먼 거리에서의 명분 싸움을 보여주는 전형적인 현장으로 그려진다. 특히 작가는 '정의'가 명분으로 표방되는 행위, 가령 운동권이나 노동문제에 있어서도 그 행동의 정당성에도 불구하고, 거기에 끼어드는 허위의식을 예리하게 들여다본다. 그것은 정치 비판에 대한 비판이라는 사회과학적 문제의식의 소산이 아닌, 그 자체를 전면적으로 거부하는 인문학적 상상력으로의 접근이라는

---

6) 현길언, 「우리들의 스승님」, 『우리들의 스승님』, p. 53.

점에서 문학성의 깊이와 연관된다. 가령 정치인의 행태를 다루고 있는 소설 「겨울 여행」과 독재정권에 대한 저항과 사회주의적 민중 의식의 청년을 그리고 있는 소설 「당신들의 시간을 위하여」에서 그 내용을 살펴보면, 그 정치적 명분과 인간성 사이의 골짜기가 엿보인다.

「겨울 여행」에서는 군 출신의 정치인과 그의 친구인 전직 언론인이자 현직 목사가 등장한다. 화자인 목사 눈에 비친 정치인 친구는 청렴·강직했던 군인에서 정치인으로 변신하면서 불가피한 명분을 내세운다.

> "국가 권력이 제대로 지탱되지 못하는 정국을 생각해보았어. 그것은 곧 혼란이고 패망이야. 동남아 정세가 심상치 않아. 생존권 확보가 불가능한 상황에선 민주주의도 의미가 없어."
> 〔……〕
> "협조해. 자네 협력을 잊지 않을 거야. 나도 군복을 벗었으니까 국가에 봉사할 다른 길을 찾고 있어."[7]

지난 세기 후반 군사독재의 명분은 이렇게 주장되었다. 주로 안보와 경제 발전의 논리 아래 수행된 독재 정권은 군인들은 물론 많은 지식인들을 포섭하고 동원하였다. 그러나 정권이 기반을 잡아가면서 어느덧 대학교수, 언론인 등 지식인들의 적극적인 자진 참여가 증가하면서 그럴싸한 명분도 갈수록 개발되었다. 이때 그 명분이 과연 진실이었는가. 이런 종류의 명분의 허구성은 이 소설의 주인공이 군인

---

7) 현길언, 「겨울 여행」, 『무지개는 일곱색이어서 아름답다』, 문학과지성사, 1989, p. 130.

에서 정치인으로의 변모 당시의 명분이 다시 똑같은 입에 의해 다음과 같이 바뀌고 있음에서도 감지된다. 정치인에게는 거짓이 죄가 아니라고 했던가.

"[……]서울로 돌아와서 같이 일하자. 민주화는 빠른 속도로 진전되고 있어. 그런데 그러한 사회의 기운을 정치적으로 수용할 인적 자원이 모자라. 자네가 허락한다면 어느 정당도 환영할 거야. 단도직입적으로 말하면, 만약 말일세, 자네가 서울에서 입후보한다면 승산도 있어. 전국구도 가능해."[8]

정치인, 혹은 정치 제일의 풍토가 지니는 허위성은, 「당신들의 시간을 위하여」에서 더욱 심각한 뿌리를 드러낸다. 이 소설의 주인공 부자, 즉 아버지 도기왕 씨와 아들 도정민 군은 한 사람은 반공포로 출신의 투사이며, 다른 한 젊은이는 골수 운동권 학생이다. 이러한 부자 대립의 꼴은 우리 사회 곳곳에서 기묘한 구도를 형성하며 사회와 가정을 왜곡시켜왔다. 그러나 과연 그들 부자는 좌우 이념에 그토록 철저한 지식과 훈련을 터득한 주체적 인물들인가. 그들은 허위로 점철된 우리 현대사가 배출한 꼭두각시일 수밖에 없음을 작가는 이렇게 지적한다.

듣고 보니 그럴 것도 같았다.
"괜찮아. 그런 사실 아닌가. 도기왕 씨의 시대가 지나간 것처럼, 언

---

[8] 현길언, 「겨울 여행」, 위의 책, p. 131.

젠가는 도정민의 시대도 지나갈 것을 자신도 알고 한 이야기였으니까."
"그렇기는 하겠군요."[9]

취임하는 독재자를 찬양하는 기사를 쓰는 언론인(「신용비어천가」), 스승을 배반하는 해직 교사(「배반의 끝」), 빌딩을 점거 농성하는 아들——다른 빌딩이기는 하지만——을 둔 빌딩 관리인의 심정(「사제(司祭)와 제물(祭物)」) 등등이 현실 정치와 직접 맞닿은 상황에서 텅 빈 울림을 내뱉으면서 허위의식을 직접적으로 드러낸다. 그러나 정치적 현실에서 조금 떨어진 자리에서의 인간 군상들 또한 영락없이 허세에 찬 모습들임이 여러 가지 형태로 부각된다. 대표적인 작품이 「달팽이 군상」이다.

수련원으로 교육받으러 가던 학생들이 교통사고를 당하여 병원 대기실로 몰려든다. 인솔자인 장학사는 당황할 수밖에 없는데, 방송 기자가 사뭇 위협적인 자세로 그를 취재한다. 한편으로 학생 치료에 매달리면서, 다른 한편으로는 상부의 질책에 대한 두려움에 시달리던 그는 혼수상태인 학생을 큰 병원으로 옮기는 일에 대한 결단을 요구받고, 당혹감은 고조된다. 결국 중등과장의 힐책이 떨어지고, 경찰에서도 찾아온다. 오직 사태 수습으로 혼란에 빠진 그에게 시장이 나타난다. 그러자 버스 회사 사장은 얼굴도 내비치지 않았으며, 학생들은 춥고 배고프다고 한 학생이 항의한다. 시장이 여러 조치를 취하자 분위기가 달라진다. 중상자 학생은 마침내 큰 병원으로 이송되는데 이 과정에 명멸한 여러 사람들, 예컨대 의사, 장학사, 버스 회사 간부,

---

9) 현길언, 「당신들의 시간을 위하여」, 위의 책, p. 86.

수련원 원장, 시장, 앰뷸런스 기사에 이르기까지 모두 진실을 버린 허깨비 같은 의식의 인물들임을 작가는 냉정하게, 즉물적으로 비판한다. 그 비판에는 어떤 인물도 예외로 밀려나지 않는다.

인간들이 외면적으로는 허세, 내면적으로는 허위의식, 그리하여 그들이 형성하는 사회와 이념, 도덕과 현실이 모두 허구에 지나지 않는다는 현길언의 명분주의Nominalism 비판은, 교회와 기독교인에 대한 비판과 반성에서 가장 본질적인 인식에 도달한다. 「신열(身熱)」 「내가 만든 예수」 「혼이 머물다 간 낡은 집」 「풍화(風化)하는 혼(魂)」 등의 작품들은 모두 이 문제와 벌이고 있는 치열한 싸움의 흔적들이다.

「내가 만든 예수」의 화자 '나'는 선한 의욕을 가진 교인임에도 불구하고, 또 막대한 돈을 헌금하여 장애인들을 위한 재활원을 세웠음에도 불구하고 법인 설립 이후 오히려 장애인 신자들이 교회와 재활원을 떠나는 실패를 겪는다. 무엇이 잘못되었는가? 작가는 여기서 하느님이라는 진실 앞에 순종하지 못하고 자아를 내세우는 인간의 허위의식을 정면으로 비판한다. 정치적 정의를 내세우는 운동권, 노동자, 혹은 정치 지망의 열정파들 내면에 잠복한 허위의식을 분석해내고, 교육 현장 속의 허울 좋은 '교육적' 허세를 지적해온 그 눈과 손으로 지상의 가장 선하고 경건한 장소에서 이루어지는 허구의 실상을 파헤친다. 신성한 성소도, 인간이 자신의 욕망으로 접근할 때 세속의 다른 모든 곳과 마찬가지로 허장성세의 전시장과 다를 바 없다는 가열한 비판이다. 이 비판은 오늘의 우리 교회와 교인들을 향한 질타이자 인간성의 깊은 심부에 가라앉아 있는 죄의 뿌리 깊은 속성에 대한 성찰이다. 이청준이 일찍이 『당신들의 천국』에서 켜켜이 뒤집어본 '선행 뒤의 악마'를 여기서도 피할 수 없이 만나게 된다. 은혜를 받은 뒤

시험에 빠지기 쉽다고 했던가. 인간적으로는 가장 선하고, 가장 의롭고, 가장 합리적이라는 일의 진행에까지 끼어드는 허위의식은 참으로 인간의 죄성이라는 말 이외에는 설명할 길이 없어 보인다. 작가 현길언이 종교성과 만나게 된 것은 이렇게 볼 때 필연적인 과정으로 이해할 수 있다. 법과 도덕, 제도와 가족으로도 해소되지 않는 이 같은 원천적인 고통과 한계의 끝에 종교는 자연스럽게 그 모습을 드러낸다. 그러나 구원의 통로인 예수와의 만남도 자기의(自己義)를 바탕으로 한 도덕적 터널을 통해 이루어질 때, 예수는 간곳없고 종교성 자체만 그대로 남는다.

## 3. 정공법의 용기

현길언 소설은 알레고리도 아니고 상징도 아니다. 그의 소설은 정통적인 의미에서의 리얼리즘이다. 그러나 그의 소설 어떤 요소나 어떤 부분이, 가령 발자크 식의 리얼리즘에 부합하는가 하는 것을 연역적으로 검증하는 일은 무의미하고 불필요하다. 중요한 것은, 그가 우리 사회 현실의 핵심을 놓치지 않고 붙잡아 그것을 정직하게 좇아가면서 소설의 형식으로 서술하고 있다는 점이다. 특히 주목해야 할 사실은 일제 강점기하에서부터 태동된 좌우익의 이념적 충돌을 4·3사건과 육이오를 거쳐 1960, 70년대를 이어서 오늘의 시점에 이르기까지 일관되게 추적하고 있다는 것이다. 그 추적은 때로 치열한 전투로, 때로 음흉한 가면으로, 그리고 때로는 감지되지 않을 만큼의 미세한 입자로 숨어 있는 이념적 대립 요소가, 그 어느 경우에든지 오늘을 사는 한국인에게 이미 붙박인 DNA가 되어버렸음을 보고한다. 분단의 비극이 종식되지 않는 한, 아니 통일 이후에도 이러한 양극성의 대립은 좀처럼 지양되지 않을는지도 모른다.

사실 현길언 문학의 가장 큰 관심은 우리 속에 고질처럼 온존해 있는 양극성의 문제로 보인다. 이 양극성은 한 개인의 내면으로부터 민족 공동체에 이르는 다양한 집단에 상존해 있는데 좌우 이념의 대결은 그 가장 추악한 예로 우리 스스로를 괴롭히고 있다. 제주도는 그 추악함이 폭발한 비극의 현장으로서, 더 이상 어느 한쪽이 다른 한쪽을 비난하는 구도로 지속되어서는 안 된다. 더욱이 문학이나 종교는 그 지양과 화해의 메시지로서 기능해야지 대결 연장의 도구로 전락해서는 안 된다. 현길언 문학이 제주도 배경을 떠나서도 끊임없이 제주 모티프의 심화·확대로 나아가는 까닭도, 우리의 일상을 지배하는 이러한 양극성의 지양과 화합을 희망하는 작가 정신의 은밀한 노력과 긴밀하게 맞닿아 있다고 할 수 있다.

양극성을 민족 정신의 고통으로 인식하고 그 극복을 향한 정신사의 눈물겨운 기록을 안고 있는 독일의 경우, 헤겔에 의해 그 극복은 획기적인 진보를 이룩한 바 있다. 정과 반이 합을 향해 지양되는 변증법! 이후 문학과 철학을 아우르는 그들의 정신사는 놀라운 진보를 거듭한다. 토마스 만의 '고양Steigerung', 헤르만 헤세의 '유머Humor'는 높은 수준의 통합과 극복을 현시한 인간 정신의 개가이다. 종교의 바닥에까지 내려가는 경험과 자기 헌신을 통해 성취된 이 제3의 길은 타산지석으로만 머물 수 없다. 조용한 현길언 문학은 그런 의미에서 여전히 젊고 강하며 액추얼하다. 자, 그렇다면 명분주의의 허구가 해소되고 갈등이 봉합될 길은 없는가.

「풍화하는 혼」의 주인공 백 변호사는 TV 프로의 단골 초대 손님으로 인기다. 행복한 가정, 사랑을 실천하는 명사로서의 이미지가 단단하다. 아들, 딸, 아내를 가진 네 식구 가정의 가장이기도 한 그는 사회윤리 실천운동을 주도하기도 한다. 요컨대 모범 시민이자 지식인이라고 할 수 있는 그는, 그러나 방송 진행자인 연극배우 여성과 정사를 나누게 된다. 완벽을 추구하는 그가, 새롭게 드러난 아내의 옛 애인 때문에 괴로움에 빠진 사이에 일어난 일이었다. 그 이후 그는 변호사 일도, 방송 일도, 사회윤리운동도 모두 내놓고 "삶의 지주가 흔들리는" 상황 속으로 들어간다. "술에 취해서, 우진이나 다른 여자의 성기에 정액을 배설하는 쾌감을 느끼는 순간, 그는 자신의 뼈들이 우드득우드득 소리내며 부서지는 소리를 들었다." 절망과 정욕의 늪에서 허우적거리게 된 것인데, 법과 윤리·사랑을 공개적으로 강조해온 그로서는 엄청난 모순이라고 할 수 있을 것이다.

그러나 이 소설에서 중요한 것은 주인공 백 변호사의 윤리적 타락과 여성의 혼전 순결에 대한 옹호가 아니다. 혹은 선남선녀의 위선에 대한 고발이 아니다. 소설에는 백 변호사와 그의 부인 주 여사, 그리고 그 같은 가정환경과 사회 분위기에 억압감을 느끼는 딸과 함께 백 변호사의 어머니, 그리고 또 한 사람의 어머니가 등장한다. '큰어머니'라고 불리는 또 한 사람의 어머니는 친모 이전에 그의 부친과 살았던, 말하자면 부친의 조강지처이다. 두 여인은 불가분 적대 관계에 놓일 수밖에 없는 처지이나, 그러나 이 소설에서 그 관계는 특이하다. 시앗을 증오하여야 할 '큰어머니'는 언제나 미움 대신 사랑으로 '어머니'와 그 자손들을 대했다.

"[……] 그러시다가 제가 철이 들 만하니까, 이제부터는, 직접 말씀하시데요. 얘야, 서울 어른들을 미워해서는 안 된다. 용서하고 사랑해야 너도 행복해진다. [……] 그런데, 미움으로는 아무것도 해결할 수 없다는 것을 아버지를 통해 확인했지요. 그래서 할머니 방법을 찾은 겁니다. [……] 그래서 차차 할머님의 마음과 그 신앙을 이해하게 되었습니다."[10]

등장인물들은 모두 기독교인들이다. 그러나 백 변호사 부부는 자신의 도덕적 완벽성에 집착하는 자아가 강한 인물들이며, 특히 백 변호사는 도덕적 우월주의를 자신의 상표처럼 내걸고 사는 인물이다. 그러나 그 상표가 훼손당하자 대책 없이 무너진다. 부인 주 여사는 소멸되었다고 믿어온 과거의 상흔이 표면화되자 그것을 지우기 위해 전력을 다한다. 교회도 신앙도 이를 위해 동원한다. 그러나 과연 두 부부의 상처는 그들 자신의 힘으로 치유될 수 있는 것인가. 작가는 그 상처가 인간의 허세에 따른 것임을, 그리하여 그 허세를 내려놓으면서 정직하고 겸손하게 사랑을 실천할 때에만 자기 자신도, 가정도, 사회도 명분주의의 허구에서 벗어나 구원받을 수 있음을 조용히 알려준다. 사랑의 위대함은 숨어서 일한다. 나서기 좋아하고 떠벌리기 좋아하는 우리에게 과연 가당한 일인가.

[2008]

---

10) 현길언, 「풍화하는 혼」, 『배반의 끝』, 문학과지성사, 1993, p. 273.

# 문학과 종교적 상상력
―― 이청준의 소설

1

 그 반쪽 모습만 보이고 전체가 보이지 않아 공포 속에 애를 먹는 가위 눌림의 가장 무서운 그림은 우리의 생명과 삶의 주재자이신 신의 모습이 아닌가 싶다. 〔……〕 그러나 아직도 삶과 죽음의 구원자로서의 그 신의 완전한 모습은 보이질 않는다. 그것은 아무도 본 사람이 없고, 보여준 사람도 없었던 셈이다. 생명 있는 자 누구나 그것을 마저 보고자 애를 쓰고 발버둥 쳐볼 터이지만, 보이는 것은 아직도 그 전체가 아닌 반쪽의 모습뿐인 것이다. 설잠 속의 그것처럼 그 반쪽밖에 보이지 않는 신의 모습, 나머지 반쪽의 모습을 아무리 찾아보려 애를 써도 끝내 보이지 않는 그 인색한 구원자의 모습! 이야말로 우리들의 생명과 삶을 안간힘으로 발버둥 치게 만드는 가장 두렵고 안타까운 숙명적 가위 눌림 속의 그림일 수 있지 않을까.[1]

이청준은 1984년에 발표한 「가위 밑 그림의 음화와 양화」라는 소설에서 그 결구(結構)를 이렇게 끌고 간 일이 있다. 우리 소설에서 신의 문제를 이처럼 집요하게 파고든 작가가 또 있을까. 그가 비록 어떤 한 종교를 위한 변신론적, 혹은 호교론적 소설을 쓰지는 않았다 하더라도 신을 향한 절규에 가까운 접근을 보인 작가는 이청준이 거의 유일하지 않을까 생각된다. 기독교 소설가들은 물론 많이 있으며, 그들에 의한 '기독교적 작품'들도 또한 적지 않다. 예컨대 일찍이 1930년대 이후 전영택, 황순원, 이범선 등의 소설가들이 있었고 기독교인인지 여부가 확실치는 않지만 이광수, 장용학에 의한 '기독교적 작품'들이 있다. 현존하는 작가들로는 김원일, 윤흥길, 현길언 등이 대표적으로 거론될 수 있을 것이다. 그러나 야곱의 씨름처럼 피눈물 나는 쟁투를 이 문제와 관련해서 보여준 작가는 이청준이다. 야곱이 환두뼈가 깨지는 씨름 끝에 하나님을 만났듯이 다른 작가들에게는 결과적으로 하나님이 임재하였으며, 그 바탕 위에서 교회와 교인들의 행태가 작품의 소재, 혹은 주제가 되었다. 그러나 씨름에도 불구하고 그 하나님은 이청준에게 찾아가지 않은 것일까. 그는 신이 보이지 않는다고 안타까워한다. 야곱의 씨름이 그에게는 이루어지지 않은 것일까. 그런 의미에서는 오히려 니체의 「미지의 신에게」라는 시가 연상된다. 믿음은 하나님으로부터 주어지는 선물이라고 하는데, 니체에게 그것은 주어지지 않았고, 니체는 그리하여 다른 신을 찾아 열망했던 것이다.

---

1) 이청준, 「가위 및 그림의 음화와 양화」, 『비화밀교』, 나남, 1985. p. 94.

내가 더 나아가기 전에
그리고 내 시선을 앞으로 보내기 전에,
한번 더 외로이 내 두 손을
당신에게로 올린다오. 당신에게로 달아나고,
가슴 깊숙이 나는 당신에게
제단을 차려 올립니다.
언제나
당신 목소리가 나를 부릅니다.[2]

세 부분으로 되어 있는 시 첫 부분이다. 흔히 무신론자로 알려진 니체지만 사실은 그가 신에의 열망을 지니고 있었음이 여기서 감지된다. 여기서 '당신'이란 물론 '미지의 신'이다. 왜 '미지'인가. 이미 잘 알려진 기독교의 신, 즉 하나님을 그는 신으로 믿지 않기 때문에 이렇게 말한 것이다. 그러나 어쨌든 신을 믿기는 믿으며, 그 신이 누구인가 하는 것이 문제일 뿐이다. 그 열망은 편안한 마음으로 신을 믿는, 말하자면 기독교의 신 안에 있는 사람보다도 훨씬 더 뜨거워 보인다. 이미 신을 찾은 사람에게 평안이 있다면, 신을 찾으려고 나선 사람은 상대적으로 불안할 수밖에 없다. 니체의 「미지의 신」 끝 부분은 마침내 이렇게 끝난다.

나는 당신을 알고 싶소, 미지의 신이여
내 영혼을 깊이 사로잡은 당신,

---

2) 김주연, 『독일시인론』, 열화당, 1983, p. 152.

내 삶은 폭풍처럼 떠도는 것,
그대 붙잡을 수 없는 자, 나와 친한 자여!
나는 당신을 알고 싶소, 당신을 섬기고 싶습니다.[3]

이청준의 마음도 니체의 그것을 닮아 있다. 그러나 니체가 기독교 신에 대한 전면적 부정의 바탕 위에서 신 찾기를 진행하였다면, 이청준은 기독교 신에 많이 근접해 있다. 앞의 소설 「가위 밑 그림의 음화와 양화」 이외에도 같은 작품집에 수록된 여러 소설들이 이 사실을 증거한다.[4] 가령 젊은 아내의 죽음을 젊은 남편의 시선으로 그린 짧은 소설 「마지막 선물」에는 이런 대목이 나온다.

〔……〕 나는 그것이 더욱 나에 대한 어떤 어려운 시련의 몫이라 짐작되어 마침내는 그 아내를 나의 하나님 앞으로 인도하여, 그 주님의 나라와 사랑 안에서 아내를 더욱 사랑하고 함께 시련을 이겨가려 하였다. 그리고 하루빨리 우리들에게서 그 시련이 끝나기를 빌고 빌었다.[5]

병마로 일찍 세상을 버린 젊은 아내와의 이별을 담담하게, 그러면서도 경건한 마음으로 영혼과 육체의 분리라는 관점에서 바라보고 있는 소설이다. 이 소설은, 사용되고 있는 용어에서부터 인간관/세계관이 기독교적 관찰과 상당 부분 부합한다. 그런가 하면 「노거목과의

---

3) 김주연, 위의 책, p. 152.
4) 종교적 상상력이 발휘되고 있는 이청준의 소설들은 주로 그의 중기 작품들에 집중되어 있다. 1985년에 발간된 선집 『비화밀교』에 수록된 작품들은 기이하게도 그중 많은 부분이 이와 관련된다.
5) 이청준, 『비화밀교』, p. 97.

대화」에서는 신과 종교에 대한 묵상과 진술이 마치 플라톤의 『향연』 처럼 펼쳐진다. 생명과 죽음에 대한 깊이 있는 대화 끝에 마침내 나무와 화자는 예의 '반쪽 신'에 이른다.

 ―신의 인격화 현상…… 그게 제게도 얼마간의 위안을 줄 때는 있습니다. 그러나 그 신의 모습은 제게 한 번도 완성되어 보인 적이 없었습니다. 그것은 오히려 반쪽만의 모습으로 저의 삶을 더욱더 답답하게 몸서리쳐지는 가위 눌림 상태 속에 빠뜨리곤 해왔습니다. 그런 고통에 시달리다 보니, 제겐 차라리 그 인격화 현상이 저주입니다. 모습이 아예 안 보였으면 좋겠습니다. 그리고 신은 본래의 그 이름 없는 질서나 섭리 자체로 돌아가주었으면 하는 바람입니다. 신의 모습과 이름이 너무 인격화되다 보니 저는 그 섭리에 대한 신뢰보다 오히려 그 권능과 역사의 임의성에 대한 두려움만 커갑니다. 〔……〕
 ―자신은 없습니다만 그래 문학이라는 것을 붙들고 있는 것입니다. 문학이란 어떤 뜻에서는 신과의 등 돌림에서 시작하여 인간 자신의 능력과 책임 안에서 삶과 죽음의 모든 문제를 풀어가고 감당해나가려는 인식과 실천의 방법이니까요.[6]

작가 이청준이 문학을 하는 이유가 뚜렷하게 밝혀지고 있는 장면이다. 이에 의하면 이청준은 신의 인격화에 맞서기 위해 문학을 한다. 신이 임의로 권능을 행하는 그 섭리에 맞서는 것이 그의 문학인 것이다. 신앙은 그에게 구원이 되지 못하기에 스스로 문학을 통해 구원의

---

6) 위의 책, pp. 61~62.

길을 모색하겠다는 것이다. 그 길은 이청준이 비판적으로 세워놓은 천국, '당신들의 천국' 바로 그것이다. 그 천국을 작가는 조백헌 원장이라는 집념의 자아가 세운 욕망의 탑이라는 관점에서 흉보지 않았던가. 그러나 「노거목과의 대화」에서 그는 "인간 자신의 능력과 책임 안에서 삶과 죽음의 모든 문제를 풀어가고 감당해나가려고" 한다고 말한다. 이청준이 조백헌이 되는 것이다. 그러나 이 논리를 모순이나 자가당착이라고 비판할 필요는 없다. 왜냐하면 이청준은 그 스스로 그것이 모순이며 자가당착임을 알고 있기 때문이다. 신에 맞서서 인간인 작가가 그 일을 감당해보겠다는 생각의 진술 속에는, 그것이 모순일지언정 한번 도전해보아야 하지 않겠느냐는 안타까움이 숨 쉬고 있다. 그렇다. 완전하지는 못할망정 작가는 신의 흉내를 내고 싶었던 것이다.

「비화밀교」와 「제3의 신」은 이청준의 종교적 관심이, 특히 '미지의 신'에 대한 추구가 구체적으로 형상화된 작품들이다. 앞의 작품들이 다소간 강론적인 형태로 작가의 종교관을 진술하고 있다면, 이들 소설에서는 훨씬 구체적인 소재와 무대를 통해서 신을 향한 동경과 그 가능성이 타진된다.

제왕봉이라는 산정을 향한 집단 야행을 다루고 있는 「비화밀교」는 인간들의 종교적 본능을 본격적으로 문제 제기하는 역작이다. 인간의 유한성에 대한 깨달음을 기초로 하여 어떤 초월자, 혹은 절대자를 찾는 영적 행위가 종교라면, 인간에게는 종교적 본능이 있게 마련이다. 민족과 시간을 달리하여 각양의 모습으로 존재하여오고 있는 종교는 그 신앙의 대상에 따라서 유일신을 믿는 기독교, 이슬람, 유대교와, 다분히 범신론적 성향의 불교와 샤머니즘 및 여러 형태의 신비주의가 우리에게 알려져 있다. 그러나 문학은, 작가는 이 모든 것을 거부하고 자신만의 종교를 추구하기 일쑤다. '미지의 신'을 찾았던 니체는 '차라투스트라'라는 자신의 신을 결국 일구어내었고, 우리 문학의 경우 소설가 박상륭의 집요한 구도 작업의 끝에는 의례히 자신만의 신이 그 특유의 그림자를 보여왔다. 「비화밀교」에서 이청준 역시 말하자면 이와 같은 작업을 행한다.

조 선생이라는 선배와 함께 '나'는 제왕산을 오른다. 조 선생의 권유에 의한 야간 등반으로서 '나'는 딱히 그 이유도 모른 채 그와 동반한다. 정상에는 수많은 사람들이 운집하여 거대한 불의 흐름을 이룬다. 그 전해의 그믐날 밤 행사 때 마지막으로 불을 묻는 사람이 올해의 종화주(種火主)가 되어 해가 바뀌어도 불씨를 연결해가는 불놀이! 사람들은 불씨를 받아 저마다 횃불을 든다. 그러면서 사람들은 서로 모르는 사이라 하더라도 인사를 나눈다. 해 저무는 12월이라 묵은해를 보내는 인사가 겸해지기도 한다. 신분과 처지를 막론하고 이 불잔치에 참가하고 있는 사람들은 산정의 분지에서 어울림으로써 세속의 모든 일들을 잊어버리고 서로서로의 허물을 용납한다. 행사의 절정은 밤 12시, 군중들 사이에서는 낮은 신음이 합창처럼 울려 번지고 이윽고 정적이 다시 회복되면서 사람들은 산을 내려간다. 다음 해를 기약하며 산 동쪽 끝에 불씨를 다시 묻음으로써 행사는 끝난다. 일종의 제사인 것이다. 여기서 소설은 「비화밀교」의 종교적 성격을 종화주를 중심으로 하여 이렇게 설명한다.

"〔……〕 종화주를 원하는 건 그 일 자체가 그러하듯이 보다 더 은밀스런 마음속의 소망이지. 그것을 원하는 방법도 보다 은밀하구. 이를

테면 어떤 비밀스런 괴로움 때문이든가 죄책감 때문이든가, 하여튼 그 런 비슷한 마음속 동기가 더 강한 법이니까 [……]"[7]

주인공 조 선생의 이 진술 속에는 종화주를 하고자 하는 사람들의 열망과 그 속내가 담겨 있다. 그것은 '죄책감'이다. 죄책감은 사람을 괴롭힌다. 모든 종교가 그런 것은 아니지만, 죄의 문제는 종교를 통해 그 해결이 시도되는 경우가 많다. 대표적인 예는 기독교에서 찾을 수 있겠는데, 예수 그리스도를 통한 속죄와 용서의 논리는 가장 전형적이다. 이청준에게서도 이 '용서'의 문제는 그의 작가 생활 전반을 통해서 끊임없이 제기되고, 그 방법이 진지하게 추구되었던 명제이다. 「비화밀교」에서 그것은 일제 강점하 소학교 교장을 지냈던 조 선생 부친의 죄책감— 종화주를 통해서 부각된다.

"[……] 하지만 교리의 본질과 관계없이 내 개인의 경험으로 말한다면 그 소망이나 감동을 통하여 나는 용서를 받았다는 것이었지. 그것은 물론 나의 선친께서도 마찬가지였겠지만, 그것은 바로 용서의 자리였거든."
"용서라 한다면 누가 누구를 용서하는 것입니까. 그리고 그 용서의 의미는 무엇일까요?"
"누가 누구를 용서하기보다는 서로가 서로를 용서하는 것이었지. [……]"[8]

---
7) 위의 책, p. 195.
8) 위의 책, p. 198.

죄와 용서는, 확실히 기독교적 문맥 안에서 논의되는 문제이다. 그러나 이청준은 이 문제에 집착하면서도 기독교 바깥에서 제3의 논리를 모색한다. 잘 알려져 있듯이 기독교에서는 각 개인의 죄(이른바 '자고죄') 이외에 에덴동산에서 하나님에 불순종함으로써 생겨난 원죄가 모든 인간에게 있으며, 이 원죄는 예수 그리스도의 대속에 대한 신앙 고백을 통해서만 용서된다. 주어짐과 해결됨 모두 인간 자신의 의지나 노력에 의해서 이루어지지 않는다. 인간이 할 수 있는 일은 이러한 논리와 그 사실을 '믿는' 것뿐이다. 그러나 이청준의 죄는 원죄가 아니며, 그 해결 또한 예수 아닌 다른 초월자나 초월적 형식을 통해서 추구된다. 그럼에도 죄/용서의 발상과 도식은 기독교적 방법론에 밀착해 있다.

2

기독교적 발상과 방법론 위에서 인본주의적 태도를 지향하고 있는 이청준 식 '죄'와 '용서'의 문제는 소설 「벌레 이야기」를 통해서 보다 직접적인 도전을 만난다. 「밀양」이라는 제목으로 영화화되기도 했던 이 작품은, 영화 상영 이후 기독교계에서 큰 반향을 일으키고 많은 논란을 가져오기도 했다. 다음은 이 작품에 대한 어느 목사의 견해다.

나는 이 영화가 '참된 용서와 구원이란 무엇인가' 하는 것을 묻는 영화라고 생각한다. 신애도 범인도 구원을 받았다고 고백한다. 신애는 고통으로부터, 범인은 죄책감으로부터! 두 사람 다 용서를 말한다. 신애는 범인을 용서하겠다고 말하고, 범인은 하나님께 용서받았다고 말한다. 두 사람 모두 구원과 용서를 말하지만 영화는 비극이다.
「밀양」은 바로 그 이유를 우리에게 말해주고 있다. 신애와 범인이 구원과 용서를 말하지만 정작 그들의 삶이 비극적인 이유는, 그들이 말하는 구원과 용서가 허상이기 때문이다. 결국 이 영화는 허상이 아닌, 참된 구원과 용서가 무엇이냐고 묻고 있다. 이들의 구원과 용서가 허상인 까닭은, 그것이 허영과 탐욕에 바탕하고 있기 때문이다. 〔……〕
참된 사죄란, 신의 은총으로 그저 자신의 죄만 용서를 받고 마음의 평안을 누리는 것이 아니라, 피해자의 고통을 자신의 것으로 끌어안고 피해자 앞에서는 영원히 죄인의 자리에 머물러 참회하며, 피해자의 구원을 위해 기도하는 것이 아닐까?[9]

영화와 달리 소설에서는 신애가 그저 '아내'라고 나오며 유괴 살해된 아들의 이름은 '알암이'다. 알암이가 죽은 후 절망에 빠진 아내는 이웃에 사는 '김 집사'의 권유로 예수를 믿게 되며, 숱한 원망과 반항의 과정을 거쳐 자신을 지탱해나간다. 그러나 자신을 견딜 수 있는 힘에는, 범인에 대한 복수심과 같은 인간적인 본능의 힘도 있었다. 말하자면 신의 위로와 인간적인 오기가 결합하여 아내를 절망에서 인내로 이끌 수 있었던 것이다.
그러나 '용서'라는 문제가 대두된 후 사태는 훨씬 심각해진다. 아내는 범인을 용서할 수도 있다는 믿음을 가지게 된 듯하였고, 범인을

---

9) 김성, 「「밀양」…… 허영과 탐욕의 잘못된 만남이 빚어낸 비극」, 『해와 달』 301호, p. 12, p. 16. 이 글은 영화 「밀양」에 대한 평론이지만, 소설과 영화의 구성과 주제가 크게 다르지 않으므로 기독교 목회자의 의견으로서 참고될 만하다.

직접 만나 그 마음을 전달하고 싶어 했다. 그러나 범인을 만난 다음 아내는 오히려 다시 절망, 원망, 저주로 빠져들었다. 용서했다고 생각했던 범인을 용서할 수 없었던 것이다. 무엇보다 자신의 용서가 선행되지 않은 마당에 주님의 용서가 이루어졌다는 사실을 받아들일 수 없었던 것이다.

    김 집사가 아내의 비뚤린 생각을 바로 잡아주려고 애를 썼다.
    하지만 아내는 승복하지 않았다. 자연히 두 사람은 똑같이 언성이 높아지고 심한 말다툼조가 되어가고 있었다.
    ―그래요. 내가 그 사람을 용서할 수 없었던 것은 그것이 싫어서보다는 이미 내가 그러고 싶어도 그럴 수가 없게 된 때문이었어요. 집사님 말씀대로 그 사람은 이미 용서를 받고 있었어요. 나는 새삼스레 그를 용서할 수도 없었고, 그럴 필요도 없었지요. 하지만 나보다 누가 먼저 용서합니까. 〔……〕 그럴 권리는 주님에게도 있을 수가 없어요. 그런데 주님께선 내게서 그걸 빼앗아가버리신 거예요. 나는 주님에게 그를 용서할 기회마저 빼앗기고 만 거란 말이에요. 내가 어떻게 그를 다시 용서합니까.[10]

    문제는 살인범이 하나님을 믿은 후 하나님으로부터 용서받아 마음의 평안을 온전히 회복하였다는 사실에 있다. 그의 평안과 믿음은 죽은 아이의 가족, 즉 아내의 저주와 복수까지 편안히 받아들일 정도가 되었고, 이 사실은 더욱더 아내의 인격을 파탄시키고 고통으로 몰아

---

10) 이청준, 앞의 책, p. 146.

간다. 아내는 사랑하는 아이를 잃고, 용서의 권리마저 뺏기고, 하나님 말씀에 순종하지 못하고, 가해자보다도 못한 인격의 소유자로 비판받는 사중고(四重苦)에 시달리다 결국 자살에 이른다. 무엇이 잘못되었는가. 하나님의 용서는 가해자로 하여금 피해자에 대한 진정한 사죄를 선행시키고 있는 용서인데, 작가는 이를 생략했다. 이청준은 과연 하나님 사랑의 본질을 몰랐던 것일까, 알고도 짐짓 그렇게 꾸몄던 것일까. 나 역시 아리송하다.

영화에 대한 평이기는 하지만, 앞서 김성 목사는 이 작품에 나타난 구원과 용서는 참된 구원과 용서 아닌 허상이라고 지적한 바, 이 지적은 매우 타당해 보인다. 김 목사는 그것이 허영과 탐욕에 바탕을 둔, 말하자면 아내와 살인범—피해자와 가해자—두 사람 모두 각자에게 유리한 입장에서 '용서'를 이용했기 때문에 '주님의 용서'가 개입되었음에도 불구하고 화평 아닌 비극을 초래한 것이라는 분석이다. 이러한 분석의 타당성과 함께, 이 소설은 두 가지 측면에서 깊이 있게 고려해보아야 할 몇 가지 요소를 안고 있다.

첫째, 작가 이청준의 기독교관이다. 그는 「비화밀교」 「노거목과의 대화」 등등에서 기독교적 구도와 방법론을 깔고서도 이를 수용하지 않는 모습을 보여왔다. 이 작품들에서 직접적으로 거론되지는 않았으나 작가는 예수의 신격화 내지 이적을 중심으로 한 속죄양의 논리를 비켜가면서, 그 자리에 다른 어떤 매개를 세우고자 했다. 「벌레 이야기」에는 예수의 피 흘림도, 속죄의 대체 매개도 등장하지 않음으로써 인본주의적 논리에 의한 기독교 비판만이 떠올랐다.

둘째, 기독교적 의미의 용서와 인간 서로서로의 용서에 대한 혼선이다. 기독교적 의미의 용서는 모든 인간이 원죄를 지니고 있다는 전제 아래 그 죄는 오직 예수 십자가 보혈의 피를 통해서만 용서될 수 있는 것이다. 인간들 사이의 용서는 주기도문에 나와 있듯이 주님의 용서를 믿음으로써 가능해진다. "나 같은 죄인 살리신 주님"이기에 나 역시 다른 사람을 용서할 수 있는 것이다. 따라서「벌레 이야기」의 아내에게는 이 같은 믿음이 있었다고 보기 힘들다. 게다가 가해자인 살인범은 피해자에 대한 진정한 속죄가 이뤄지지 않은 채, 주님의 용서를 받았다는 뻔뻔스러운 언동을 계속함으로써 기독교적 의미의 용서를 왜곡시킨다. 이 점에 있어서는 김 집사라는 여성도 마찬가지로 잘못된 용서관을 갖고 있다.[11]

김 집사와 가해자의 진술은 하나님의 용서가 은밀한 가운데 두 사람에게 임한 것을 피해자 앞에서 공표하고 과시함으로써 피해자를 더욱더 괴롭히는 잘못으로 연결된다. 하나님의 용서는 사랑 가운데 행하는 것으로서 자신의 은혜로 다른 사람을 괴롭히는 일을 경고한다. 뿐만 아니라 하나님의 용서는 하나님의 질서 가운데 행해지는 것으로서 세상의 죄와 벌을 무효화시키지도 않고 공의로운 실행과 충돌하지도 않는다. 이런 의미에서 김 집사와 가해자를 동원한 용서의 의미는 전혀 기독교적이지 않다.

---

11) 예컨대 김 집사와 가해자의 다음과 같은 말이 그렇다. "용서도 마찬가집니다. 주님께서 그를 용서하셨다면 우리도 그를 용서해야 합니다. 그것이 전지전능하신 주님의 종이 된 우리의 의무인 거니까요. 〔……〕 그래서 그는 애 엄마의 어떤 원망이나 증오도 달갑게 감수하고, 그걸 용서할 수가 있었던 거예요."(김 집사의 말) 이청준, 앞의 책, p. 146; "이제 와서 제가 왜 죽음을 두려워하겠습니까. 제 영혼은 이미 아버지 하느님께서 사랑으로 거두어주실 것을 약속해주셨습니다. 〔……〕 저는 그분들의 희생과 고통을 통하여 오늘 새 영혼의 생명을 얻어가지만, 아이의 가족들은 아직도 슬픔과 고통 속에 있을 것입니다."(가해자의 말) 이청준, 앞의 책, p. 149.

그럼에도 불구하고 이청준이 기독교에 깊은 관심을 갖고 이와 관련된 혹은 비슷한 발상의 작품들을 많이 쓴 것은, 유한한 인간이 눈에 보이는 가시적인 물상에만 집착하여 갈등과 분쟁을 일삼는 데에 대한 그 극복과 모색의 힘겨운 도정이 낳은 결과로 생각된다.[12] 그러면서도 기독교 속으로의 진입을 꺼려 한 까닭은, 그의 논리적/합리적 기질 탓이 아닌가 판단된다. 무엇보다 예수 동정녀 잉태와 부활에 대한 믿음에 선뜻 다가갈 수 없었던 것으로 보이는데, 그럼에도 그는 어떤 이사(異事)의 출현에는 논리적으로 동의한 것으로 보인다. 용서와 화해의 제의로 가기 위해서는 세속적인 질서가 한 단계 폭발해야 할 필요성을 느낀 것이다. 초월은 인간성의 지양 위에서 이루어져야 한다는 중요한 사고를 둘러싸고 그는 고민했다.

하지만 나는 아직도 확연치가 못했다. 알 수 없는 아쉬움 같은 것이 남아 있었다. 그 진정의 마지막 절정에서 허무하게 스러져 내려앉고만 합창 소리의 운명, 그 소리의 소망과 힘의 의미는 무엇이란 말인가. 언제까지나 폭발에 정점에 다다를 수 없는 힘, 나는 아직도 그것의 운명과 의미를 확연하게 납득할 수가 없었다.[13]

바로 이것이다. 이청준은 이 문제를 갖고 그의 작가 생애 전반에 걸쳐 씨름했으나 '그 운명과 의미를 확연하게 납득'하지 못한 채 가버렸다. '폭발'의 힘, 즉 초월로 가는 제사의 형식을 찾았던 것이다.

---

12) 이청준의 『낮은 데로 임하소서』(홍성사), 『당신들의 천국』(문학과지성사)들은 가장 감동적인 대표작들로 꼽을 수 있다.
13) 이청준, 앞의 책, p. 199.

「서편제」를 비롯한 후기 작품들에서 '소리'에 탐닉했던 사정도 이와 관련해서 설명될 수 있을 것이다. 매우 안타까운 일이지만, 어떻게 생각해보면 그것이 문학과 예술의 운명이며 한계인지도 모른다. 괴테도 『파우스트』에서 천상의 음성을 듣고 신의 구원을 갈구하고 또 믿기도 했지만, 교회 출석은 끝내 기피하고 인간성 탐구에 골몰하지 않았던가.

3

나이는 그가 나보다 두 살 위이지만 이청준은 나와 서울대 독문과 60학번 동기동창이다. 함께 문학의 길을 걸어온 동도(同途)의 벗으로서, 그와는 또 우연찮게 사는 집마저 인근인 경우가 많아서 가깝게 지내지 않으려야 않을 수 없는 처지로서 반세기를 살아왔다. 대학 일 학년 여름방학 그가 사는 전라도 광주 땅을 찾아간 이후 주로 내가 그의 집이나 단골 술집을 드나드는 꼴이었는데, 아무리 대취하더라도 몸을 흐트러뜨리지 않는 그는 어느 모로나 내게는 선비 형님 같은 모습이었다. 그런 그와 근자에 이르러 제법 자주 종교적 대화를 나누는 일이 있었는데, 이를 통해 그가 기독교에 강한 관심을 갖고 있음을 알 수 있었다. 또 그의 주위에는 목회자들이 여럿 있었다. 그럼에도 그는 예수를 영접하고 교회에 나가는 일은 저어하였다. 문학을 하는 작가로서 특정 종교와 손을 잡는 일은 무언가 자기를 포기하는 일이 아닌가 하는 두려움 같은 것이 있었다.

그에 의하면, 그의 고향 회진에는 30여 가구가 있었는데, 그중 절반 이상의 가구에서 목회자가 나왔다고 한다. 이 말을 하면서 그는 씩 웃은 다음 "나까지 예수쟁이하면 좀……" 하고 말을 끊었다. 이어서 자기까지 예수 믿으면 예수님이 정말 오셔서 새 하늘과 새 땅을 만드실까 봐 겁이 난다고도 하였다. 교회에 출석을 하지는 않았지만 어느 교인보다도 기독교를 깊이 이해하고 가까이 가고 싶어 했음을 나는 느낄 수 있었다. 실제로 그는 최근 『머물고 간 자리, 우리 뒷모습』이라는 산문집을 통해서 이와 관련하여 다음과 같이 주목할 만한 진술을 행한다.

> 한 해씩 나이를 먹어가면서 뒤늦게 신앙생활을 시작하는 이웃들을 보곤 한다. 〔……〕 지금까지 그 문학에 나름대로의 삶을 기대어온 내가 새롭게 어떤 신앙을 맞게 된다면 그것은 무엇을 뜻할 수 있는가. 그것은 내가 더 이상 문학의 길을 버텨내지 못하고 버리는 격이 될 수도 있지 않은가. 여러 이웃들의 입교에 즈음하여 내 문학의 길을 되돌아보게 되는 연유가 바로 거기에 있거니와, 그런데도 나 또한 정녕 그 길을 갈 수 있을지 스스로 물어야 할 때가 없지 않기 때문이다. 〔……〕 아마 언젠가는 내게도 필경 그럴 날이 오게 될지 모른다. 하지만 아직은 내 삶을 문학에, 그 자율적 해방의 언어에 좀더 기대어 살아가고 싶다.[14]

이청준의 이러한 갈등은 그가 병이 들고, 결국 세상을 뜨기까지 계속되었으나, 교회로 발길을 돌리지도 않았고, 예수를 영접하지도 않

---

14) 이청준, 『머물고 간 자리, 우리 뒷모습』, 문이당, 2005, p. 22.

왔다. 그러나 그는 병상을 방문한 목회자들과 교인들, 기독교를 믿는 신자 가족들의 기도에는 고마움을 잊지 않았다. 그는 사람들을 사랑했고, 사랑하지 못하고 서로 증오하며 갈등하는 사람들과 집단들에 대하여 몹시 안타까워했다. 용서와 화해는 그의 문학을 지배하는 평생 주제가 되었는데, 그러나 그는 인간에게 그러한 능력이 없거나 부족하다는 생각은 아예 하지 않으려고 노력했다. 그렇게 생각했다면 아마 종교를 향하여 훨씬 넓은 문을 열었을 것이다. 그러나 그럴 경우 문학의 땅은 보다 좁아질 것으로 그는 판단했다. 양자가 함께 가는 길을 그리하여 그는 애써서 찾아 헤맸다. 종교 쪽에서 볼 때 그 길은 공연한 미로로 보이고 문학 쪽에서 볼 때 사변적/관념적이며 다소간 이상주의적으로 보이지만, 작가로서 그 길은 정신의 필연적인 과정─그것도 가장 높은 곳에 이르려는 소망의 문으로 통한다. 그 문을 두드리는 많은 작가들이 이청준의 뒤를 잇기를 기대한다.

[2008]

제2부

## 신체적 상상력——직선에서 원으로
―김기택의 시

1

김기택의 시는 거의 동물원이다. 첫 시집 『태아의 잠』부터 최근의 『소』에 이르기까지 많은 동물들이 그 시적 대상으로 드나들고 있다. 쥐, 호랑이, 개, 소, 모기, 바퀴벌레, 닭, 병아리, 원숭이, 송충이, 거북이, 새, 파리, 타조, 토끼, 멸치, 명태 등등 우리 주변의 웬만한 동물들은 물론 짐승, 새, 곤충, 물고기의 여러 카테고리를 막론하고 대부분 망라되어 있다. 가위 동물의 왕국이라고 할 만한데 시인의 눈이 닿기만 하면 그들 모두 섬세한 관찰을 피하지 못한다. 과연 시인은 그들의 무엇에 관심이 가길래 그토록 집요하게 추적하는 것일까.

꾸역꾸역 굶주림 속으로 들어오는 비누 조각
비닐 봉지 향기로운 쥐약이 붙어 있는 밥알들
거품을 물고 떨며 죽을 때까지 그칠 줄 모르는

아아 황홀하고 불안한 식욕(①-11)

　첫 시집의 첫 시다. 제목은 '쥐'이며, 인용 부분은 끝 부분인데, 문장은 '식욕'으로 끝난다. 불안한 가운데 먹이에 접근하는, 그러나 먹이를 찾았을 때 황홀해하는 쥐의 모습이, 요컨대 시인의 관심인 것이다. 그렇다. 김기택은 그 어느 동물들을 그리든지 먹이와 관계된 그들의 모습을 마치 생중계하듯이 리얼하게 묘사한다. 물론 묘사는 즉물적이라고 할 정도로 냉정하고 객관적이지만, 노상 그런 것은 아니다. 「쥐」에서도, '황홀'과 '불안'은 객관적 묘사라고 할 수만은 없지만, 그러나 쥐의 상황을 시인이 마음대로 주관화하고 있는 것도 아니다. 어떤 의미에서 간주관적(間主觀的)이라고 할까. 사람이나 고양이가 잠을 깰지도 모를 개연성에 따른 불안이 그것인데, 그 불안은 먹이를 먹어야 산다는 명제와, 붙잡히면 안 된다는 위협으로부터의 숨김이라는 명제, 그 두 가지로 인해 가중된다. 쥐가 사람의 언어로 자신을 표현하지는 않지만, 일련의 움직임이 시인에게는 그렇게 해석되고, 그 해석은 경험 법칙상 설득력을 지닌다. 간주관적인 묘사에 힘입어 동물들은 먹어야 사는 실존들로서 시인의 포착을 피할 수 없게 되고, 그 먹이 획득/피획득의 모습들이 구체적으로, 눈물겹게(그러나 '눈물겹다'는 형용은 이 또한 필자 자신의 간주관적 표현이다! 실제로 묘사는 눈물도 없을 만큼 비정하다) 떠오른다. 그리하여 김 시인의 시를 읽는 우리 모두 아, 그렇구나 먹어야 사는구나! 하는 한탄이랄까 각

---

\* 이 글에서 언급하는 작품은 다음과 같다. ①『태아의 잠』(문학과지성사, 1991) ②『바늘구멍 속의 폭풍』(문학과지성사, 1994) ③『사무원』(창작과비평사, 1999) ④『소』(문학과지성사, 2005).

성이랄까 하는 것을 새삼스럽게 하게 되면서 잠시 우울해진다. 그러나 우리는 곧 회복된다. 왜냐하면 그것은 우울해할 일이 아니며, 오히려 숭고한 장면일 수도 있다는 생각이 다시 우리를 찾아오기 때문이다. 숭고!! 그렇다. 김기택의 동물들은 먹고 먹히면서, 먹고사는 일의 '숭고함'을 때로 연상시킨다. 생명을 부지하기 위하여 생명을 걸고 먹이를 찾는 일이 어찌 숭고하지 않을 수 있으랴. 여기서 시인이 끊임없이 주목하는 '힘'의 문제가 발생한다. 생명을 거는 일은 힘없이 되지 않기 때문이다.

김기택의 시에는 그리하여 도처에 '힘'이 넘친다. 그 힘은 대체 무엇이며, 어디서 나오는가.

> 느린 걸음은 잔잔한 털 속에 굵은 뼈의 움직임을 가린 채
> 한 번에 모아야 할 힘의 짧은 위치를 가늠하리라
> 빠른 다리와 예민한 더듬이를 뻣뻣하고 둔하게 만들
> 힘은 오로지 한순간만 필요하다
> (①-12)

> 믿을 수 없다, 저것들도 먼지와 수분으로 된 사람 같은 생물이라는 것을. 그렇지 않고서야 어찌 시멘트와 살충제 속에서만 살면서도 저렇게 비대해질 수 있단 말인가. 살덩이를 녹이는 살충제를 어떻게 가는 혈관으로 흘려보내며 딱딱하고 거친 시멘트를 똥으로 바꿀 수 있단 말인가. 입을 벌릴 수밖엔 없다, 쇳덩이의 근육에서나 보이는 저 고감도의 민첩성과 기동력 앞에서는.
> (①-22)

전자는 호랑이, 후자는 바퀴벌레를 그린 시들의 일부다. 호랑이가 먹이를 얻기 위해 정중동의 몸짓 가운데 힘을 집중시키는 모습은 쉽게 상상된다. 그러나 바퀴벌레에게도 똑같은 힘이 있다는 사실은 이 시를 통해서 비로소 확인된다. 물론 바퀴벌레도 생명체이므로 그 나름대로 살아가는 힘이 있으리라는 것은 부지불식간에 인지되고 있는 사실이지만, 역학적인 의미에서 호랑이나 다름없는 강한 힘이 있다는 사실은 새삼스럽다. 이 힘은 생명을 위한 '생명적'인 것이기에 바로 생명 자체다. 따라서 인간에게 늘 유해한 벌레로, 죽임의 대상으로 간주되어온 바퀴벌레라 하더라도 시인에게는 엄숙한 생명체일 수밖에 없고, 거기에 작용하는 힘은 마찬가지로 '숭고'하다. 숱한 동물들을 섭렵하면서 그가 그들에게 눈을 뗄 수 없는 이유도 아마 여기에 있을 것이다.

모든 생명 현상은 숭고하다. 힘의 상징, 혹은 그 담지체(擔持體)로서 시인은 나아가서 '뼈'와 '정액'을 자주 거론하는데, 우연은 아니다. 그렇기는커녕 시의 활력을 높인다.

나는 돌처럼 차갑고 딱딱한 힘을 엉덩이로 집중시키고 싶어 안달하는 꼬리뼈를 단단하게 붙잡아 조인다.
(①-16)

내 체중이 누르는 엉치뼈의 관절을 아슬아슬하게 이음쇠를 지탱하며 규칙적으로 움직이고 있다.
(①-25)

가끔 등뼈 아래 숨어 사는 작은 얼굴 하나
(①-34)

때로 갈비뼈 안에서 멈추고 오랫동안 둔중한 울림이 되어 맴돌다가 다시 실핏줄 속으로 떨며 스며든다
(①-39)

뼈만 쫓아오는 방사선
길거리에 내 뼈가 노출된다
(①-43)

입술을 너무 벌린 까닭에 내 광대뼈는 해골처럼 찌그러져 있다.
(①-59)

허공에 양팔을 묶인 가는 뼈
그 끊어진 듯 휘어진 선을
악착같이 붙들고 있는 야윈 살가죽
(①-80)

그 나무의 낡은 뼈대에는 겨울마다 살점을 도려내던 추위가 남아 있습니다. 그 추위는 아직도 녹지 않은 채 뼛속 깊이 박혀 나무와 함께 죽어 있습니다.
(①-81)

특히 초기 시들을 지배하고 있는 각종 뼈들의 행렬은 때로 너무 많아서, '딱딱하다' '단단하다' 등의 형용사들과 더불어 도처에서 딱딱 부딪치고 있는 느낌이 강하며, 그리하여 시인의 인상을 다소 경직되게 하는 것이 사실이다. (이러한 인상은 시간의 경과에 따라서 후기 시로 갈수록 '둥근' 이미지로 변모하는데, 뒤에서 다루겠다.) 그러나 뼈는 뼈만으로 독존하지 않고, '정액'과 '살'을 동반하면서 생명에의 총체적 접근을 수행한다.

마침내 알을 깨고 나와 생명이 되려고
통닭들은 노른자를 빨아들이며 커간다네
똥오줌 위에 흘린 정액을 밟고 들어가면
슬픈 눈동자들은 곧 음식이 되어 나온다네
(①-15)

저 손, 매니큐어가 갑자기 정액보다 슬퍼 보이는, 아직은 오징어 다리를 든 채 입을 가리고 있는 저 손은 모든 감각을 잃고 떨며 무엇이든 있는 힘을 다해 붙들게 되리라.
(①-45)

뜨겁게 달아올랐다가 식어 부서진 입술과 성기
눈을 끔벅거리다가 끝내 낡아 허물어진 공룡
두꺼비를 삼키고 꽃가루처럼 흩어진 뱀
형체가 되기 전에 말라버린 정액
(①-68)

자궁처럼 둥글고
정액처럼 걸쭉하고 투명한 액체인
병아리는
(④-12)

가지에 닿자마자 소리지르며 하늘로 솟구치며 터지는 꽃들은
온몸에 제 정액을 묻힐 때까지 벌 나비 주둥이를 쥐고 놓아주지 않는 꽃들은
(④-26)

'정액'은 이처럼 다의적인 모습으로 서로 다른 자리에서 출몰한다. 그러나 '정액'이 생명의 씨앗이라면, 그것은 소중하게 관리되어야 하며, 뼈-살의 원천으로서 그 가치가 제자리에 있어야 한다는 공통의 필연성이 있다. 앞의 인용들에서, 그러나 그 자리는 아주 다르다. 첫 시에서는 닭의 정액이 나오는데, 그 자리는 달걀-병아리-닭-통닭으로 이어지는 닭의 생명이 그 시작과 끝이 맞물리는 현장의 비극적인 자리이다. 정액은 생명의 시작이지만, 죽음에 직면하여 배설된 똥오줌과 뒤섞인 오욕의 자리에 함께 나온다. 다음의 시에서 정액은 슬픔의 비교 상징으로 나타날 뿐 실체는 없다. 그러나 '정액은 슬프다'는 시인의 명제가 등장하는 대목은, 뒤의 '살' 부분과 관련하여 주목된다. 세번째 시에서도 '정액'은 제자리에 있지 못하고 방기된 채 "말라버린다." '정액'은 네번째 시에서 비로소 긍정적인 내포와 연결된다. 자궁과 짝을 이루면서 병아리라는 생명체의 기원임이 암시된다. 이

같은 제 기능의 모습은 꽃을 다룬 마지막 시에서도 비슷하게 나타난다. 그러나 공통된 '정액'의 이미지라면, 뼈와 달리 그것은 끊임없이 '슬픔'과 연락되고 있다는 점이다. 김기택에서 '정액'은 왜 슬플까. 의문은 먹이일 수밖에 없는 '살', 그리고 결국 "힘의 슬픔"과 더불어 풀린다.

> 살이란 본래 먹이가 아니던가
> 두려움이 많다는 것은 당연한 일이야
> 나는 한 덩어리의 작은 살을 알고 있지
> 〔……〕
> 가쁜 숨과 더운 땀은 자유로이 통과시켜주던 가죽
> 안에서 착하게 떨던 여리고 약한 주인들을
> (①-18~19)

> 힘이 세다는 것은 얼마나 슬픈 동작인가.
> 〔……〕
> 떨어져나가는 목숨을 붙잡으려 근육으로 모였던 힘은
> 여전히 힘줄을 잡아당긴 채 정지해 있다.
> 힘이 세다는 것은 얼마나 슬픈 동작인가.
> (①-24)

생명은 조형적인 시각에서 볼 때에 뼈대의 긴장을 통해 가장 건강하게 확인되는 듯하지만, 눈을 총체적 실체로 돌려보면 거기엔 생명의 원천인 정액, 구체적 내용물인 살 등이 엉켜 있음을 보게 된다. 이들은 힘의 상징으로 부각되는 뼈대와 달리 슬픔으로 시인에게 다가와 직선적인 생명관을 흔든다. 예컨대 정액은 "형체가 되기 전에 말라버린" 모습이 되어 시인을 착잡하게 한다. 정액은 자궁 안에서 난자와 만남으로써 비로소 형체를 갖는 길로 들어서지만, 모든 정액에게 이 같은 행운이 주어지는 것은 아니다. 무엇보다 자궁과의 만남이 선행되어야 하고, 그 이후로도 생명 형성의 길이 순탄하게 보장되는 것은 아니다. 무엇보다 수컷(혹은 남성)에게 있어서 정액이 반드시 생명을 창조하기 위한 소중하고도 엄숙한 결단으로만 반드시 방출되는 것은 아니기에, 자궁 내지 생명과 결부되지 않은 정액을 보는 일은 쓸쓸하고 슬프다. '살'의 경우, 그 슬픔은 더욱 심각하다. 특히 사람의 먹이나 짐승끼리의 먹이가 되기 마련인 '살'은 곧 죽음, 즉 생명의 끝을 의미하는 것이기에 슬플 수밖에 없다. 여기에 이르러 시인은 힘이 세다는 것 자체도 "슬픈 동작"이라는 고백을 하게 된다. 그 힘은 다른 살을 먹기 위하여, 혹은 다른 동물의 먹이 살이 되지 않기 위하여 버티는 실존적 고투에 불과하기 때문이다. 시인의 생명관은 따라서 그 변화가 예견된다. 어떻게 달라질까.

2

첫 시집에 수록되어 있는 「서른 살이 된다는 것에 대하여」는 「소」 연작, 「얼굴」 등과 더불어 김기택 시 세계를 가장 확실하게 대표하고 있는 작품이다. 무엇보다도 이 시는, 김기택 시인의 시적 발상이 신체적 상상력에서 발원하고 있다는 사실을 극명하게 보여준다. 인간의 언어를 갖고 있지 않은, 따라서 정신이 결여된 것으로 생각되는 동물 세계로 들어갔을 때 이미 그 조짐은 완연했다. 동물을, 그 몸뚱이밖에 다른 무엇으로 접근하겠는가. 어차피 신체를 중심으로 한 상상력이 발동할 수밖에 없다('육체적'이라는 표현 대신 '신체적'이라고 쓴 이유는, '육체'가 '몸', 그것도 성적 기능과 결부된 의미로 자주 쓰이는 근간의 상황을 감안한 것이다). 동물의 신체에 대한 묘사는 당연히 신체에 대한 시인의 관심일 터인데, 그것이 마침내 인간으로 옮겨진 경우가 바로 「서른 살이 된다는 것에 대하여」다.

> 가슴 대신에 머리에서 끓는 소리가 들리게 될 것이다
> 냄비의 얇은 금속성들은 낮은 소리로 악을 쓸 것이다
> 그대 지식의 갖가지 자양분을 지니고 있는 흰 골은
> 이제 계란처럼 딱딱하게 익을 것이다
> 생각들은 삶은 머리에서 나오게 될 것이다
> 깨어지면 물이 된다는 것은 얼마나 두려운 일인가
> 애써 배운 것들은 얼룩을 남기며 바닥에 스며들 것이고
> 비린 점액질을 닦아내기 위해 손을 씻어야 하지 않겠는가
> 안심하라 깨져도 여전히 둥글둥글하고 튼튼한 생각 속에서
> 희면 희다 노라면 노랗다 확실하게 구분된 말들이
> 까기 좋고 먹기 좋고 잘생긴 말들이 나오게 될 것이다
> (①-42)

서른 살이 된다는 사실에 대한 고려는, 이따금 문학작품의 모티프로서 작용한다. 시에서도, 소설에서도 그렇다(적잖은 실례들이 있으나

생략하겠다). 그러나 대부분의 경우 그것들은 윤리적 성찰로 나타나기 일쑤여서, 예컨대 더 이상 감정적 동요는 멈출 수 있겠다는 희망이나 결단을 피력하는 일로 간다. 그러나 이 시에서는 그 같은 에토스의 그림자가 발견되지 않는다. 철저하게도 열 살, 스무 살, 서른 살로 이어지는 성장과 발달이 묘사되면서, 그러한 맥락 안에서 일어나는 사고 혹은 사고의 능력이 측정되고 예견된다. 그렇다면 인간 역시 동물과 다름없는 존재가 아닌가 하는 슬픈 판단이 생길 수 있다. 지식은 "계란처럼 딱딱하게 익을" 것이지만, 그것이 나오는 곳은 '흰 골'이다. 생각들은 머리에서 나오지만, 그 머리는 '삶은 머리'다. '배운 것'들은 '점액질'을 닦아내기 위해 "손을 씻어야" 한다. 언어인 말들도 "까기 좋고 먹기 좋은 것"으로 묘사된다. 인간을 생물학적인 눈으로 관찰하고 묘사하기 좋아했던 저 19세기 말 자연주의로의 복귀인가. 작품의 남은 부분을 모두 읽어보자.

> 영양가까지 계산하여 잘 삶은 목청 속에서
> 말들은 강한 억양을 타고 근엄한 틀을 갖추어 나올 것이고
> 짭짤하고 구수한 양념들이 그 위에 뿌려질 것이며
> 더 이상 떫은 비린내는 나지 않게 될 것이다.
> 누구나 돈을 내고 사고 싶어지도록 탐스러워질 것이다
> 그대 머리는 냄비처럼 점점 튼튼해질 것이고
> 그대 목소리도 비례하여 점점 요란해질 것이다
> 시끄러워서 그대는 아무 냄새도 맡지 못하게 될 것이다
> (①—42)

그러나 김기택의 자연주의는 자연주의가 아니다. 전적으로 동물에 빗대어 사람이 묘사되고 있지 않을뿐더러, 의심 없는 확신에 가득 차 있던 예의 자연주의와 이 시는 매우 다르다. 동물 묘사에서 훈련된 신체적 상상력을 차용한 인간 '정신'의 구체화를 위한 콘텐츠 넣기 정도랄까. 그러나 그 구체화가 방법적인 물질화/동물화에 상당 부분 의지하고 있는 것은 사실이다. '목청'도 "잘 삶은 목청"이고, 말들은 그 목청에서 나온다. 흡사 돼지 목살에 양념이 뿌려지듯, 그 말들에도 "구수한 양념들이" 뿌려져 "더 이상 떫은 비린내"가 나지 않는다. 그리하여 너무나도 구상적인 형태로 된 서른 살짜리 인간의 조소화(彫塑化)가 이루어진다. 이 조소성은 김기택 시의 또 다른 특징인 바, 몸과 몸짓에 주목하여 그 미세한 움직임을 세밀하게 포착, 형상화하는 시의 당연한 결과일 것이다. 그러므로 『형상시집』의 릴케가 그렇듯이 김기택의 시도 시각적인데 그 시각은 균형을 갖추어야 서 있을 수 있는 조각품처럼 팽팽한 긴장감을 통해 성립한다. 먹이를 쫓는 동물들의 일거수일투족처럼 이를 추적하여 시폭에 담아내는 시인의 손길도 긴장될 수밖에 없다.

    신체적 상상력에 기초한 조소적 형상화의 한 전형으로서 「얼굴」에 주목할 수도 있다. 이 작품은 무심한 일상적 인간의 표상인 얼굴을 그 "폐허"의 바탕에서부터 추적하여 그려낸, 그야말로 신체적 상상력이 낳은 걸작이라고 할 만하다. 냉정하면서도 즉물적인 필치에 의해 '얼굴'이 비로소 탄생하는 순간이 잘 묘사된다.

    차갑고 무뚝뚝하고 무엇에도 무관심한 그 물체를
    내 얼굴이 생기기 전부터 있었음 직한 그 튼튼한 폐허를

> 해골의 껍데기에 붙어서
> 생글거리고 눈물 흘리고 찡그리며 표정을 만들던 얼굴이여
> 〔……〕
> 한참 뒤에 나는 해골을 더듬던 손을 풀었다
> 순식간에 햇빛은 살로 변하여 내 해골을 덮더니
> 곧 얼굴이 되었다
> (②-12~13)

형이상학을 거친 근대의 전통 속에서 '얼굴'은 인격의 표상이며, 인간의 인간됨을 상징화하는 정신의 기호이기도 하다. 얼굴에 대해서 모멸적 언사를 행하는 일은 인간을 모욕하는 정면 도전으로 간주된다. 얼굴은 그리하여, 가령 표현주의에 의하면, 표현의 정점이다. 예컨대 고트프리트 벤은 뇌수/해골을 인간의 구조적 공통성으로 삼으면서 인간의 독자적 개성을 오히려 뇌피라는 표면, 즉 얼굴에서 찾았다. 그러나 김기택은 반대다. 김 시인에게 중심은 해골, 즉 뼈대이며, 얼굴은 "그저 잠시 동안만 피다 지는"(②-12) 표정의 공장일 뿐, 중요하게 부각되지 않는다. 중요한 것은 어쨌든 얼굴이 육체의 일부로서 해부학적 접근의 대상으로 묘사되고 있다는 사실이다. 얼굴이 이렇게 해부되자 교통사고로 인해서 온몸이 "해골을 뚫고 풀어져 사방으로 흩어져간 후/사내는 이제 진짜 육체가 되는"(②-23) 전신 해부가 행해진다. 이러한 해부 현장을 많이 담고 있는 제2시집 『바늘구멍 속의 폭풍』에서는 그리하여 '소'를 비롯한 뱀, 멸치, 파리, 병아리들이 똑같은 솜씨에 의해 해부되고, 조형되어 마치 새로운 박제 작품들

처럼 늘어선다.

> 팔과 다리란 무엇인가
> 왜 살가죽을 뚫고 몸에서 돋아나는가
> (②-32)

그러나 앞의 시 「뱀」은 팔, 다리, 살가죽 등 신체에 대한 예의 동물학적 접근을 넘어 미묘한 시적 변화의 조짐을 내포하고 있다. 앞의 시는 다음과 같이 이어진다. 신체 배후의 요소가 나타나는 순간이다.

> 나는 안다 팔다리 달린 몸들을
> 그 몸들이 얼마나 뜨거운가를
> 그 끓어오르는 몸속에
> 얼마나 많은 울음이 들어 있는가를
> (②-32)

3

조소적 형상으로 나타나는 김기택 시의 주제는, 그러나 뜻밖에도 생명의 태동, 더 정확하게 말한다면 태동하는 생명이다. 그것은 조소적 형상과는 대조적인 역동의 현장이다. 이 상반되는 주제 조소/역동 현상의 대립 구도는 '잠' 속에서 완화된다. 첫 시집의 제목이 『태아의 잠』이었듯이 '잠'은 김기택 시의 근본 모티프이다. '잠'은 생성으로서의 잠이다. 그러나 이 시가 자궁 속에서 마치 의식을 갖고 잠을 자는 것인 양 묘사되듯이 "태아의 잠"은 사실 시인의 무의식 전반을 지배한다. 말하자면, 잠과 잠 비슷한 가수 상태까지 즐기는 것이다. '잠'은 생명 형성기의 '창조적 잠'으로 이해된다. 움직이지 않고 있으면서도 움직이는, 요컨대 '역동적 고요'로서의 잠이다.

〔……〕작은 숨소리 사이로 흐르는 고요한 움직임이 들린다 따뜻한 실핏줄마다 그것들은 찰랑거린다 때로 갈비뼈 안에서 멈추고 오랫동안 둔중한 울림이 되어 맴돌다가 다시 실핏줄 속으로 떨며 스며든다 이 소리들이 흘러가는 곳 어딘가에 새근새근 숨쉬며 자라는 한 아이가 숨어 있을 것 같다 〔……〕 심장이 되고 가슴이 되려면 〔……〕 잠은 얼마나 깊어야 하는 것일까

잠 속은 아늑하다 〔……〕 지금은 모든 것이 하얗다 아무것도 생각해본 일이 없는 투명한 뇌가 녹고 있는 중이기 때문이다. 아마도 더 깊은 잠에 빠져 이 잠에서 깨려나 보다

(①−39~41)

잠을 자면서 그 산은
수만 년의 지층에 고요히 머리를 묻고 있습니다.
잠을 자면서 그 산은
소리없이 창세기의 어둠을 마시고 있습니다.

(①−89)

이처럼 잠은 창조적 잠이다. 태초에 세상은 어둠이었고, 어둠 속에서 잠을 통해 새 생명이 태어난다. 그 과정을, 아니 그 사실 자체를 시인은 무척 신기해하면서 「연탄가스를 적당히 마시면」 1·2, 「목격자」 「연쇄살인 용의자」와 같은 작품들을 통해 짐짓 잠 비슷한 상황을 연출하기도 한다. 이 모든 시적 노력은 결국, 다시 말하거니와, 새로운 생명의 탄생에 대한 신비와 축복으로 이어진다. 어린아이, 새싹, 맑은 공기──새로운 이들 생명에 대한 관심은 그리하여 시집이 거듭될수록 신체적 상상력을 발 딛고 새로운 분위기를 이끌어나간다. 여기서 그의 '뼈대'적 관심 또한 그 강직의 이미지를 버리고 '둥긂'을 향하여 서서히 전환한다.

  가슴속 젖빛 어둠이 풀잎을 찾아
  새벽 공기처럼 푸르게 변하는 것을 보리
  어둠에서 걸러지고 걸려져 나온 빛이
  동그랗게 이슬을 쓰고 풀잎 위로 구르는 것을 보리
  (①-73)

  무엇인가 벌레 같은 놈들이 가지마다 기어나오고 있었다. 곧 꽃이 될 저 애벌레들은 어디에서 온 것일까.
  (①-90)

  아기는 신기하기만 하다
  목구멍에서 솟아오르는
  이상한 새소리

(①-37)

비 그친 뒤
더 푸르러지고 무성해진 잎사귀들 속에서
젖은 새 울음소리가
새로 돋아나고 있었다
(④-34)

그림 위에 커다랗게 씌어 있는 제목
토끼 6섯 마리.
아직은 6마리도 아니고 여섯 마리도 아닌,
크고 작은 토끼들처럼 제멋대로 섞여 있는
토끼 6섯 마리.
그러나 6마리와 여섯 마리 사이에서
곧 튼튼하고 촘촘한 철망이 될 것 같은
토끼 6섯 마리.
(④-53)

깊은 주름을 흔들며 앞니 빠진 아이처럼 깔깔거리는 할머니,
상한 데 없는 맑고 어린 웃음이 경로당에서 나온다.
(④-70)

어린아이든, 토끼든, 새든, 풀잎이든, 심지어 할머니에 이르기까지 새로운 조명을 받으며 새로워진다. 이때 새로운 조명은 '잠'과 같은

순수 침잠의 세계를 거치는 것이다. 새 생명의 발견과 이에 대한 찬탄은 생명의 성장과 더불어 시인의 직선적인 초기 사물관을 '둥글게' 만들어간다. 삶의 전면적인 수용, 슬픔의 수락이라고 할 수 있는 이러한 변화를 시인은 작품 자체를 통해 직접적으로 천명한다.

직선:
등뼈와 말뚝 사이를 잇는 최단거리.
온몸으로 말뚝을 잡아당기는 발버둥과
대지처럼 미동도 하지 않는 말뚝 사이에서
조금도 늘어나거나 줄어들지 않는 고요한 거리.
원:
말뚝과 등거리에 있는 무수한 등뼈들의 궤적.
말뚝을 정점으로 좌우 위아래로 요동치는 등뼈.
아무리 격렬하게 흔들려도 오차없는 등거리.
격렬할수록 완벽한 원주(圓周)의 곡선.
(④-20)

이 시는 말뚝에 매어 있는 개를 보면서 개와 말뚝 사이의 팽팽한 긴장을 한 소견처럼 적는다. 여기서 주목을 끄는 점은 그 완강한 거리 때문에 우는 개 울음으로 인해서 시인이 "밤마다 그 울음에 내 잠과 악몽이 관통당하고" 있다고 고백하고 있다는 사실이다. 시인은 결국 말뚝의 개를 풀어준다. 시의 말미에서 시인은, 그럼에도 불구하고 상존하는 긴장을 말하고 있으나, 그것은 주위를 맴도는 곡선의 긴장이다. 이 긴장마저 소멸된다면 시는, 문학은 불가능하리라. 그리하여 가장 최근의 시집 『소』에서 자전거 타는 사람의 "둥근 두 엉덩이"(④-9), "둥글고 탄력있는 타이어"(④-10) 등이 새롭게 떠오른다. 이와 함께 일상사의 다양한 측면들이 일견 공통점 없이 묘사되고 있으나, 그 잡다와 부조리까지 껴안는 시인의 '둥근' 시선이 돋보인다. 눈길에 미끄러져도 "좀처럼 일어나지 않고"(④-45), 여성의 몸에 시선이 끌려도 "낡고 폭력적인 유산"(④-47)으로 받아들인다. 수다를 예찬하는가 하면(④-62, 63), 타인에 대해 자의적 판단을 해서는 안 되겠다는 다짐(④-66, 67)도 한다. 마침내 시인은 소음마저 음악으로 느끼는 에토스적 경지로 나아간다. 벌써 달관인가. 그렇지는 않다. 그 결론은 「소」에 있다. 삶이 비록 '감옥'으로 인식되더라도 '동그란' 소에게 어쩌면 한 구원의 역설이 있을지도 모른다는 생각.

> 수천만 년 말을 가두어두고
> 그저 끔벅거리고만 있는
> 오, 저렇게도 순하고 동그란 감옥이여.
> (④-17)

〔2008〕

## 허기와 시적 생산성
— 김혜순의 시

1

김혜순의 시는 여성의 인격에 대한 관능적 고찰이다. "관능적"이라고 말했지만, 조금 과장해서 말한다면, 비탄적 선언이라고 해도 좋다. 그 선언은, 선언이라고 불러도 좋을 정도로 분명한 음성으로 발화될 때도 적지 않지만, 많은 경우 은밀하게 감추어져 있다. 특히 초기 시에서 그 현상은 거의 눈에 띄지 않을 만큼 숨어 있어서, 간혹 발견되는 그에 관한 평문에서도 핵심적으로 거론되는 일이 별로 없는 듯하다. 가령 여성문제를 음험한 미소로 드러내기 시작한 제2시집 『아버지가 세운 허수아비』(이하 ②로 표기)를 거쳐 제4시집 『우리들의 음화(陰畵)』(이하 ④로 표기)에 이르기까지, 이 문제와 관련된 어떤 지적이나 논평도 보이지 않는다. 김혜순의 시가 여성, 에로스, 페미니즘으로 연결되는 세계를 본질로 하고 있다는 점을 최초로 날카롭게 관찰한 이는 성민엽이다. 제5시집 『나의 우파니샤드, 서울』(이하

⑤로 표기)의 해설에서 그는 김혜순 시의 관능성을 분석하면서 "김혜순은 행복한 에로스의 세계를 마음껏 향유하거나 거기에 탐닉하지 못한다. '너'와의 만남이 끝없이 유예되고 있기 때문"이라고 지적한다. 소박하게 말한다면 사랑, 혹은 사랑하는 사람과의 진정한 만남이 유예되고 있다는 것이다. 시인의 시는 바로 이 유예의 산물일 터인데, 그것은 막연히 사랑하는 사람을 기다리는 동경이나 한 같은 전통적 정서와 확연히 다르다는 점에서 페미니즘으로의 지평을 열어주는 개척점을 확보해주는 것이다. 여성문제에 대한 비탄적 선언이라는 나의 명명은 이러한 지점과 연관된다. 그렇다면 사랑, 혹은 사랑하는 사람의 결핍을 모티프로 하면서 그리움과 같은 전통 정서와 배반되고 엇물리는 시인의 세계란 무엇인가? 미상불 페미니즘의 본질과도 연락될 수밖에 없는 이 세계의 규명이 바로 김혜순 읽기가 된다.

가령 첫 시집 『또 다른 별에서』(이하 ①로 표기)부터 그렇다.

> 기다리던 신랑(新郞)은 오지 않고
> 누구냐?
> 흰 눈만 나린다.
> (①-60)

「기다림」이라는 시 첫 부분인데, 시의 진행에 따라서 윗목에 앉은 신부는 문종이만 찢고, '메마른 눈'이 한 번 더 쏟아지고, 기다리던 신랑은 멀어지는 것으로 진술된다. 여기서 문종이만 찢는 신부와 더불어 나타나는 '메마른 눈'은 30년 가까운 이 시인의 시력에서 변하지 않고 그의 세계를 발전시키는 중요한 이미지로서도 주목된다. 게다가

이 작품 바로 옆자리에 있는 작품 「벌목하는 변강쇠」에도 주목할 만한 내용이 나온다.

> 불 먹은 여자가 뛰어오고
> 난 알게 되었네
> 이렇게 서서 죽을 줄
> (①-61)

앞서 '메마른 눈'은 후기 작품으로 나아가면서 빈번히 나타나는 얼음이며, '불 먹은 여자' 또한 '우파니샤드' 이후 자주 등장하는, 열정에 사로잡힌 시적 자아의 또 다른 모습이다. 얼음과 불은, 말하자면 김혜순 '여성'의 본성이 압축된 상반된 외모이다. 이제부터 살펴보게 될 이 상반된 외모가 첫 시집에 이미 나오고 있다는 사실은, 피상적인 변모에도 불구하고 김혜순의 시 세계가 사실은 단호한 기반에 깊이 뿌리박혀 있음을 보여주는 것이다. 그것은, 반복하거니와 끈질긴 여성성이며, 질서와 규범에 도전하는 파괴와 파격으로서의 여성성이다. 여성성에 대한 관습적 통념에 순치되어온 우리의 '교양'과 '명분'이 그것을 바로 보지 못하기 때문에, 김혜순 시의 페미니즘적 폭발력은 그 이해 자체가 유예되어왔고, 문체의 탄력성과 치열한, 부정적 언어라는 기법적 차원에서 대체로 접근되었던 것으로 보인다. 그러나 김혜순 시의 파괴력, 그 단절과 비약, 환유의 돌발성 등은 단순히 기법이나 형식의 차원 아닌, 시인이 밀고 나가고자 하는 메시지 전달 과정의 불가피한 현상으로 해석된다.

   그 메시지는 바로 관습 속의 여성성을 부수고, 인간으로서의 여성성을 새롭게 세우고자 하는 몸부림의 언어이다. 김혜순의 메시지라고 나는 말했지만, 그러나 이 시인의 메시지는 삼중, 사중으로 감추어져 있어서, 표면상 그녀의 시는 철저하게 이미지화되어 있다. 그러니까 심층의 강력한 메시지로 인하여 시는 오히려 이미지로서의 강렬한 인상을 더욱 부각시키게 되는 것이다. 이 모든 어렵고 난삽한 과정과 현상은, 관습으로서의 여성, 전통 정서, 전통 언어에서 벗어나야 획득될 수 있는 페미니즘적 지평 위의 여성성으로 가는 길목에서 드러난다. 김혜순의 새로운 여성성 세우기는, 더욱이 관념적 이데올로기의 도입에 의해서 이루어지지 않기 때문에 한결 난해한 도정을 밟을 수밖에 없다. 시인은 자신의 치열한 욕망이라는 내발적 요구를 통한 시적 자아를 추구하면서 이 문제와 내접/외접한다. 말하자면 시적 자아의 자연스러운 발화와 여성의 인간화라는 명제가 함께 가고 있는 것이다. 아니, 더 정확하게 말한다면, 그 내발적 폭발이 바로 여성의 인간화를 위한 절규가 된다.

  시인의 첫 시집이 『또 다른 별에서』이며, 그다음 시집이 『아버지가 세운 허수아비』라는 점은, 그 제목에서부터 벌써 의미심장하다. 시인은 여성으로서의 자신의 자리를 "또 다른 별"로 의식하고, 그렇게 기표한다. 왜 시인은 같은 별 안에 남녀가 사이좋게 공존한다고 생각하거나, 아예 그 사실을 무의식으로 지나치지 않는가. 굳이 "또 다른 별"로 느껴야 할 사연이 있었는가. 있었다.

    아버지가 허수아비를 만드신다
    어머니 저고리에 할아버지 잠방이를
    꿰어서 허수아비를 만드신다

> [……]
> 아버지가 허수아빌 세우시고
> 넝마들에게 준엄하게 이르신다
> 황산벌에 계백 장군 임하시듯
> 늠름하게 쫓아뿌라, 잉
> [……]
> 혼자서 흔들린다
> 그 뒤편에 전쟁보다 더 무서운
> 입다물고 귀막은 적막강산이
> 호올로 큰 눈 뜨고 있다
> (②-79~80)

아버지다. 거의 모든 사람들에게 아버지는 억압의 근원이다. 그러나 시인들에게서는 동시에 창조의 근원이 된다. 창조의 근원은 억압이니까. 시인을 "또 다른 별"로 인식시켜준 이, 그 힘의 자리에 아버지가 있다. 아버지는 기껏 허수아비를 만들고 호령했지만, 딸자식은 거기에 복종할 수밖에 없었고, 그 위장된 복종은 딸자식을 시인으로 만들었다. 아버지의 허수아비는 "혼자서 흔들렸"지만, 그 때문에 시인을 포함한 모든 주위는 "입다물고 귀막은 적막강산"을 살 수밖에 없었다. 억압-적막강산은 "또 다른 별"을 탄생시켰고, 이제 그 별은 고통스럽게 허수아비를 마주 본다. 허수아비의 허상은 이미 파악되었으나, 적막강산을 벗어나는 일은 간단치 않다. 세번째 시집 제목이 주장하는 바, 그 일은 『어느 별의 지옥』으로 명명되며 시인은 그 공간, 혹은 그 세월을 악몽과 더불어 지나간다. 『아버지가 세운 허수아비』에서 시인의 절규는 가장 직접적으로 표출된다.

　　진정코 한번 멋들어지게 폭발하고 싶다. 그래서 이 껍질을 벗고 한 줌의 영혼만으로 저 공중 드높이⋯
　　(②-7)


　　　　　　　　　　　2


　　지옥 경험 이후 시인이 도달한 곳은 사막의 땅이며, 침묵의 시간이다. 그것은 일견 달관과 체념의 경지인 듯하지만, 김혜순의 침묵은 죽은 정역학의 그것이 아니다. 그녀에게 있어서는 죽음도, 시체도, 귀신조차도 침묵이라는 말이 의미하듯 결코 가만히 있지 않다. 일단, 움직이는 그녀의「침묵」을 보라!

　　　　나는 사막에다 말을 걸고 싶은 타조처럼
　　　　동굴 벽에다 그림을 새기고 싶은 크로마뇽인처럼
　　　　자동차사막 바퀴사막을 달려간다
　　　　끈적끈적한 침으로 빚은
　　　　묵에다 시를 새기고 싶어
　　　　어둔 밤 사막을 휘휘 저어 달려간다
　　　　말은 안 하고
　　　　침을 게워
　　　　묵을 만드는 사람들 사이로

그 묵에 갇혀 급기야 콘크리트 되는
사람들 사이로
(④-12~13)

시인은 비록 말은 안 할지언정, 대신 "침을 게운"다. 그 침으로 묵을 만드는 사람들 사이로 달려간다. 그 묵에다 시를 새기고 싶어 한다. 요컨대 침묵의 순종자로 물러서지 않는다. 그렇기는커녕 훨씬 더 끈끈한, 집요한 모습으로 저항한다. 아버지에게, 아버지로 대표되는 체제와 남성들, "급기야 콘크리트 되는 사람들"에게 달라붙는다. 그것이 시인 자신이 그린 "우리들의 음화(陰畵)"이며, 그것은 그대로 네번째 시집 제목이 된다. 여기서 그녀는 침묵 이후의 풍경들로서 "죽은 자들의 춤"을 보여준다. 그리고 시체를 찬양한다.

지난 시절엔 왜 그리도 자주 젊은 시신들이 땅 속에서, 물 속에서 떠오르던지. 나는 그만 죽음에 휘둘려서. 사인불명의 퉁퉁 불은 시신을 앞에 놓고 우리는 왜 그리 또 손바닥이 붉어지던지.

또 시집을 내느냐고 웃는 사람에게 이 귀신들을 하나씩 선물한다. 부디 머리 풀고 곡하면서 소란스럽기를.
(④-7)

『우리들의 음화(陰畵)』는 바로 시체들의 모습이라고 할 만큼, 이 시집에는 시체들이 넘쳐난다. "죽어서도 못 썩을 우리들의 음화(陰畵)"(④-27)라고 할 정도로 '시체는 슬픔 때문에 썩으며'(④-51),

'조국은 귀신으로 꽉 차'(④-63) 있고, "무덤 밖으로/감춰둔 시체들이 떠오른다"(④-64). 죽은 이들은 '또 수의를 입고'(④-78), 침대 위의 두 남녀마저 '공동묘지를 휘어잡는다'(④-115). 그리하여 아예 「죽음 아저씨와의 재미있는 놀이」라는 연작시까지 생겨난다. 그것은 아마도 어린 시절의 술래잡기, 콩주머니 던지기, 줄넘기까지 "죽인다" "죽었다"는 말로써 놀이의 승부가 진행되었던 두려움의 기억이 시인을 압박한 것이 아니었을까. 이 시절, 즉 1980년대 중반의 현실은 특히 시인들에게 도저한 공포의 현실로 각인되었는데, 김혜순에게서도 그 영향은 적지 않았던 것으로 보인다. 광주학살에서 발원하는 이 죽음의 현실은, 시인의 내면적 죽음과 합쳐지면서 그녀에게 현실감을 배가시킨다. 마치 고트프리트 벤에게서 자신의 개인적 죽음 체험과 바깥 전쟁에서의 죽음 체험이 일종의 시너지 상승으로 그를 몰아갔던 것과 흡사하다. 그러나 초기 시를 떠나는 이즈음 시집에는 다음 지평을 예감케 하는 중요한 한 단서가 포착된다. 「내 시(詩)를 드세요」라는 작품이다.

> 그리하여 나는 부글부글 끓어올라요
> 입김이 뭉글뭉글 솟아오르잖아요?
> 수많은 추억을 혼합하여 끓인 찌개처럼
> 돌아온 당신들이 쓰러진 나를
> 흰 식탁에 내려놓고
> 찬 숟가락을 확 들이밀 때까지
> 내가 이제 더 이상 볼 것이 없을 때까지

나는 시방 또 끓어올라요
(④-78~79)

　이 시는 그 앞부분에 "죽은 이들이 또 수의를 입는"다면서 죽음이 억울한 죽음임을, 그 죽음이 따라서 침묵으로 끝나지 않음을 보여주면서, 죽음들의 반란을 격려한다. 그리하여 그들은 돌아와서 시인을 오히려 쓰러뜨리고 식탁에 올려놓는다. 여기서 주목되는 것은, 시인이 "부글부글 끓어오른"다는 점이다. 이 점은 두 가지로 해석된다. 그 하나는, 음식으로서의 가치가 있다는 뜻이 될 수 있다. 부글부글 끓어오른다면 맛있는 찌개일 터이며, "입김이 뭉글뭉글 솟아오른다"는 묘사도 이 해석을 거든다. 그것은 곧 죽은 자들의 먹이를 자처하는 속죄 의식의 발로일 수 있다. 그러나 또 다른 하나의 해석은, "끓어오름"과 "솟아오름"이 결국 시인의 현실적 자아, 경험적 자아를 시적 자아로 이동시킨다는 결론으로 유도될 수 있다. "수많은 추억을 혼합하여 끓인 찌개"라는 표현과 더불어 무엇보다 「내 시(詩)를 드세요」라는 제목이 이 해석을 가능케 한다. "끓임"은 발효와 함께 음식에 있어서 그 성질을 변화시켜 새로운 생성으로 이끄는 요체가 되는 방법이다. 시는, 말하자면 죽음의 현실이 끓여져 마련된 새로운 양식이다. 시인이 내 시를 먹어달라고 말하는 것은, 그러므로 죽음의 현실을 넘어서서 그 모든 것을 아우르는 시인으로 살겠다는 것을 표명하는 것 아니겠는가.
　『나의 우파니샤드, 서울』은 이러한 과정을 거쳐서 당도한 산지로서, "또 다른 별"에서 "지옥" 생활을 할 수밖에 없었던 "여성"이 스스로 찾아낸 여성 발견이다. 그러나 "별"에서 떠나서 도착한 "우파니샤드"가 반드시 탈출이나 자유인 것만은 아니다. 아버지는 떠나갔고, 표면상 억압은 완화되었고, 죽음은 장사되었으나, 그리고 무엇보다 여성으로서의 시적 자아가 형성되기 시작하였으나 여전히 아버지는 무거워 "어쩌면 좋아, 이 무거운 아버지를"(⑤-49)이라는 고백이 남아 있다. 게다가 아버지 "잡아먹은" 시인은 이제 그 자신이 아버지가 되었음을 슬퍼한다.

> 애야
> 천년 묵은 여우는 백 사람을 잡아먹고
> 여자가 되고, 여자 시인인 나는
> 백 명의 아버지를 잡아먹고
> 그만 아버지가 되었구나
> (⑤-49)

다섯번째 시집에 와서도 아버지의 무거운 유산을 벗어버리지 못하는 시인에게, 그러나 이미 네번째 시집에 여성의 몸을 발견하는 시적 자아가 출현하고 있다는 사실은 놀랍다(사실 놀라운 일이라고까지야! 이항공존을 거쳐 새로운 성숙이 열릴 터이므로). 『우리들의 음화(陰畵)』에 벌써 등장하는 몸을 보라.

> 식지 않는 욕망처럼
> 여름 태양은 지지 않는다
> 다만 어두운 문 뒤에서
> 잠시 쉴 뿐 서산을 넘어

결코 사라지지 않는다

다시 못다 끓은 치정처럼
몸속에서 종기가 곪는다
날마다 몸이 무거워진다
밥을 먹을 수도 돌아누울 수도 없을 만큼
고름 종기로 몸이 꽉 찬다

한시도 태양은 지지 않고
한시도 보고 싶음은 지워지지 않고
한시도 끓는 땅은 내 발을 놓지 않고
그리고 다시 참을 수 없는 분노처럼
내 온몸으로
붉은 혹들이 주렁주렁 열린다.

(④-111)

　김혜순이 여성으로서의 몸을 발견하는 순간은, 이처럼 그 처음에 분노와 더불어 이루어진다. 아버지로 표상되는 남성 중심의 체제로부터 강요된 금욕적 억압에서 유발된 분노이다. 이 시인의 전성기에 그 역시 전성기에 있었던 페미니즘적 표현에 따르면 "남성적 욕망의 대상일 뿐인 여성의 몸"에 대한 분노이다. 이때 그 몸은 몸이 아니라 물건이며, 비생명적 사물로 백안시되는 대상이다. 어찌 김혜순의 분노가 없을 수 있으랴. 이후 김혜순의 '몸 시'는 후기 시의 핵심으로 등장하면서, "여성의 몸" "몸으로 쓰는 시" "페미니즘 문학의 선두" 등의 별호와 함께 이 분야의 개척자적 성취를 이루어나간다.

3

김혜순 시의 매력과 성취는, 그러나 사실은 그의 이미지에 있다. 특히 생략과 도약, 차원이나 범주를 혼동시키며 그 모두를 감싸 안는 색채상징farbliche chiffre은 단연 주목된다. 흡사 팝아트, 혹은 오프 아트의 그것처럼 논리가 무너진 채, 제멋대로 얽혀져 있는 그림 같다. 실제로 시인의 시에는 피카소의 "청색시대"와도 같은 제목의 「청색시대」(제6시집 『불쌍한 사랑 기계』)가 있다.

> 파리로 날아가기 전 바르셀로나의 피카소는 청색시대를 난다
> 하늘과 바다가 맷돌처럼 맞붙어
> 갈아낸 푸른 가루가 식구들 위로 풀풀 날린다
>
> 오늘 일 끝내고 이불을 끌어올리면
> 바다를 오래오래 구워
> 내 뼈를 만들어주신 하나님이
> 나를 또 바다로 부르시네
> (⑥-14)

피카소의 「청색시대」는 그가 조국 스페인의 바르셀로나를 떠나 파리로 온 1901년부터 그곳에 완전히 정착하게 된 1904년 봄까지 3년

반에 해당하는 시기로서, 이 시기의 피카소는 슬픔과 가난에 빠져 있었다. 이 20세기 벽두에 피카소는 스페인에서나 파리에서나 절망만을 느낄 수밖에 없는 상황이었고 그것을 청색으로 그렸던 것이다. 그런데 시인 김혜순은? 시 「청색시대」를 중심으로 살펴볼 때, 시인의 청색 역시 슬픔의 색으로 드러난다. 그런데 그 슬픔은 묘하게도 성적 억압과도 연관된 관능의 슬픔과도 같은 분위기를 자아낸다.

저 세월의 바다에 잠긴 내 푸른 사진들
푸른 이끼 퍼진 얼굴이 껴안은 푸른 내 애인

퍼내도 퍼내도 푸른색은 퍼지지 않아
(이불을 들썩거리며 돌아누우며)
누가 저 바다를 꺼다오

수천 개의 수상기들이 철썩거리는 소리
내 애인에게 푸른 옷 입히는 소리
꺼다오
[……]
피카소는 어떻게 뼛속의 바다를 건너
장밋빛 시대의 암술 속으로 들어갈 수 있었을까
그는 어떻게 뼛속의 바다를 건넜을까
(⑥-14, 15)

시인은 피카소를 잘 알고 있다. 그의 고향 스페인의 말라가, 그리고 파리 이전의 청소년기였던 바르셀로나의 피카소를 김혜순은 잘 알고 있다. 피카소의 가난, 피카소의 열정을 그는 안다. 그의 외로움과 그의 정욕까지 시인은 안다. 특히 주목되는 부분은 욕망이 야기하는 슬픔으로서의 청색이다. 그 청색은 앞의 시 다른 부분에서 명료하게 드러난다.

> 뭉글뭉글 피어오르는 바다 나무 한 그루
> 바다 나무 이파리들이 바다 커튼처럼
> 커튼을 걷고 안으로 걸어 들어가면
> (⑥-14)

바다 나무 한 그루가 뭉글뭉글 피어오를 때 시인의 욕망도 피어오른다. 청색이라는 표현은 생략되었어도 "바다 나무 이파리들이 바다 커튼을 걷고 안으로 들어"간다는 말속에서 우리는 관능의 개화를 감지한다. 그리하여 "내 푸른 사진들은 바다에 잠기고, 내 애인의 얼굴에 푸른 이끼가 퍼진" 것을 본다. 커튼을 걷고 그 속으로 걸어들어가 부유하는 푸른 욕망의 바다! 그 푸른색은 아무리 "퍼내도 퍼내지지 않는"다. 보통 뜨거움, 붉은색으로 표현되기 일쑤인 욕망의 불길이, 이 시에서는 푸른 바다로 나타나기에 시인은 "누가 저 바다를 꺼다오"라는 기이한 수사법을 사용한다. 그러나 김혜순의 시 전체를, 그리고 그의 색채상징의 문법을 들여다볼 때, 그 수사법은 별로 기이하지 않다. 그럴 것이 시인의 욕망은 우리가 생각하듯 훨훨 타오르는 불길이 결코 못 되기 때문이다. 굳이 분석한다면, 그 욕망은 금지되고 억압된, 말하자면, "멍든 욕망"이기에 붉지 못하고 푸른 상태에 머무른다. 일종의 상상 임신이나 가수(假睡)와도 같은, 결과적으로 일그러진 욕망인 셈이다. 따라서 시인의 청색에 슬픔이 덧입혀져 있다면, 그 슬픔은 한 번도 제대로 발화하지 못한 채 염원으로 유예되어 있는 욕망 그 자체에 대한 슬픔이다. 파리로 가서 마음껏 욕망을 실현한 피카소는 따라서 시인에게 선망의 존재이다. 도대체 "어떻게 뼛속의 바다"를 건널 수 있었고, 어떻게 "장밋빛 시대의 암술 속으로 들어갈 수 있었을까" 궁금해하는 것은 당연하다.

 욕망이 슬픔으로 받아들여진다는 사실은 김혜순 시의 모티프이며, 또한 시 문맥 전반의 기조를 이룬다. 이 사실은 제6시집『불쌍한 사랑 기계』에서 김혜순의「청색시대」를 형성한 이후, 최근작『한 잔의 붉은 거울』(제8시집)에서 붉은색의 화려함을 뽐내기까지 일련의 색채상징으로 뒤덮인다.

 사랑한다? 사랑하지 않는다? 파도는 숨골 속을 두드리고 차가운 별이 눈물 심지어 가끔씩 부딪힌다. 밤늦도록 벼랑에서 파란 인광을 내뿜는 내가 모르스 부호처럼 깜빡거린다.
 (⑤-23)

밤마다 지구가
달을 어른다
푸른 지구는 한껏 몸을 부풀려
오, 아름다운 그대 눈동자!
(⑤-61)

이브 클라인이 사색과 슬픔의 빛,
짙푸른 물감통에
하얀 알몸의 여자들을 풍덩풍덩 담갔다 꺼낸다

하얀 광목 위에 울투라마린 블루
몸도장을 찍는다
〔……〕
검은 그림자들 뛰어다닌다 잠든 종로의 심해어들 날아다닌다
칠흙같이 검고 진흙처럼 물컹한 얼굴에
짙푸른 별을 두 개씩 매달고
엄마 없는 갓난애기 심해어들처럼
울며 소리치며 교미하며
(⑤-116, 120)

"파란 인광을 내뿜는 나"와 "한껏 몸을 부풀리"는 "푸른 지구"가 욕망의 외로움과 슬픔의 몸을 보여준다는 것은 이해하기 어렵지 않다. 그것은 아예 「사색과 슬픔의 빛, 울트라마린 블루」라는, 앞의 시의 제목이 직접적으로 표현하고 있는 바와 일치한다. 푸른색은 때로 "검푸른" 혹은 "짙푸른"으로 나타나면서 그 슬픔의 농도를 강화한다. 그런가 하면 검정색으로 나와서 절망의 바닥을 드러내기도 하며, 표면상 정반대되는 색, 즉 흰색으로 나와서 눈, 얼음 등의 이미지를 통한 냉혈, 차단, 고립의 감각을 제공한다. 가령 검정색은 이렇다. 제7시집 『달력 공장 공장장님 보세요』를 보자.

검은 쓰레기 봉투 속에서 날벌레의 애벌레들이 확 쏟아지자
흠칫 놀란 청소부들이 한 발짝 물러나고
절대로 썩지 않을 꿈의 냄새가
밤거리를 물들였어요 내 몸속 어디에 목숨이 숨어 있는 걸까요?
십만 개도 넘는 머리칼들이 꽉 움켜쥔
검은 쓰레기 봉투 하나가 밤거리에 서 있었어요.
(⑦-59)

그런가 하면 다른 한편, 흰색은 또 이렇게 나온다.

하얀 블라인드 쳐진 방 안, 문을 열고 들어가 가방을 던지자 방 안 가득 눈이 쌓여 있는 것이 보입니다 [……] 그러나 저기 아직도 펼쳐져 있는 하얀 이불 능선 속에서 찬 기운이 뭉클 올라옵니다 [……] 모두 흰 눈뿐입니다 형광등 불을 켜자 흡사 냉장고 속 같습니다 몸에서 차가운 물방울이 솟아오릅니다
(⑤-41)

파란색은 검정색, 흰색과 함께 비슷한 감각의 의미망을 이룬다. 피카소의 친구이기도 했던 거트루드 스타인은 "깊은 슬픔에 빠졌던 피카소는 「자화상」을 청색으로 그렸다"고 하면서, 청색은 검정색, 흰색과 함께 조국 스페인의 색깔로 같은 계열임을 주목하였다. 이 세 색들은 무엇보다 차가운 색이라는 공통성 위에 있고, 김혜순의 앞의 시 또한 차가운 "냉장고"가 강하게 지시하듯 냉혈과 냉혹의 이미지를 엄혹하게 만들어낸다. 「이다지도 질긴, 검은 쓰레기봉투」의 그 검은 쓰

레기봉투는 무엇일까? 이 시의 앞부분과 연관될 때, 그것은 마치 피카소의 「자화상」처럼 시인 자신의 자화상임이 분명해진다. 인용 뒤의 시 「블라인드 쳐진 방 3」 역시 그 같은 절망에 빠진 시인의 방임이 또한 분명하다. 그러나 흡사 냉장고 같은 방이 무슨 방이겠는가.

김혜순 시의 색채상징에 관하여 관심을 갖고 처음으로 이를 분석한 이는 놀랍게도 소설가 이인성이다. 그는 제8시집 『한 잔의 붉은 거울』 해설에서 붉은색을 중심으로 한 시인의 최근 경향을 다루면서 "붉은색이 푸른색을 키우고, 푸른색은 붉은색을 피운다"는 주목할 만한 발견을 내놓는다(⑧-162). 속으로는 붉은 피가 흐르는데 겉으로는 푸르게 보이는 "정맥의 강가"에서 "붉은 열꽃"이 핀다는 것이다. 이 해석은 제7시집 『달력 공장 공장장님 보세요』를 포함한 후기 김혜순의 성숙을 압축하는 탁견으로 생각된다.

4

김혜순의 시는 김영옥이 잘 지적하고 있듯이 여성의 몸을 통한 여성의 시다. 시적 화자도 여성이지만 그 대상도 여성이고, 비록 시각적 이미지의 조작에 의한 화상 제출의 형식을 띠고 있으나 그 메시지도 여성에 관한 것이다. 초기에 시인은 아버지와 부권 체제의 억압에 대한 반항, 그로 인한 소외감을 그리고 있는 것으로 나타났으나, 시간의 진행에 따라서 여성의 육체성, 신화성, 사회성 전반으로 그 세계가 심화된다. 그러나 서사의 세계와 달리 서정시에서 (에밀 슈타이거Emil Staiger의 지론대로 모든 서정시가 반드시 서정적인 것은 아니

다) 이 문제는 객관적 서술 아닌, 시인 자신의 주관을 통해 체현됨으로써 김혜순은 자신의 몸을 던져 시를 살린다. 이 살림의 과정과 방법은 꽤 거칠다. 시인으로서는 그가 맞서는 체제와 현실의 껍질이 단단하기 때문에 문법적 논리를 뛰어넘는 것 자체가 형식 파괴를 넘어서는 새로운 형식이 되며 곧 메시지가 된다. 시인 스스로의 고백대로 침묵으로 견디다 못해 터져 나오는 비명이 시 쓰기이기 때문에 이 기법은 「여성적 글쓰기」라는, 페미니즘의 본질과 내통한다. 비명에는 질서가 없고 진실의 절규만이 있다. 그렇다면 어떤 침묵으로부터 비명은 터져 나오는가. 앞서 살펴본 억압과 소외, 그리고 반항과 파괴로 범벅이 된 "악몽"의 파편들이 그것일 것이다. 여성을 깔아뭉개고, 내쫓고, 희롱하는, 여성 화자인 여성 시인의 꿈. 그 꿈은 악몽이다. 악몽 속에서 터져 나온 시는 따라서 파괴의 문법을 가질 수밖에 없다.

    A는 B에게, B는 C에게, C는 D에게, D는 A에게
    달려가서 환하게 터지고 싶어!
    너무나 괴로운 나머지, 괴로움도 잊은 B!
    밥 먹던 사람들을 향해 38구경을 들이대고
    순식간에 피가 낭자한 화면!
    그 화면을 향하고
    비상구 하나 없는 물통들이
    두 눈 부릅뜨고 가득 앉아 있다.
    (④-16)

    악몽이네, 내 몸속에 집 짓고 새끼 낳은 수만 마리의 제비 떼들이

>  자욱이 내 몸 밖으로 나온 끈에 묶인 채
>  천 년 전의 검은 화촉들처럼
>  오지 마라, 오지 마라, 소리소리 지르며
>  날다가 돌아오고, 또 돌아와 내 몸에 깃드는데
>  (⑦-33~34)

「타락 천사」「애처로운 목탑」두 편의 시 일부인데, 여기에 이르면 더 이상 소외와 억압을 감수하지 않고, 여성 경시의 현실에 파괴적으로라도 저항하겠다는 의지가 강하게 투영된다. 남근주의에의 도전과 여성의 인간성 회복으로 요약될 수 있는 이 시기는 제6시집 『불쌍한 사랑 기계』, 제7시집 『달력 공장 공장장님 보세요』에 집중되어 있는데, 시인은 이즈음 「청색시대」를 서서히 떠나면서 색채상징에 대해서도 조금쯤 답답해한다. 그리하여 시인은 마침내 한 결론에라도 이른 듯 『한 잔의 붉은 거울』에 도달한다.

>  나는 붉은 잔을 응시한다 고요한 표면
>  나는 그 붉은 거울을 들여 마신다.
>  몸속에서 붉게 흐르는 거울들이 소리친다.
>  너는 주점을 나와 비틀비틀 저 멀리로 사라지지만
>  그 먼 곳이 내게는 가장 가까운 곳
>  내 안에는 너로부터 도망갈 곳이 한 곳도 없구나
>  (⑧-19)

『한 잔의 붉은 거울』을 흥건히 적시고 있는 붉은색의 홍수는 두 가지의 이미지, 즉 "붉은 파도"와 "붉은 잔"으로 요약되는데, 파도는 시집 전반에 걸쳐서 섹스의 몸짓으로, 잔은 물론 술로 해석된다. 그러나 붉은색으로의 도달은 그 도정이 여전히 일시적인 느낌을 감출 수 없다. 술과 섹스로 나타난 시적 자아는 위태로울 뿐 아니라 여성성 구현이라는 보편적 명제를 생각할 때, 매우 개인적이기 때문이다. 물론 여성으로서의 악몽에서 탈출한 개인 "김혜순"의 실존은, 그것이 비록 아슬아슬하더라도 소중하다. 그러나 그 개인과 보편과의 사이가 가까워질 때, 그는 더 중요한 우리 시의 위상을 획득할 것이다.

〔2008〕

# 치열한 서늘함, 지독한 사랑
## ──고정희의 시

　우리는 주변에서, 여러모로 매우 아깝다고 생각되는 사람들이 비교적 일찍 세상을 뜨는 것을 보면서 "하나님도 야속하시지……" 하는 원망 비슷한 안타까움을 토로하는 경우가 있다. 더구나 그(그녀)가 기독교인일 경우 "대체 하나님의 뜻은 무엇일까……" 하는 곤혹조차 가질 때가 있다. 이때 우리는 "하나님도 천국에서 필요한 인재는 빨리 데려가시는 모양이지" 하면서 스스로를 위안한다. 그러나 이러한 푸념 아닌 자위는 공연한 생각만은 아닌 것 같다. 가령 시인 고정희의 시를 읽을 때 그 뜻에 대한 음미가 새삼스럽다.

　　상한 갈대라도 하늘 아래선
　　한 계절 넉넉히 흔들리거니
　　뿌리 깊으면야
　　밑둥 잘리어도 새순은 돋거니
　　충분히 흔들리자 상한 영혼이여

## 충분히 흔들리며 고통에게로 가자

시인이 서른다섯 살(1983)에 내놓은 시집 『이 시대(時代)의 아벨』의 해설 앞머리에서 나는 이 시 「상한 영혼을 위하여」의 첫 부분을 인용해놓고 다음과 같이 적었다.

'상한 갈대도 꺾지 아니하시고 꺼져가는 등불도 끄지 아니하신다'는 성경 말씀을 연상케 하는 이 시는, 어떤 상황 속에서도 쉽게 절망하지 않는 강한 의지와 함께 생명에 대한 시인의 한없는 사랑을 보여준다. 이 강한 의지와 생명에 대한 사랑이야말로 고정희의 시를 지탱하고 있는 두 개의 축이다.

그 뒤로 시인은 『지리산의 봄』(1987)을 발간했고, 1991년 그 지리산에서 봄이 다 지나간 6월 세상을 버렸다. 나로서는 첫 해설을 쓴 지 이제 28년이 되었는데 그 뒤로 단 한 번도 시인에 대해 언급하지 않았다. 시인의 사후 추모 열기가 매우 뜨거웠고 (물론 지금까지 계속되고 있다) 자연스럽게 시인과 관련하여 강연/원고청탁 등 나를 부르는 소리들이 없지 않았는데, 나는 응하지 않았다. 그 뜨거운 열기 속으로 들어가기 싫었기 때문이다. 시인은 뜨거운 것보다 서늘한 것을 좋아했다. 바로 그 점이 매혹이었고 나와 비교적 잘 통했다. 시인은 자신을 추천해준 분은 박남수 선생이지만 자신을 발견한 사람은 '김주연'이라면서 나와 어울리기를 좋아했다. 시인의 '치열한 서늘함'에는 늘 사랑스러운 귀기가 숨어 있었는데, 시인이 가버리자 서늘한 자리가 오히려 뜨거워졌다. 나는 자리를 뜰 수밖에 없었다.

28년 만에 돌아와서 본 자리는 여전히 '젊은 그대', 그대로이며 나 역시 시인에 대한 평가가 조금도 달라질 수 없음을 알았다. 달라진 점이 있다면, 하나님에 대한 시인의 사랑을 훨씬 뛰어넘는, 시인에 대한 하나님 사랑의 발견이다. 그 사랑은 대체 어떤 사랑일까. 우리는 흔히 하나님이 우리를 사랑하시므로 우리도 마땅히 하나님을 사랑하여야 한다고 생각하고, 또 그렇게 말한다. 이러한 당위가 강조될 때 혹 기독교적 냄새가 느껴지고, 사람에 따라서는 거부감을 가질 수도 있다. 그러나 가만히 생각해보면, 거기에 특별히 이의를 제기하거나 토를 달 만한 구석은 없어 보인다. 문학의 세계가 아니라 하더라도 '하늘'은 흔히 창조의 이미지나 표상으로 널리 쓰이지 않는가. 문제는 우리 쪽에서 과연 하나님을 그렇게 사랑하며, 과연 꼭 사랑해야 하는가 하는 문제일 것이다. 여기에 기독교적 교리가 개입될 여지가 있다. 그러나 고정희의 시는 바로 이 교리를 직접 끌어오지는 않으면서도, 아니 그 이상으로 하늘/하나님의 사랑이 우리로 하여금 그를 사랑하지 않을 수 없게 하는 '지독한 사랑'임을 강력하게 보여준다.

　그 '지독한 사랑'은 상한 갈대도 꺾지 않는 사랑이며, "캄캄한 밤이라도 하늘 아래선/마주 잡은 손 하나 오고 있는" 그런 사랑이다. 요컨대 하나님의 사랑은 절망 속의 사랑인데, 고정희는 그것을 희망이라고 말하지 않는다. 그는 그냥 '절망'이라고 말한다. 지독한 아이러니라고 할 수 있는데, 그것은 그만큼 하나님의 사랑이 지독하기 때문이라고 할 수 있다. 시인은 바로 이 사랑을 닮고 싶어 한다. 그 사랑에 대한 열망이 그를 하나님 곁에 빨리 갖다 놓았는지도 모른다. 모든 사랑의 근원이자, '희망'과 '절망'을 함께 안고 있는 하나님의 지독한 사랑, 시인이 근접해 있던 사랑이란 예컨대 이런 것이다.

황혼 무렵이었지

네 외로움만큼이나 흰

망초꽃 한아름을 꺾어 들고 와

하느님을 가진 내 희망이

이물질처럼 징그럽다고 네가 말했을 때

나는 쓸쓸히 쓸쓸히 웃었지

[……]

그러나 친구여, 나는 오늘 밤

오만한 절망으로 똘똘 뭉쳐진

한 사내의 술잔 앞에서

하느님을 모르는 절망이라는 것이

얼마나 이쁜 우매함인가를

다시 쓸쓸하게 새김질하면서

하느님을 등에 업은 행복주의라는 것이

얼마나 맹랑한 도착 신앙인가도

토악질하듯 음미하면서, 오직

내 희망의 여린 부분과

네 절망의 질긴 부분이

톱니바퀴처럼 맞닿기를 바랐다.

―고정희, 「서울 사랑―절망에 대하여」 부분

이 시에는 삶의 두 끝, 그 사이사이의 살들이 모두 녹아 있다. 두 끝이란 무엇인가. 어느 날은 희망, 어느 날은 절망 아닌가. 삶의 실재는 그 사이의 모든 것일 터인데, 짐짓 두 끝만 바라보는 시선들이 있다. 이 시집이 발간된 1980년대 초의 상황에서 절망 쪽의 시선이 훨씬 강렬했던 것을 우리는 알고 있다. 이 시선에 포획된 숱한 젊음의 분노는 사실 진혼가만으로 달래기에는 버거운 것 아니었던가. 더구나 비극의 현장에 접근해 있던 시인이 절망과 희망을 한 묶음으로 연결하는 진혼가를 불렀다는 사실은, 그 노래의 성공과 더불어 우리 시의 놀라운 진경(進境)이 아닐 수 없다. 앞의 시는 이렇게 끝난다.

    이 나라의 어둡고 서러운 뿌리와
    저 나라의 깊고 광활한 소망이
    한몸의 혈관으로 통하기를 바랐다.

  고정희가 묘사한 시대의 어두움은, 근본적으로 그 시대만의 것은 아니다. 그 어두움은 오늘 모든 현실의 압축된 표상이다. 그러나 저 나라로 불린 하나님 나라의 현실은 깊고 광활한 소망으로 약속된 땅이다. 그 현실은 비전이지, 허상은 아니다. 그러므로 희망과 절망은 '소망' 안에서 한몸의 혈관으로 통할 수 있고, 그의 시는 그것을 기약한다.

  시인 고정희 안에서 기독교는 안일한 세속적 행복주의도 아니고 우매한 투쟁의 이데올로기도 아니다. 양자는 하늘을 제대로 바라보지 못한 절망의 그림자들이다. 하늘을 제대로 바라다보는 소망은, 거기에 사랑의 본질, 즉 지독한 사랑이 있기 때문이다. 현실을 절망까지 이끌면서 더 높이 이끌어 올리는 사랑—얼마나 지독한가. 그러나 이 모든 과정을 묘사해내는 치열함은, 그 전체가 서늘하다. 집착이 없으니까. 고정희의 시는, 시가 바로 그 서늘함일 수 있음을 말하고 있다.

〔2011〕

# 몸의 소멸과 관능, 노동
## —신달자의 시

1

  신달자의 최근 시는 '몸'에 많은 관심을 가진다. 40여 년 된 그녀의 시 세계를 전반적으로 섭렵하는 일과는 별도로, 그녀의 최근 시가 '몸' 화두를 중심으로 테마를 형성하고 있는 것은 틀림없다고 우선 말할 수 있다. 많은 여성 시인들이 언제부터인가 몸에 깊은 관심을 표명하면서 이른바 페미니즘 시의 전성을 구가해온 것이 사실인데, 신달자의 몸 시는 그보다 훨씬 이전의 생래적인 것이 아닐까 생각되는 측면이 있다.

    손목 휘어지도록 잡아끌고 왔다
    뿔이 허공을 치받을 때마다
    뼈가 패었다                             —「소」

그것은 뼈에 깊게 닿아 있는 집
몸 끝을 터로 삼아 마지막 수행처 하나 지었으니
저 물집 허물어지면
불씨 자욱이 내 발등에 내리겠다. ─「물집」

몸의 깊은 곳에서 뿜어져 나오는
화끈거리는 기운
내 몸이 뜨끈뜨끈하다
〔……〕
알몸인데도 자꾸 벗고 싶어서
사내는 검푸른 근육을 출렁거리고 있다 ─「저 산의 녹음」

누구나 자신의 몸에 두 개쯤의 사리를 가지고 있다
〔……〕
너에게도 나에게도 있는 몸의 열매
그것은 사라지면서 별에 포개질 것이다 ─「사리(舍利)」

내가 건너온 강이 손등 위에 다 모여 있다
무겁다는 말도 없이 손은 잘 받아 주었다 ─「끈」

우람한 근육이 펄펄 강줄기로 살아 있는
힘센 오른팔 하나 갖고 싶었으나 ─「오른팔」

내 몸에 그런 흉터 많아

〔……〕
고질병 류마티스 손가락 통증도 심해
오늘 밤 그 통증과 엎치락뒤치락 뒹굴겠다　　　　　　—「열애」


나무의 몸을 조금씩 굵게 만들어 갔다
언제부터인지 몰라 나무토막은 나무의 피가 제 몸속에 돌고 있는 것을 알았다　　　　　　　　　　　　　　　　　　—「결」


한 삼십 년 비에 젖은 여자는
지금도 떠내려간 팔과 다리를 찾겠다고
방에 앉아서도 바다를 헤집고 있네.　　　　　　　　—「장마」


수건 하나 걸치지 못하고 벗은 엉덩이를 까고 앉은
저 우주의 심장 한 쪽　　　　　　　　—「애무석(愛撫石)」


앙상한 뼈가 한 개 성냥개비 같다
돌아누운 그 여자 꽁지 뼈가 솟은 못 같다
〔……〕
어머니 독 묻은 욕을 소나기처럼 맞던
그 엉덩이 살은 다 어디로 갔나
아들 두엇 낳았지만 호적엔 아직 처녀인 팔순의 뼈　—「작은어머니」


자기 손으로 자기 몸을 쓸어내리는 것을
자위행위라고 말합니다만

> 나의 손은 나의 어머니입니다
> 내 손이 내 몸의 성감대를 찾아가는 것을
> 내 손이 내 몸의 흐느끼는 곳을 찾아가는 것을
> 야릇하게 생각하지 마십시오
> ―「손」

  최근작 『열애』(민음사, 2007) 도처에 편재해 있는 '몸'과 관련된 표현들을 거두절미하고 인용하였는데, 이들이 보여주고 있듯이 그 기관들은 다양하다. 그냥 몸으로 통칭되고 있는 경우가 가장 많지만, 손, 팔, 다리, 심장, 근육 등등 거의 모든 부위가 등장하며 뼈와 엉덩이가 비교적 자주 나온다. 페미니즘 시에서 몸은 대체로 섹스 또는 출산과 관련된 기관으로서 투영되는 경우가 많은데, 이와 비교할 때 신달자의 그것은 현저히 다르다. 페미니즘 문학의 출발은 남성 위주의 전통과 사회체제에 대한 대항문화적 성격에서 비롯되었기 때문에 이른바 남근 중심주의의 전복이 기본 과제였으며, 따라서 남녀 성기에 대한 해부학적 고찰이 행해지기 일쑤였다. 그 결과 프로이트주의의 허상이 비판되었고 여성기와 여성성의 우월론이 문학 안에서도 힘을 얻어갔다. 외설과 음란의 혐의까지 받는 일부 젊은 여성 시들의 활보가 이와 관련해서 주목받는 이유도 거기에 있었다.
  신달자의 몸 시는, 그러나 이와 달리 살이 제거된 뼈의 슬픔에 집중된다. 물론 에로티시즘을 연상시키는 시들이 없는 것은 아니다. 그러나 그것은 뜨겁게 진행되는 현재형으로 묘사되지 않는다. 특히 남녀 간의 사랑과 정열의 소산으로 나타나지 않는다. 시인의 에로티시즘은 주로 '엉덩이'라는 표현을 통해 우회적으로 조성되는 경우가 대부분인데, 그것도 풍경 묘사와 관련된다는 점이 특이하다. 예컨대 알

몸, 사내, 근육과 같은 단어들이 등장하는, 가장 직접적인 성애의 장면을 담고 있는 작품도 그 제목이 「저 산의 녹음」이다. 말하자면 짙은 녹음으로 뒤덮인 산의 모습을 시인은 "초록의 몸이 무거워/뒤뚱거리며 누운 저 여름 짐승"으로 그리고 있는 것이다.

시인의 눈에는 그리하여 "숨 쉴 때마다 온 산이 들썩들썩"한 것으로 보인다. 이러한 시각의 획득은 자연스럽게 그 숲과 산의 기운을 정력적인 것으로 느끼게 하며 "내 몸이 뜨끈뜨끈하다"라는 고백으로 이끈다. 녹음으로 가득 찬 산이 시인에게는 근육질의 알몸 사내로 투영된다. 마침내 시인은 "나 갑자기 수태할 것 같다"라는 드문 진술에 도달하면서 시집 전체를 통해 가장 에로틱한 숨을 내뿜는다.

> 나 알몸으로 누워 산을 받아들이면
> 산 하나 품어 나오리
> 바다와 강이 하늘이 땅이 산이 모여
> 초록의 물결로 넘실거리다가
> 불끈 일어서는 저 거인
> 누가 엉덩이를 치받는지 다시 꿈틀한다
> 바람 불 때마다 푸른 불이 번져 나간다.

여기서 "엉덩이"는 어느 여인의 그것이리라. "엉덩이"는 섹스와 관련된 부분 묘사에서 시인이 즐겨 사용하는 어휘로서 작품 곳곳에 등장한다. 그것은 성기의 다른 표현이며, 성교의 배후가 되는 지점이기도 하다(「작은 어머니」가 전형적이다). 그러나 「애무석(愛撫石)」이 보여주듯, 그리고 앞의 작품 「저 산의 녹음」이 말해주듯, '엉덩이'는 자연의 풍경을 역동적으로 파악하는 시인의 성적 시각을 반영하는 상징으로서 기능한다. 이를테면 현실의 엉덩이, 사람 몸의 엉덩이가 한 발짝 뒤로 물러앉은 것이다. 그것은 현장에서 살짝 물러난 시인 자신의 새로운 시각을 의미한다. 말을 바꾸면 시적 조망으로서의 관능성이다. 이 부분은 시인 신달자의 독특한 능력을 형성하는 중요한 모멘트다. 시가 현실을 보고 받아들이면서 행하는 상상력과 기억의 소산이라면, 관능은 이 두 요소가 가장 설득력 있게 어울려 힘을 발휘하는 역동적 순간으로 나타난다. 그러나 문제는 그 이후다. 그 역동의 관능이 자신의 감정적 폭발에만 기여하는지, 또 다른 환상 공간을 통한 형식과 세계관의 창출로 연결되는지, 그 매개의 능력에 따라서 말초적 감각의 재생산, 또는 전혀 다른 삶의 교훈으로 나타나는 것이다. 신달자의 관능은 식물성의 풍경까지 힘 있는 생명체로 입체화하는 일을 성공시킨다. 그리하여 비록 성애의 현장에 작용하지 않는 관능일지언정, 충분히 보존되고 고양된 상상력으로써 늙은 몸, 또는 지친 몸의 총체적 관찰이라는 전망을 확보한다. 그것은 문학의 소중한 가치인 사랑에 상응하는 아름다움이다.

 이런 과정을 거치면서 몸은 서서히 늙어가고 살과 엉덩이 대신 뼈만 남는다. 몸의 소멸이다. 그러나 그 소멸은 그렇게 비참하지만은 않다. 소멸은, 몸의 필경은 소멸이라는 것을 일깨우고, 영원한 생명의 매개로서의 어머니를 환기시킨다. 그 터득된 달관으로 인하여 자기 몸을 쓸어내리는 자신의 손이 사실은 어머니라는 인식에 도달한다(「손」). 이 인식은 소중하다. 그의 시 여러 곳에 나오는 "손"은 노동의 손이며 위무의 손인데, 마치 어머니 같은 그 손에 의해 몸은 안식을 얻는다. 소멸성인 육체는 살아 있는 동안 위로받아야 한다. 몸을 직접적으로 다루지 않는 다른 여러 작품들에서, 이 위로받지 못한, 때로 버려진 느낌마저 주는 몸을 이끌고 등장하는 피곤한 사람들이나 동물의 모습은 이와 관련하여 또 다른 주목의 대상이 된다. 예컨대 「소」「저 거리의 암자」「저 허공도 밥이다」「물집」 등등의 작품들이 이에 속한다. 그것들은 얼핏 보아 신산(辛酸)과 간난(艱難)의 노동을 그리고 있으나, 그 배후에 잠복되어 있는 것은 위로받지 못하는 몸들의 슬픔이다.

바라보는 관능과 그 끝에 다시 살아오는 어머니, 그리고 노동과의 관계를, 몸을 중심으로 건강하게 다시 세워나가는 일에 신달자의 최근 시는 알맞은 성과를 올린다. 이런 시구는 얼마나 훈훈한가. 관능과 노동의 몸이 빚어내는 잘 익은 공간이다.

> 애야 일어나라
> 볕살 좋은 곳에 오늘은 뚜껑 열어 두고
> 항아리마다 담긴 말씀을 푸욱 익히는
> 내 몸의 장독대여.　　　　　　　　　　—「귀」

2

신달자의 최근 시가 잔잔한 파문으로 가슴에 다가오는 까닭에는, 그의 차분한 묘사 솜씨가 큰 몫을 하고 있다는 점이 환기될 만하다. 그의 시 세계 전반을 이와 관련지어 말할 수는 없겠으나, 이즈음의 시가 감정이 절제된 묘사의 미학 위에서 삶에 달관한 목소리를 설득력 있게 전해주고 있는 것은 틀림없다. 가령 자신의 내면적 사랑을 사물화한, 감정을 객관화하기 힘든 상황을 묘사한 「지진」과 같은 작품을 읽는다.

> 당신이 내 앞에 있었다
> 지진은 그때부터 시작되었다
> 강력한 쓰나미의 해일이 지구를 덮쳐 버렸다
> 오 맙소사!
> 우리는
> 재앙의 비를 사랑의 비라고 고쳐 불렀다
> 아무리 사랑의 비라고 고쳐 불러도
> 사랑은 대답이 없었다
> 폐허의 가슴과 가슴이 지붕을 이뤄
> 오래 폐허로 살았다
> 당신은 어느 날
> 내 몸의 폐허까지 온몸에 휘감고
> 해일에 휩쓸려 몸 날렸지만
> 내 몸부림치는 폐허는 더 터를 넓혀 갔다
> 흔들흔들흔들흔들
>
> 아직도 여진은 계속.
>
> ―「지진」 전문

사랑의 고통을 말하고 있다. 그러나 이 시는 별로 고통스러워 보이지 않는다. 고통이 꽃으로 망울져가고 있는 분위기다(그렇다, 분위기!

시는 분위기인 것이다). 그러나 시의 분위기는 시인이 자신의 감정으로 만들려고 작심할 때, 오히려 멀리 달아나고 깨진다. 이 시에서 시인은 마치 타인의 사랑을 관찰하듯 그 내/외면을 묘사한다. "오 맙소사!"와 같은 감탄사의 개입이 있으나, 이 역시 도리어 자신들을 타자화하는 기능으로 작용한다. 그리하여 해일, 재앙, 폐허와 같은 처참한 낱말들에 의해 비극적인 사랑을 전하고 있음에도 그 사랑은 비극으로부터 구원을 향해 발돋움하고 있는 느낌으로 성장한다. 심지어 아직도 그 여진이 계속됨을 표현하는 의태어 "흔들흔들흔들흔들"은 미묘한 유머로서, 사랑도 결국은 인생사, 그 시작과 끝이 있는 시간의 유희라는 인상마저 던져준다. 재미있다. 비록 비극일지라도 이 시는 재미있다. 비극과 희극은 동전의 양면이라는, 저 성공한 고전적 비극론은 이 경우에도 아주 합당하다. 시인이 감정을 절제하고 상황을 마치 사물처럼 즉물화하여 침착하게 묘사할 수 있었기 때문이다. '분위기'는 바로 이때 배태되고 형성된다. 비로소 우리는 선명한 이미지로 다가오는 비극에 공감하게 된다.

물론 신달자의 묘사는 상황의 상태와 움직임을 세밀하게 진행형으로 묘사하는 기법과는 거리를 갖는다. 따라서 형용사와 동사가 풍부하게 구체적으로 동원되는, 이른바 역동적인 고요의 순간과 동행하는 묘사는 아니다. 그보다는 「지진」에 나타나듯 명사와 명사가 굵직하게 이동하는, 다소 굵은 진행을 보인다. 때로 추상명사가 그대로 움직이는 모습을 보여줌으로써 묘사가 거두는 효과, 이를테면 미세한 떨림이나 디테일의 전시와 같은, 작은 것들의 위대함이 살아나지 않는 측면이 있다. 그러나 명사들을 중심으로 한 그 전위와 충돌, 함몰과 융기 등의 선 굵은 어법은 시인이 즐겨 다루고 있는 전통적 반상 사회의 풍속, 그곳 여인네들의 생활, 시골의 사찰 풍경, 그리고 구질구질하기 마련인 도시 변두리의 노동 현실, 이 모든 것들을 내면화하는 일에 있어서 단순화의 기술로 작용하고 있는 것도 사실이다. 특히 불만과 회한, 불평과 그리움이 탄식으로 흐르기 쉬운 시인 자신의 감정을 방어하고 언어를 절약하고 있다는 점에서 시인의 묘사 어법은 특유하고 효과적이다. 시인의 이러한 모든 역량이 주변의 사물들을 끌어올려 시적 대상으로 고양시키는 관찰과 묘사로 집중된다면, 인생의 지혜를 깨우쳐주는 원숙의 문학으로 우리를 더욱 마음 저리게 할 것이다.

〔2007〕

# 냉정한 두뇌, 슬픈 심장의 언어
### ─박이문의 시

1

　박이문의 시는, 시 그대로 그의 철학이다. 그런 의미에서 나에게는 니체의 「그러니까 차라투스트라가 말했다 Also sprach Zarathustra」가 연상된다. 산문과 운문이 서로 섞여 있고, 팩트와 상징이 서로 침노하고, 절망과 소망이 서로 껴안고 있는 혼돈 속의 정연한 질서! 얼핏 보면 시 같아 보이지 않는 언어의 방류 속에 도도히 흐르는 생명과 사랑의 광활한 숲을, '시'라는 말을 제쳐놓고 적당히 아우를 수 있는 말은 없을 것이다.

　전 4부로 나뉜 박이문의 시집 『고아로 자란 코끼리의 분노』(미다스북스, 2010)의 제1부는 아니나 다를까, '생명'으로 시작한다. 그러나 그의 관심은 창조와 같은 생명의 출발보다는, 이미 창조된 생명의 보존을 향한다. 이른바 생태계의 움직임이다. 생태계에 대한 관심은 곧 생태계가 파괴되고 있다는 안타까움이며, 그 안타까움은 문명 비판으로 이어지고, 이는 결국 분노로 분출된다. 팔순에 이른 노철학자가 쓴 시의 첫머리에서 이러한 분노를 읽는 것은 다소 예외적이다.

고아로 자란 코끼리의 분노

인도의 가난한 사람들이 상아를 팔아 돈을 벌려고 어미 코끼리들을 마구 죽였다 아프리카의 가난한 사람들이 밭을 만들려고 코끼리들의 거처인 숲에 침입해서 나무를 베고 숲을 밭으로 바꾸어 코끼리들은 생존의 터전을 잃었다

어미 아비를 잃어 고아가 된 새끼 코끼리들은 먹을 것을 구하러 숲에서 마을로 나왔다 그들은 시골 마을에 몰려와 보이는 대로 뒤져 먹고, 닥치는 대로 길고 힘센 코를 들이받고 부순다 동네사람들에게 아비 어미를 잃은 어린 코끼리들은 분노와 원한, 복수심에 차 있다

[......]

코끼리, 코뿔소를 쏘는 밀렵꾼을 쏴라
재미로 사냥하는 사냥꾼을 사냥하라
생명의 이름으로, 인간의 이름으로!

위 시는 중요한 몇 가지 메시지를 담고 있다. 그 첫째는 생명을 짓밟는 인간에 대한 분노이다. 그 분노는 생명을 짓밟는 인간은 그 자신이 다시 짓밟혀야 한다는 내용과 연결된다. 이는 얼핏 일종의 악의

재생산에 대한 묵인 내지 고취로도 보이는데, 시인의 철학 전반이 지니고 있는 동양적 달관의 세계를 이해하면 사뭇 달라 보인다. 다음으로 주목되는 부분은 동물로 표상되는 자연 사랑의 철저함, 이와 대비해서 표출되는 인간에의 혐오감이다. 이는 인간성에 대한 회의로 이어지면서 그의 갈등을 증폭시킨다.

> 남은 생명을 죽이지 않고 살 수 없을까
> 잔인하지 않고 착할 수 없을까
> 존엄성에 어긋나지 않고 생명의 존엄성을 지킬 수 있을까
> 비인간적이지 않고 인간적일 수 없을까 ──「생태계」부분

비인간적이지 않으면서 인간적? 갈등의 핵심이 되는 이 문제는 따라서 자연스럽게 인간중심주의 철학을 드러낸다. 대체 비인간적이지 않으면서 어떻게 인간적일 수 있다는 것인지─ 이런 철학적 고뇌에서 그의 시는 출발하는 것이다. 인간성으로 그가 설정해놓고 있는 규정, 개념 안에는 바로 그 '비인간성'이 가장 큰 모습으로 앉아 있는 것이다. 일종의 아이러니 구조라고 볼 수 있다. 그런 의미에서 이 시집은 철학자 박이문이 추구해온 평생의 가치와 그 성과를 일목요연하게 보여준다는 점에서 특징적이다. 시인은「생명존중의 몇 가지 양식」에서 그 실상을 정직하게 고백한다.

> 낚시꾼들은 들쳐 올리는 낚싯바늘에 끼워 퍼드덕대는 고기를 보는데 환희를 느끼고, 낚시꾼들은 펄떡대는 그 고기를 칼로 잘라 고추장에 찍어 소주 안주로 먹는 재미를 버릴 수 없다

아 이것이 생명을 존중하는 법인가

　스시 바에서는 최신의 식칼 밑에서 펄펄 뛰는 큰 도미가 대가리부터 꼬리까지 따로따로 도막내져 사시미를 좋아하는 신사숙녀들의 나무젓가락에 잡혀 와사비가 풀린 간장에 찍혀 그들의 입으로 들어간다
　아 이것이 생명의 존엄성을 존중하는 방법이란 말인가

　박이문에게서 생명은 이렇듯 인간에 의한 동물 학대의 현장에 대한 분노로 환기된다. 그는 특히 바다의 물고기에 대한 관심과 애정을 드러내는 경우가 많고 그 질서의 파괴에서 생명의 위협을 자주 느낀다. 그 위협은 이제 훨씬 구체적으로, 훨씬 대규모로 우리에게 접근하고 있으며 시인의 전공인 철학 자체를 위협하고 있는 것이 사실이다. 철학이 삶의 의미에 대한 탐구를 본질로 해왔다면, 그 탐구 자체의 타당성 기반이 흔들리는 것이다. 철학자가 만년에 시를 더욱 찾는 심리가 혹시 여기에 있는 것은 아닐까.

　　지진이 났네
　　폭우가 쏟아지네
　　지구가 미쳤네
　　허리케인이 한 도시를 몽땅 쑥밭으로 만드는데
　　철학자들은 무엇을 사유하랴

　　빅뱅의 폭발로 존재의 질서가 섰다가 흔들리고
　　열역학 제2법칙으로 카오스로 바뀌다가 죽어가고

영자역학은 존재와 인식, 결정론과 자유를 범벅으로 만들고
분자생물학은 나의 정체성, 나의 영혼을 제거하고

헷갈리네, 존재와 무가 다 함께 헷갈리네
사람들이 돌았네
우주가 미쳤네
존재는 무엇으로 존재하며 시는 어떻게 시가 되랴.

말하자면 철학의 비명이다. 철학의 비명이 쏟아져 나온 일은 박이문이 첫 사례가 아니다. 가장 처절했던 예가 바로 니체 아니었던가. 인간이 어디에서 왔다가 어디로 가는지 알 수 없어서 '불꽃'에서 나와 '재'가 된다고 고백하는 인간관의 기초 위에서 (그의 시 「인간을 보라 Ecce Homo」 참조) 니체의 철학은 애당초 갈팡질팡할 수밖에 없었던 것 아닌가. 그리하여 그가 '미지의 신'을 갈구할 때 종교에의 항복 혹은 만남의 가능성이 조심스럽게 보였던 것이다. 철학은 현상을 설명할 수 있었고, 과학으로의 논리를 세워줄 수 있었지만, 생명의 근원에 대해 아무것도 말할 수 없었고, 그 상황은 오늘날 한층 명백해졌다. 철학자 박이문의 시는 그 엄정한 현장으로 우리의 심금을 사로잡는다. "존재와 무가 다 함께 헷갈"린다는 시인의 슬픈 고백은 우리 모두의 불행한 고백이 된다.

그러나 생명은 설명과 연구를 넘어서는 곳에 있다. 그렇기 때문에 생명은 경건한 것이다. 다른 시집에 실린 시에서 시인은 다음과 같이 노래한 바 있다.

겨우내 아침마다 산책했던 일산공원
생명은 살아 있었다.
생명이 솟아 다시 숨쉬기 시작했다
문턱에 서 있는 봄

두텁게 쌓인 눈 밑에서 크로커스의 꽃봉오리가 솟아난 지는 벌써 오래다
검은 개나리 가지에 노란 꽃이 핀 지도 벌써 한 달
목련 흰 꽃이 피었다가 그 잎이 떨어진 지도 벌써 몇 주일
사월 말에는 죽어 있던 잔디밭도 어느덧 연두 빛으로 물들었다
오월이 되어도 파란 싹이 보이지 않아 '죽었으면 어쩌나!' 하고 며칠 동안 걱정했던
전나무, 동백나무, 자작나무에 파란 봄이 숨결이 돌고 있음을 보았을 때 나는 '살아 있다!'라고 소리치며 큰 숨을 쉬었다
오 삶의 환희! 오 생명의 아름다움! 오 자연의 기적이여!

—「저 자작나무 가지 끝에도 푸른 새싹이 돋았다」 부분

그렇다. 생명은, 자연은 기적인 것이다.
그것은 피조물인 인간의 이해를 넘어서기 때문에 '기적'이다. 그것이 기적임을 인정하는 한, 거기에는 경배가 필요하다. 그것은 철학의 대상이라기보다는 시를 통한 찬양의 대상이다. 시인의 찬탄이 계속될 수 있다면!

## 2

시에 대한 박이문의 헌신은 거의 운명적인 듯하다. 그는 철학에 관하여 주목할 만한 저서들은 적잖이 출간하였음에도 불구하고 그 같은 이론적 작업에 만족하지 않고 보다 자유로운 양식을 모색한다. ―시. 대체 무엇이 그를 이토록 강렬한, 끊임없는 표현욕으로 몰고 가는 것일까.

꼭 할 말이 있다고 믿어 중학 때부터 백발이 된 오늘날까지 수천 수의 시를 습작해 왔는데도 써야 했을 시를 쓰지 못한 채 회수가 넘도록 내가 밤마다 시에 매달려 있다면 그것은 내가 아직도 철이 나지 않아서인가

어째서 나는 나이에 걸맞은 지혜에 도달하지 못하고 있는가
[……]
아마 그것은 시가 곧 나의 숨이기 때문일까


[……]


어째서 나의 시는 나의 소망에 맞지 않는 찢어지는 절규이자 고함이며
[……]
아마 그것은 나와 나의 시가 무너져가는 존재의 증언이기 때문인가

그에 의하면, 지혜를 얻지 못하였기 때문에 시를 쓰게 된다. 박 시인의 경우 그의 수많은 철학서/이론서들은 지혜로 이르는 길에 큰 도움을 주지 못했고 그 결과 그는 시에 이른다. 그렇다고 해서 시가 지혜를 보장해주는 것도 아니다. 그의 시는 그저 그가 살아 있다는 생명의 증거, 곧 숨일 뿐이다. 절규이자 고함, 언어로 치더라도 '박살난 낱말일 뿐'이다. 왜 이토록 험악해졌는가. 시인 자신 그 이유를 '무너져가는 존재의 증언'에서 찾는다. 무너져가는 존재란 첫째 지구의 전 존재이며, 둘째 자기 자신이다. 그러나 기이하게도 왜 무너져가는지에 대해서는 의문도 탐색도 적극적으로 제기되지 않는다. 도처에서 개탄되고 있는 것은 '인간의 광기'라는 낱말이다. 그렇다면 인간은 왜 광기에 빠지게 되었는가. 아니, 애당초 인간은 광기를 본질로 하는 존재가 아니었던가. '아름답고 우아한 시를 쓰겠다는 생각'은 여기서 허상이 된다.

박이문의 시가 이처럼 처절한 절규와 인간 고발의 한탄으로 흐르는 까닭은 자명해 보인다. 그것은 스스로의 깨달음대로 '형이상학적 악몽'이기 때문이다.

> 하늘이 무너져 폭우가 오고, 땅이 꺼져서 무덤이 되고
> 세계는 온통 불바다 지옥이 된 악몽이 덮친다
> 깨어나지 않는 세계의, 우주의 악몽
> 요동치는 형이상학적 악몽

위의 시가 말해주고 있는 것은 지옥을 연상시키는 말세적 현상과 인간 관념이 체계화된 철학의 붕괴 등 두 가지 모습이다. 하나는 객

관의 현상이며, 다른 하나는 인식이라는 주관 질서의 무너짐이다. 하나는 인간이 손쓸 수 없는 거대한 자연의 변이이고, 다른 하나는 인간의 자멸이다. 이 판에 대저 누구를 탓할 것인가. 문제가 있다면, 이것이 이미 예언된 초월자의 권능에 대한 무관심과 나태에 연결되어 있다는 점일 것이다. 세상이, 인간이 이처럼 악하다는 사실을 뻔히 바라보면서도 창조자의 의지와 발언을 우리는 짐짓 외면하고 있지 않는가.

> 침묵을 깨지 않는 잔인한 세계의 잔인한 양심들
> 그리고 무한히 깊은 하느님의 가혹한 침묵
> 그 침묵들에 깊은 뜻이 있을까

그리고 시인은 신에 대해 질문한다. 대체 무엇에 화가 나서 태풍을 일으키고, 무엇에 노해서 폭우를 쏟아내며, '사람들이 무엇을 잘못했기에' 자연이 광란하는지 묻는다. 여기서 질문은 시인에게 되돌아간다. 냉정한 두뇌의 관찰이 심장으로 녹아들어 우주와 자연의 암인 지구의 생태를 바라보며 슬픈 심장으로 변해간다. 그 슬픈 심장의 시인은 마지막 불꽃으로, 그 불꽃의 언어로 자신에게 그리고 우리 모두에게 묻고 있는 것이다.

〔2010〕

# 한국문학과 종교적 영성
## ─윤동주의 시

1

모든 문학은, 모든 인간들이 대체로 그렇듯이, 대체로 종교적이다. 다소간에 방향의 차이, 수준의 차이는 있을 수 있으나 인간의 본질에 관한 탐구의 언어가 문학인 한, 종교와 같은 길을 가는 것이 피할 수 없는 운명 같아 보인다. 그러나 같은 길을 간다는 것은, 양자가 반드시 동지적 관계에 있다는 뜻은 아닐 수 있다. 양자는 때로 오히려 피터지는 싸움을 하는 적대적 관계 속에서 앙숙처럼 으르렁거리기도 한다. 둘 중 어느 관계로도 나아가지 않고 아예 무덤덤하게 바라보는 일도 물론 있다. 그러나 문학에 깊은 관심을 갖는 소위 전문인들이라면 더불어 이 문제에 무관심할 수는 없다. 양자를 둘러싼 이러한 집요한 갈등에 눈을 돌리고 연구하여 상당한 성과를 보여준 좋은 예로

---

\* 이 글은 2009년 5월 27일, 제9회 윤동주 시문학상 시상식 기념강좌(연세대)에 발표한 글을 그해 9월 만해축전 '시와 세계 심포지엄'의 발제문으로 수정·보완한 것이다.

서 나는 신학자 한스 큉Hans Küng 교수와 문학자 발터 옌스Walter Jens 교수를 기억한다. 두 사람은 서로 다른 전공 분야가 사실상 너무나 가깝게 얽혀 있다고 생각하고 여덟 명의 작가에 대하여 각기 다른 관점에서 접근하여 소중한 열매를 거두었다. 두 사람의 공저로 상자된 저서 『문학과 종교Diehtung ukd Religion』(1986)가 바로 그 의미 있는 저작물이다. 이 책에서 두 사람은 파스칼, 도스토옙스키, 카프카 등에 대하여 종교적 측면과 문학적 측면 양면에서 서로 다른 분석을 행함으로써 흥미 있는 결과를 보여주었는데, 그럼에도 불구하고 공통된 것은 양자가 매우 긴밀한 관계에 서 있다는 점, 양자는 같은 뿌리에서 자란 서로 다른 꽃일지 모른다는 점이었다. 위대한 작가들에게는 확실히 두 측면이 함께 공존하고, 그것들이 승화되어 훌륭한 작품을 이끌어낸다. 문학과 종교의 배타적 독존보다 상호 영향을 통한 심화의 노력이 얼마나 중요한지 잘 알 수 있는 것이다.

그러나 한국문학의 경우 이러한 관심과 연구는 거의 찾아보기 힘들 뿐 아니라, 혹시 드물게 있다고 하더라도 이단시되는 풍토이다. 특히 기독교와의 관계에 눈을 돌려본다면, 사정은 매우 열악하다. 불교의 경우는 민족의 전통문화라는 차원에서 존중되고 있고, 심지어 샤머니즘마저 민간신앙이라는 이름으로 애호되는 분위기임에 비추어 기독교에 관한 그것은 별로 호의적이지 않아 보인다. 물론 신자 수에 있어서 기독교는 신구교 합하여 전 국민의 3분의 1에 달하는 교세를 보이고 있으나 문학, 혹은 문단과의 연관에서는 미약한 영향력 아래 있는 것이 사실이다. 그 이유에 대하여서 확실하게 밝혀진 것은 없다. 한 가지 부각될 수 있는 원인이라면, 기독교가 서양 종교라는 인식과 이에 대한 막연한 거부감이다. 참으로 검증되지 않은 막연한 비문화적 이유가 아닐 수 없다. 따라서 종교적 영성과 관련된 논의를 전개하려면 기독교적 영성과 관련된 부분에 대한 논의가 필수적이며, 이를 성공적으로 수행하고 있는 작가들에 대한 탐구 또한 긴요하다.

한국문학에서 기독교와 그 정신을 작품 세계의 주제로 다룬 작가들을 역사적으로 고찰하면 숫자로서는 적지 않을 것이다. 소설에서는 일찍이 20세기 초 이광수를 비롯하여 주요섭, 전영택, 심훈, 김동리, 황순원, 장용학을 거쳐 김승옥, 이청준, 김원일, 윤흥길 등이 진지한 접근을 했고 최근의 중견작가로서는 단연 이승우가 괄목할 만하다. 시의 경우에도 숫자는 적지 않았다. 구상, 김현승, 황금찬, 성찬경, 박희진, 마종기, 박이도 등의 작고, 혹은 원로 시인들이 거론될 수 있으나 근자에 들어서 그 수효는 현저히 감소되는 상황이며 전체적인 관심 또한 더욱 희박해졌다. 이런 가운데 참다운 영성의 문제를 우리에게 환기시키며 위대한 시인으로 우뚝 선 시인, 혹은 소설가는 그리 많지 않다. 나로서는 여기서 그 가장 성공적인 보기로 널리 평가되고 추앙되는 윤동주 시인에게서 종교적 영성이 문학적으로 표출될 때 일어나는 현상을 그의 시와 더불어 따라가보고자 한다.


2


먼저 종교적 영성에 대하여 간략하게 되돌아볼 수 있어야 하겠다. 대체 영성(靈性)이란 무엇인가. 말 그대로 영적인 성질이라면, 그것은 반드시 종교로부터만 오는 것일까. 인간은 육체의 옷을 입고 있고 그 육체를 관리하는 정신을 동시에 지니고 있다. 이 두 가지 요소가 없는 인간은 없다. 그 비율에 있어서 어떤 사람은 전자에, 어떤 사람은 후자에, 또 어떤 경우엔 전자에 어떤 경우엔 후자에 각각 기울 수 있으나 어쨌든 양자로 구성되어 있음은 진실이다. 그러나 이 둘보다 더 선행하는 요소가 있는데 그것은 영혼이다. 영혼은 육체를 움직이는 생명의 힘이다. 영혼이 없으면 육체는 살덩이, 즉 물질에 지나지 않으며 인간으로서 성립하지 못한다. 이 성질이 영성의 출발이니 영성은 곧 생명이라고 해야 할 것이다. 이렇듯 영성은 인간 존재의 원천임에도 불구하고 현실에 있어서 그 존재와 소중함이 자주 잊혀지기 일쑤다. 육체의 눈에 보이지 않기 때문이다. 눈에 보이는 순서는 육체-정신-영혼이므로 그 중요성에 있어서 역순으로 된 영혼은 늘 찬밥이다. 종교는 이 역순의 현실을 깨우쳐주는 데 기여하지만, 어떤 종교는 육-정-영의 순서를 오히려 강화시키고 거기에 집착하기도 한다. 인생관이나 가치관은 그리하여 종교가 현실적으로 생산해내는 규범이나 도덕율과 연관되며 정신에 영향을 미치면서 문학작품의 성격에도 간여하게 된다. 많은 한국문학 작품에 샤머니즘의 색채가 짙게 남아 있는 것도 오랜 민간 신앙으로 샤머니즘을 바라보는 관습 때문이다. 샤머니즘에서는 영성의 본질을 육체적인 삶의 평안과 직결시키는, 생명을 지나치게 육체 중심으로 보는 가치관을 지니고 있지 않은가. 결국 영성이 종교와 무관할 수 없는 이유이다. 육체는 중요하지만, 육체는 육체만을 위한 것이 아니다. 이러한 가치관의 가장 전형적인 예를 보여주는 종교가 기독교이다. 창세기에 의하면, 인간은 하나님의 형상대로 창조되었고, 그가 인간을 이렇게 창조한 것은 인간으로 하여금 자신이 창조한 세상을 그 뜻대로 잘 다스려줄 것을 위탁하기 위함이었다. 그러므로 인간의 모든 행위는 하나님께 영광을 돌리기 위한 것이 되어야 한다. 이것이 생명의 본질이며, 이를 항상 환기하고 생각하는 성질이 영성이다. 따라서 영성은 단순히 육체에 생명을 불어넣는 영혼이라는 에테르 비슷한 어떤 존재가 아니라 생명의 창조자와 그 뜻을 늘 생각하는 마음과 자세이며 보람을 향한 지향성이다. 그런데…… 그런데 말이다. 우리는 과연 그렇게 살 수 있는가. 그 생각을 하면 그저 부끄러울 뿐이며 이런 우리를 위해 대신 죽으신 예수에게 죄송할 따름이다. 기독교적 영성을 지닌 작품이라면 이러한 의식에서 시작해야 하며 그에 따른 철저한 형상화가 동반되어야 할 것이다. 윤동주가 주목되어야 하는 까닭이다.

3

윤동주 시의 기독교적 특징을 나는 "부끄러움"이라는, 그의 시의 모티프가 되는 정서적 반응을 중심으로 살펴보고자 한다. 부끄러움은 우리 시에서 거의 발견되지 않는 특이한 모티프이다. 김춘수가 그의 시 「처용 단장」의 창작과 모티프로 은밀히 토로한 성적 부끄러움 이외에 성공한 많은 시들에서 부끄러움이 드러난 일은 거의 없는 것 같다. 부끄럽기는커녕 많은 우리 시들에서는 거의 뻔뻔스럽다고 할 정도로 자신의 상처를 과장하고 자신의 외로움을 호소하고, 자신의 아름다움을 뽐내는 교만의 전시가 비일비재로 이루어져오기 십상이었다. 드문 경우로 기록되는 김춘수의 부끄러움도 그것이 성적 수치감이라는 점에서 실존의 부끄러움이라는 윤동주의 그것과는 차원을 달리하는 경우라고 할 수 있다. 그렇다면 대체 윤동주는 왜, 무엇을 부끄러워하는 것인가.

　윤동주의 부끄러움은 크게 세 곳에서 발원하고 있는 것으로 보인다. 그 첫째는 자연과의 관계, 둘째로는 가족과의 관계, 그리고 셋째로는 기독교적 의식이다. 자연과의 관계는 창공, 바다 등의 거대 표상과 코스모스 등 구체적 사물 모두에게서 발견된다. 우선「코스모스」를 읽어보자.

　　청초한 코스모스는
　　오직 하나인 나의 아가씨,

　　달빛이 싸늘히 추운 밤이면
　　옛 소녀가 못 견디게 그리워
　　코스모스 핀 정원으로 찾아간다.

　　코스모스는
　　귀뚜라미 울음에도 수줍어지고,

　　코스모스 앞에 선 나는
　　어렸을 적처럼 부끄러워지나니,

　　내 마음은 코스모스의 마음이오.
　　코스모스의 마음은 내 마음이다.

　코스모스와 시인 자신을 동일화시킨, 말하자면 시적 자아가 된 코스모스는 귀뚜라미 울음소리에도 수줍어하는 존재이다. 그렇듯이 시인 또한 코스모스 앞에 서면 부끄러워진다. 왜 그럴까.

코스모스는 시인에게 오직 하나뿐인 여인이기 때문이다. 김춘수가 그렇듯 이것은 일종의 성적 수치심이다. 이 경우 자연과 시인의 경험, 자연이 주는 연상이 시인의 성적 수치심과 연관된다는 점에서 윤동주와 김춘수는 거의 같은 모티프 아래에 있다. 말하자면 자연이 직접적으로 시인을 부끄럽게 하는 요인은 없다고 할 수 있다. 더 많은 경우 시인은 가족과의 관계에서 부끄러움을 느끼게 된다. 그러나 이때의 부끄러움은 그 내포가 다소 다르다. 부끄러움이 시적 화자의 감정이자 태도라면, 가족의 경우 상대방 가족을 향한 서러움, 서운함이 동반된, 그리하여 그러한 감정을 갖게 된 상황을 미안해하는 모습으로 나타난다. 예컨대 이렇다.

어머니!
젖을 빨려 이 마음을 달래어 주시오.
이 밤이 자꾸 설워지나이다.
〔……〕
어머니
부서진 납 인형도 싫어진 지
벌써 오랩니다.
〔……〕
철비가 후줄근히 내리는 이 밤을
주먹이나 빨면서 새우리까?
어머니! 그 어진 손으로

이 울음을 달래어 주시오.　　　　　　　　―「어머니」 부분


　　부끄러움이란 표현은 나와 있지 않지만 시인의 의식은 부끄럽게도 소년기에 머물러 있다. 인용이 생략된 부분을 보면 시인은 성인이 되도록 아이같이 흰 주먹을 그대로 물고 있다는 표현이 나오는데, 그러면서도 인형 같은 장난감은 싫어하는 모습이 나온다. 요컨대 성장이 미숙하다는 고백인데, 그 때문에 시인은 바로 그 모습을 부끄러워한다. 어린아이 같은 이런 고백은 할아버지를 향해서도 주어진다.

　　왜 떡이 씁은 데도
　　자꾸 달라고 하오.　　　　　　　　　　―「할아버지」 부분


　　부끄러움과는 사뭇 동떨어진 이야기지만, 시인의 당혹감을 드러낸다는 점에서는 같은 내포 안에 포함될 수도 있다. 가족에 대한 잦은 언급 가운데 부끄러움과 서러움, 당혹이 한데 어우러진 시가 「아우의 인상화」다.

　　붉은 이마에 싸늘한 달이 서리어
　　아우의 얼굴은 슬픈 그림이다.

　　발걸음을 멈추어
　　살그머니 앳된 손을 잡으며
　　"너는 자라 무엇이 되려니"

"사람이 되지"
아우의 설운 진정코 설운 대답이다.

슬며시 잡았던 손을 놓고
아우의 얼굴을 다시 들여다본다.

싸늘한 달이 붉은 이마에 젖어
아우의 얼굴은 슬픈 그림이다.

　자라서 무엇이 되겠느냐는 시인의 질문에 사람이 되겠다는 대답이 시인을 서럽게 한다. 표면상 아우의 얼굴이 "슬픈 그림"이며 서러운 이는 아우로 나타나 있으나, 실제로 서러움의 소유자는 시인 자신이다. 다른 어떤 현실적인 이유도 아닌, 그저 사람이 될 것이라는 대답에 이처럼 슬픔과 서러움을 느끼는 까닭은 사람이라는 존재 자체에 시인 자신이 부끄러움을 느끼고 있기 때문이다. 왜 그럴까. 실존적 부끄러움이라고 할 수 있는 이러한 모습은 시인 스스로 사람다운 삶을 살지 못한다는 자괴감과 자의식의 소산일 것이다. 필경 기독교적 세계관으로 연결되기 마련인 이러한 의식은 「자화상」을 통해 잘 나타난다.

　우물 속에는 달이 밝고 구름이 흐르고 하늘이 펼쳐지고 파아란 바람이 불고 가을이 있습니다.

그리고 한 사나이가 있습니다.
어쩐지 그 사나이가 미워져 돌아갑니다.

돌아가다 생각하니 그 사나이가 가엾어집니다. 도로 가 들여다보니 사나이는 그대로 있습니다.

다시 그 사나이가 미워져 돌아갑니다.
돌아가다 생각하니 그 사나이가 그리워집니다. ─「자화상」부분

우물 속에서 발견한 자신의 모습을 그린 작품인데, 여기에는 자신을 향한 미움, 연민, 그리움의 감정이 얽혀져 있다. 이런 감정의 복합은 부끄러움이라는 말로써 표현될 수 있는 자의식이다. 부끄러움은 자신의 못남을 발견하는 다소 부정적인 감정과 그럼에도 불구하고 뻔뻔스러움으로 나아가지 않는 양심의 노출이라는 긍정적인 감정을 함께 아우르는 심리적 태도이다. 윤동주는 자신을 마치 작은 예수처럼 낮추어보는 겸손과 인간의 죄성을 슬퍼하는 양심을 바로 이러한 복합감정을 통해 표현함으로써 공감의 순수성을 만들어낸다.

4

기독교 의식, 혹은 기독교적 세계관과 관계된 그의 시인 의식은 사실 윤동주의 모든 사유, 그 바탕을 이룬다. 부끄러움도 이 부분에 가장 큰 빚을 지고 있다. 왜 부끄러운가. 한마디로 요약해서, 그는 자

신의 살아 있는 모습이 하나님 앞에서 부끄럽기 짝이 없다는 것이다. 이를 위해서는 먼저 그의 기독교적 의식의 단초들을 확인할 필요가 있다. 태초의 아침을 노래하는 두 편의 시 「태초의 아침」과 「또 태초의 아침」이다.

> 봄날 아침도 아니고
> 여름, 가을, 겨울,
> 그런 날 아침도 아닌 아침에
>
> 빠알간 꽃이 피어났네,
> 햇빛이 푸른데,
>
> 그 전날 밤에
> 그 전날 밤에
> 모든 것이 마련되었네,
>
> 사랑은 뱀과 함께
> 독(毒)은 어린 꽃과 함께

「창세기」의 에덴동산 장면을 「태초의 아침」이라는 제목으로 그리고 있다. 신이 창조한 가장 아름다운 땅 에덴에서 죄를 지을 수밖에 없었던 인간의 정욕과 교만을 함께 자책하는 시인의 마음이 잘 담겨진 이 시에는 신의 은총과 인간의 달콤한 죄성이 슬며시 교차하고 있다. 두 요소의 착종은 "빠알간 꽃이 피어났네/햇빛이 푸른데"에서 잘 나타나는데, 푸른 햇빛이 신의 일반적인 은총이라면 빠알간 꽃은 정욕에 넘어갈 수밖에 없는 인간의 죄성, 혹은 시인의 부끄러움이라고 할 수 있다. 부끄러움은 이렇듯 경건하고 공의로운 창조의 질서와 인간적 아름다움에 기울어 있는 욕망의 사이에서 생겨나며, 기독교적 세계관으로 교육되거나 그 발상이 이루어지지 않는 한 대체로 후자에 머물게 된다. 실제로 현대 문학은 후자, 즉 신의 질서라는 측면과의 공공연한 이별을 자기 정체성으로 삼으면서 발전해왔으며, 신 대신 신의 부정을 기본 축으로 하는 니체 및 일련의 니체주의 안에 머물러 있다. 니체 및 니체주의는, 윤동주 식으로 한다면, 부끄러움과는 가장 먼 거리에 있는 사상이며 태도이다.

그러나 윤동주 시인은 전자, 즉 기독교적 의식에 선험적으로 매몰되어 있지는 않다는 점에 그 특유의 문학성이 있다. 앞의 「자화상」에서 보듯이 그는 인간적 한계를 지닌 그의 모습이 싫어서 돌아가지만, "돌아가다 생각하니 그 사나이가 가엾어진다." 비록 약하고 누추한, 인간적 욕망에 매몰된 모습이라 하더라도 그는 연민의 대상이 된다. 이러한 연민이야말로 문학의 출발점이다. 그런 모습이 싫어서 다시 돌아가지만, 이번에는 그런 그가 그리워진다. 잘 알려져 있듯이 기독교는 인간이 타락한 죄인, 즉 원죄의 존재임을 전제로 하고 예수 그리스도를 통해서만 그 상태로부터 구원될 수 있다고 믿는다. 따라서 구원받은 인간은 하나님 말씀에 따른 성결의 길을 갈 것이 요구된다. 그러나 그가 비록 구원받은 기독교인이라 하더라도 죄-구원-성결의 진로는 선조적으로 진행되기 힘들다. 왜냐하면 그는 여전히 육체를 지닌 채 지상에서 살아갈 수밖에 없는 욕망의 존재이기 때문이다. 기독교적 용어와 도식을 빌린다면, 한쪽을 죄의 축, 다른 한쪽을 성결의 축으로 하는 인생에서 인간은 여전히 흔들릴 수밖에 없다.

기독교와 교회 안에서 이 흔들림은 비판과 기도의 대상이 되지만 문학에서 그것은 오히려 정직한 실존으로 반영된다. 그러나 이러한 반영이 진솔하게 그려지는 문학작품은 그리 많지 않다. 이른바 기독교 문학이라고 불리는 작품들의 경우 그것들은 호교론이나 변신론적 구도 아래 기독교 사상을 일방적으로 펼쳐나가는 일이 대부분이며, 따라서 문학적 감동이 도외시된 나머지 종교적 메시지의 전달마저 실패하는 일이 잦다. 기독교 문학의 시도에도 불구하고 우리에게 도스토엡스키나 T. S. 엘리엇, 혹은 헤르만 헤세 같은 작가가 나오지 못하는 까닭도 아마 여기에 있을 것이다. 시인 윤동주의 성공은 이런 의미에서도 주목된다. 윤동주는 실로 인간에 대한 연민과 사랑이라는 기독교적 메시지를, 사람들을 사랑하지 않고는 견딜 수 없는 그의 타고난 시인 체질을 통해 구현함으로써 시와 사랑, 그리고 기독교가 한 몸임을 보여준다.

다른 한편, 역설적으로 윤동주를 탁월한 시인 되게 한 것은 그의 미숙한 성인 의식이라고도 할 수 있다. 그의 많은 시들은 거의 동시와도 같이 맑고 여리다. 사회화된 인간들은, 시적 화자나 시적 자아가 성인인 경우에도 거의 존재하지 않는다. 「소년」「비행기」「오줌싸개 지도」「애기의 새벽」「고추밭」 등 동시라고 하는 편이 어울릴 많은 작품들을 제외하더라도 그의 거의 모든 시가 이에 해당한다.

어린이 같은 이 마음으로 인해서 아무 잘못도 없는 그가 참회록이라는 시를 써야 했고, 슬퍼하는 자가 복이 있다는 「마태복음」의 팔복장을 시로 옮겨놓을 수 있었다.

나는 나의 참회의 글을 한 줄에 줄이자.
―만 이십사 년 일 개월을
무슨 기쁨을 바라 살아왔던가.　　　　　―「참회록」 부분

그러나 어린아이와 같은 마음이 아니면 천국에 들어갈 수 없다는 복음서의 말씀대로 어린아이의 순수성은 그의 기독교적 인생관과 어울려, 날로 격화되어가는 잔학한 일제 말기 현실에서 홀연히 그를 담대케 한다. 십자가에 못 박혀 죽은 예수에 대한 순수한 외경이 그에게 죽음까지도 두려워하지 않는 종교적 신념을 고취할 수 있었던 것으로 보인다.

쫓아오던 햇빛인데
지금 교회당 꼭대기
십자가에 걸리었습니다.

첨탑이 저렇게도 높은데
어떻게 올라갈 수 있을까요.

종소리도 들려오지 않는데
휘파람이나 불며 서성거리다가.

시 「십자가」의 전반부는 이처럼 한가롭기까지 하다. 그 풍경은 주일학교 어린이의 눈에 비친 모습이다. 하나님은 우리를 사랑하신다, 우리는 그를 믿어야 한다. 예수님은 우리를 대신해서 십자가에 못 박

혀 돌아가셨다는 이야기들을 동화처럼 듣고 말하기에 익숙한 소년의 모습만이 거기에 있다. 그러나 어느 순간 청년 윤동주는 그 십자가에서 하나님과의 인격적인 조우를 한다. 시의 후반부다.

괴로웠던 사나이,
행복한 예수 그리스도에게
처럼
십자가가 허락된다면

모가지를 드리우고
꽃처럼 피어나는 피를
어두워가는 하늘 밑에
조용히 흘리겠습니다.

여기에 이르면 예수 그리스도의 정체성에 대한 철저한 이해, 인간 예수의 괴로움에 대한 동의, 예수의 거룩한 죽음에 대한 지지와 동조의 결단이 결연히 표명된다. 그러나 이러한 의지의 천명이 실천되는 일은 대체로 불가능하며, 그런 뜻에서 문학적 실천은 언어 차원에서 그 의미가 평가된다. 그러나 윤동주는 달랐다. 그는 이 시와 더불어 일제에 체포되었고(1943년 7월), 마침내 옥사하였다(1945년 2월). 이러한 용기의 원천은 거짓과 꾸밈을 모르는 어린이 같은 마음이었다.

5

그러나 일제에 의해 그 목숨이 희생된 윤동주의 시에 현실 의식이 부재하다는 판단은 다소 기이한 것이 아닐 수 없다. 실제로 그에게는 「사랑의 전당」 이후 「흰 그림자」 「흐르는 거리」 등 현실에 맞선 단호한 심정이 때로 직접적으로 때로 은밀하게 드러나고 있다. 단순한, 존재론적 아픔에 고통을 느끼고 실존의 근원을 향한 그리움을 그리는 기질이었던 시인이었지만 각일각 다가오는 일제의 포악한 현실은 그를 흔들기 시작했고, 그는 더 이상 목가적 상황에 안주할 수만은 없을지도 모른다는 불안 속에서 자신을 가다듬는 모습을 보였다. 그 흔들림은 이렇게 표현되었고, 앞서 말한 바와 같이 어린 마음＋기독교의 결과로 유도되었다.

> 우리들의 전당은
> 고풍한 풍습이 어린 사랑의 전당
>
> 순아 암사슴처럼 수정 눈을 내려감아라.
> 난 사자처럼 엉클린 머리를 고르련다.
>
> 우리들의 사랑은 한낱 벙어리였다.
>
> 〔……〕
> 어둠과 바람이 우리 창에 부닥치기 전
> 나는 영원한 사랑을 안은 채
> 뒷문으로 멀리 사라지련다.

> 이제
> 네게는 삼림 속의 아늑한 호수가 있고,
> 내게는 험준한 산맥이 있다.　　　　—「사랑의 전당」부분

　　현실 의식의 부재로부터 각성으로 흐르는 과정으로 해석됨 직한 작품들이 사실 이 밖에도 없지는 않다. 그러나 나로서 주목하고 싶은 것은 어디까지나 그의 어린이 의식과 기독교 사상이며, 특히 기독교 사상과 관련해서는 실증적인 대조와 분석이 가능한 보다 많은 부분들이 남아 있다. 가령 위의 시에서도 기독교적 해석은 가능하다. "순아 암사슴처럼 수정눈을 내려감아라/난 사자처럼 엉클린 머리를 고르련다"는 표현은 구약의「아가서」를 연상시키며 사랑에 대한 시인의 관념 또한 성경적으로 읽힐 수 있다. 무엇보다 "영원한 사랑"에 대한 생각이다. 일반적으로 영원한 사랑이라면, 그것은 사랑하는 연인들 사이의 단순한 수사 아니면 죽음과 같은 이별이 동반될 때의 다짐 같은 형태로 그 실재가 존재한다. 말을 바꾸면, 현실적으로는 거의 존재하지 않는다는 것이다. 그러나 시인은 그 사랑을 안은 채 "뒷문으로 멀리 사라지련다"라고 말함으로써 그것이 공간적으로 가능할 수 있는 듯한 시적 암시를 행한다. 물론 이러한 각오는 "어둠과 바람이 우리 창에 부닥치기 전"이라는 단서와 더불어 주어지지만, 이는 오히려 상대방의 피해를 막고 자신만이 홀로 희생의 길로 가겠다는(그러나 그 길은 결국 영원한 사랑의 길이다) 그리스도적 사랑을 연상시킨다. 그리하여 상대방에게는 아늑한 호수를, 그리고 자신은 험준한 산맥을 선택하는 희생의 사랑으로 나아간다. 물론 이때의 희생이 상대

방 여성을 위한 희생만은 아니기에 예수의 그것과 단순 비교하는 것은 무리일 수도 있다. 그러나 그 사랑은 적어도 자신을 위한 것이 아닌, 거대한 타자를 위한 행동(지금까지의 사랑을 한낱 벙어리라고 하지 않는가)이므로 기독교적 문맥에서 이해하는 것이 자연스러워 보인다. 그러므로 "험준한 산맥"은 바로 영원한 사랑일 수 있는 것이다. 따라서 어린이 같은 마음씨에 머물러 있던 시인이 이러한 의식을 반성하고 현실 의식으로 발전해나갔다는 투의 해석은 피상적이다. 그렇다기보다는 어린이 같은 마음이 기독교적 인식 안에서 더욱 성숙해짐으로써 죽음을 두려워하지 않는 기독교적 사랑을 실천했다고 보아야 하지 않을까 생각된다. 윤동주의 성취는 그런 의미에서 당대 한국 기독교의 성취이며, 시인 윤동주는 동시에 위대한 순교자로 평가되어 마땅할 것이다. 윤동주의 존재는 참다운 종교적 마음과 그 실천이 이루어질 때 문학적으로도 아울러 깊은 울림을 띨 수 있다는 감동을 우리에게 보여준다.

〔2009〕

## 시와 시인의 홍수 가운데에서

　미국에 한국문학을 소개하는 것에 대해 많은 이야기를 한 끝에 펭클Heinz Insu Fenkl 뉴욕 주립대 교수는, 자기로서는 시에 대해서는 별 관심이 없다고 잘라 말했다. 작년 10월 말 뉴욕 컬럼비아 대학에서 개최된 한국문학번역원 주최의 제1회 KLTI(한국문학번역원) 뉴욕 포럼에서의 일이다. 그 이유로서 여러 가지가 열거되었으나, 요컨대 '사라져가는 장르'라는 것이다. 혹은 대중들의 주목을 받지 못하는 장르라는 것. 이 행사에는 재미 한국 문인들을 포함 많은 한/미국인들이 참가했는데 그중에는 멀리 플로리다에서 올라온 마종기 시인도 있었다. 그가 반론을 제기했다. "시는 문학의 원류이자 본질이다. 생각을 바꿀 용의가 없는가?" 갑론을박이 교환되었고, 둘의 의견은 뜻밖에도 생각보다 쉽게 합의되었다. 다시 생각해보기로— 그러나 내가 보기에 그것은 합의라기보다 일종의 봉합이었다. 시에 대한 생각은 그렇게 미국을 중심으로 서서히 내려가고 있는 것이 현실이다. 시는 이제 "별로 통용되지 않는unusual 장르"라는 말은 공공연하다.

이러한 추세는 과거의 영화와 관계없이 전 세계적인 현상으로 보여서, 예컨대 노벨문학상에 있어서도 시인의 수상 가능성은 고작 20퍼센트 정도라고 한다(주한 스웨덴 대사 바리외Lars Vargö 씨의 견해).

그러나 한국은 다르다. 거의 세계 유일의 경우가 아닌가 싶다. 그 수를 헤아릴 수 없이 많은 시인들이 있을 뿐 아니라 지금도 그 수가 줄기는커녕 갈수록 늘어가고 있는 형세다. 왜 이럴까. 그러나 시인, 혹은 시인 지망생의 엄청난 숫자에도 불구하고 오늘의 우리 시가 반드시 풍성한 내용을 지니고 있을까 하는 데에는 많은 의문이 따른다. 말하자면, 양에 비해 그 질적인 수준은 그렇게 자랑할 것이 못 된다는 점에 문제가 있는 것이다. 세계 어느 곳을 가도 한국 시단의 이러한 상황은 기이한 경탄의 대상이 된다.

먼저, 한국에는 왜 이토록 시에 관한 열정이 넘쳐나며, 수많은 시인들이 끊임없이 배출되고 있을까 한번쯤 생각해볼 만하다. 해마다 꼬박꼬박 열리는 연례행사인 신춘문예에 몰리는 시인 지망생만 해도 수만 명에 이르고 종수를 셀 수 없이 많은 각종 시 전문지에도 지망생들은 쇄도한다. 그러나 특이한 것은, 이들 시 전문지 가운데 어느 것 하나 경영상의 수지를 맞추는 채산성을 지닌 잡지는 없다는 점이다. 광고라든지 판매 이외의 수입으로 꾸려나가는 경우가 대부분이라는 사실은 익히 알려져 있다. 팔리지 않는 것이다. 말하자면, 사람들은 시를 쓰기만 할 뿐 남의 시를 읽지는 않는다고 할까. 시의 공급과 소비는 그러니까 외형상의 풍성함에도 불구하고 자체 내의 시장 안에서만 돌고 도는, 일종의 자전(自轉) 현상이 이루어지고 있는 셈이다. 시는 시 작품 자체로도 소중하지만, 그것이 품고 있는 시 정신이 중요한데 도무지 그 정신이 사회를 향하여 기능하지 못하고 있는 딱한 사정이다. 그렇다 하더라도 시에 관한 관심이 있는 문학인이라면 진지하게 고민해보아야 할 대목이 아닐 수 없다. 아울러 그 이유에 대해서도 냉혹한 자기반성이 필요할 것이다.

작품의 질에 대한 심각한 고려 없이 너도 나도 시를 쓰겠다고 덤비는 데에는 상당한 이유가 있을 것이다. 가장 먼저 떠오르는 것은 이른바 전통적인 한(恨)의 문화가 아닐까 싶다. 많은 연구가들이 지적해오고 있지만, 나로서는 우리의 한이 우리 민족 특유의 오기의 산물이라고 생각한다. 어떤 환경 속에서도, 어느 누구에게도 지기 싫어하는, 그 모든 것을 억압으로 받아들이고 결국은 자기 진술을 행하고야 마는 문화가 바로 한인 것이다. 이 한의 문화는 승패를 깨끗이 인정하지 못하고 열패감을 은폐하는, 구질구질한 속성이 있는 것으로 비판되기도 하지만, 동시에 강자에 굴하지 않고 살아가는 끈질긴 에너지의 징표로 평가되기도 한다. 사실 민족의 차원에서 볼 때 강대국들 틈에서 국가적 정체성을 지키고 반만년 살아온 저력은 이 같은 오기와 한이 긍정적으로 작용한 결과라는 점을 인정하는 데에 인색할 수 없을 것이다. 여기에다가 시라는 장르의 특수한 성격을 감안할 때 자기 진술의 발로라는 분석은 더욱 유력해 보인다.

시는, 시 이론의 대가 에밀 슈타이거Emil Staiger에 의하면 추억/기억을 모티프로 하는 장르다. 따라서 지극히 개인적일 수밖에 없다. 개인의 회상 집중을 바탕으로 현재의 대상을 묘사하는 특성 때문에 시인은 다른 장르의 문인들보다 개인주의적 성향이 두드러지며, 이러한 성격은 자기 진술이라는 한의 정서와 맺어져 자연스럽게 많은 입을 열게 한다. 또한 손을 부지런하게 한다. 이러한 특징은 결과적으로 감정 과잉으로 연결되기 일쑤이며, 사람을 수다스럽게 만든다. 게

다가 한 사회가 성숙한 시민사회로 발전하지 못하고 파행적 불균형을 보일 때, 소설/서사와 같은 사회적 장르보다 단편적인 운문의 형태인 시를 그 출구로 선택하기 쉬운 것이다. 우리의 경우 많은 시인들의 양산 현상은 이와 무관하지 않아 보인다.

다음으로 생각해볼 수 있는 그 이유는 우리 사회 특유의 명분주의를 지적할 수 있을 것 같다. 명분주의란 실재론, 혹은 리얼리즘에 반대되는 허위의 이상주의다. 쉽게 말해서 "없는데도 있는 척하는" 실속 없는 가장(假裝)을 말하는데, 그 가장이 꾸미는 표면의 수준은 그 가장 주체의 막연한 이상을 지향한다. 또는 그 사회의 가치에 겉멋으로 기대하는 허세라고도 할 수 있다. 이러한 명분주의는 아주 자주 이상이나 가치를 오판하여 자신이 표방하는 명분이 객관성을 잃은, 우스꽝스러운 어릿광대의 모양새인 것을 모르거나, 알면서도 짐짓 그 수준에 만족하기도 한다. 오늘의 우리 시인들이 처한 사회적 모습을 이같이 표현한다면 이 역시 가혹한 평가일까. 말하자면, 자신이나 자신의 범주에 속한 이들 이외에서는 인정되지 않음에도 불구하고 "시인"이라는 막연한 문화적 에피세트에서 자기만족을 취한다는 것이다. 더 확실히 말한다면 "좋은 시"에서보다 그저 "시인"이라는 이름에 머무르고 이를 즐기는 경우가 많다는 것이다.

끝으로 한마디 더 첨가한다면, 별 볼일 없어 보이지만, 이러한 시인들 내지 예비 시인들을 대상으로 삼는 "시인산업"(—이라고 하기엔 매우 빈약하지만)의 발호를 언급하지 않을 수 없다. 앞서 말했지만 최근 우리 문단에는 너무 많은 시 잡지들이 넘치고 있다. 판매를 통한 경영은 거의 무망하다고 말한 바 있는데, 그렇다면 과연 어떻게 유지되고 있을까. 이러한 의문에 대한 대답은 그러나 공공연한 비밀이 되어 있다. 대부분의 경우 시인들 상호간의 거래를 통한 일종의 자급자족 형태라는 것이다. 사회의 객관적인 인정과 평가 대신, 말하자면 그들만의 게토가 형성되고 있는 것이다.

결국 근본 문제는 양적인 표면상의 호황에도 불구하고 많은 사람들을 감동시키는 훌륭하고, 좋은, 아름다운 시가 적다는 사실로 환원된다. 질적으로 탁월한 작품은 양적으로도 든든한 기반과 저변을 필요로 한다는 일반론에 비추어 볼 때, 좋은 시의 빈곤은 기이해 보인다. 너무 많은 시에 소비되는 에너지가 질적인 깊이를 희석시키고 있는 것일까. 아니면 너무 많은 시들에 가려서 독자와 비평의 눈이 선별안을 잃어버리고 맹목이 되어버린 것일까. 시인들 스스로, 그리고 그들을 배출한 문학 저널을 중심으로 한 자기 선전의 이벤트는 요란하지만, 읽는 모든 이들을 껴안는, 그리하여 마침내 읽지 않고 있는 비문학의 단단한 토양까지 적실 수 있도록 흘러들어가는 공감과 보편의 생수는 솟아나지 않는 것일까. 안타까움만 반복된다.

공감과 보편을 상실한 원인은 내용 면에서도 찾아진다. 오늘의 우리 시를 새롭게 강타하고 있는 이른바 하위문화의 물결은, 성 표현을 중심으로 한 과대한 노출증과 분열된 주체로 인하여 시를 쓰는 시인 자신의 마스터베이션적 효과는 있을지언정 독자와의 감동 연결에는 실패하고 있다. 감동은커녕 역겨움과 분노로 이어져 시인 전체의 신뢰를 떨어뜨린다. 폭력적인 가족 파괴적 상상력과 공동체의 덕목에 대한 증오와 엽기적인 행태도 "야동" 훔쳐보기 수준으로써 독자를 사로잡지 못한다. 물론 시대에 한참 뒤떨어진 서정성의 허위도 오늘의 감각에 터치되지 못하는 면이 있는 것이 사실이다. 시대를 넘어서는 보편적 공감대 위에서 타인을 배려하는 따뜻한 사랑의 마음으로 섬세한 묘사의 세계를 획득할 수 있다면!! 이러한 소망에 얹혀 있는 단 한 편의 시를 꿈꾸어본다.

〔2010〕

# 제3부

# 데린쿠유와 아르테미스

1

부엌도 있었다. 우물도 있었다. 무덤도 있었다. 무엇보다 교회가 있었고 신학교도 있었다. 이미 그 존재가 많이 알려지기는 했으나, 데린쿠유를 처음 방문한 내게는 그 모든 것이 너무나 충격적이었다.

옛 이름이 이고니온이었던 콘야를 향해 파묵칼레를 떠난 버스가 세 시간 남짓 동쪽으로 달린 곳에 데린쿠유Derinkuyu의 지하도시는 그렇게 있었다. 지하 8층으로 된 그 도시는 지하 20층의 카이막클 지하도시와 터널로 연결되고 있다는데, 당국은 데린쿠유 쪽만 지하 4층까지 공개하고 있었다. 그러나 지하 4층까지만 해도 충분히 깊어서, 지하 3층에서 지하 4층으로 내려가는 좁은 길에서 나는 그만 포기하고 싶은 생각이 들 정도였다. 하지만 지하 4층에 이르렀을 때 나타난 십자로 모양의 교회라니! 아, 나는 꼼짝없는 지상의 한 인간일 뿐이라는 초라한 자각에 사로잡혔다. 그 순례 아닌 구경을 마치고 지상에 다시 올라왔을 때 음울하게 뿌리는 빗줄기와 흐린 날씨가 정말로 고마웠다. 그러나 동시에, 그 공기를 마시며 고마워하는 자신의 모습에 심한 부끄러움을 느끼지 않을 수 없었다. 30여 분의 지하생활(?)이 그처럼 답답하고 두려웠던 나로서는 창피함, 공포, 불안이 섞인 마음으로 지하도시 생활자들, 즉 중세의 기독교인들을 외경하지 않을 수 없었다. 도대체 믿음이 뭐길래 그들은, 혹은 로마 혹은 페르시아로부터 그 핍박을 받으며 고난 속에서도 신앙을 지켰던 것일까. 눈에 보이지 않는 내세 혹은 영생의 삶이 오늘 눈에 보이는 현세의 삶을 희생으로 요구할 만큼의 가치가 과연 있는 것일까. 수난의 현장에 서서 이 질문은 매우 현실적인 문제로 다가왔다.

지난 10월 말 10여 일에 걸쳐 이뤄졌던 터키 성지 순례여행은 나에게 많은 생각을 가져다주었다. 여행 기간 내내 따라다닌 무거운 상념은, 인간을 포박하고 있는 종교의 문제였다. 우리 일행은 전반부 일정의 거의 전부를 「요한계시록」에 나오는 일곱 교회 방문에 사용하였다. 이즈밀의 서머나 교회, 에베소의 에베소 교회, 버가몬의 버가몬 교회, 아키사르의 두아디라 교회, 사데의 사데 교회, 알라쉐히르의 빌라델비아 교회 그리고 라우디기아의 라우디기아 교회가 그것들이었다. 이들은 대체로 허물어진 터의 모습이었으나 서머나 교회처럼 성 폴리캅을 기념하여 기념교회로 신축된 곳도 있었다. 또한 빌라델비아 교회처럼 주님의 칭찬을 들은 경우도 있기는 했지만, 대부분 책망을 받은 경우가 많았던 것으로 성경에는 기록되어 있다. 오늘날 터키, 당시의 소아시아에는 도처에 교회가 세워져 있었는데, 특기할 것은 교회들이 바로 그 옆에 신전을 두고 있다는 사실이었다. 신전이라면 말할 나위 없이 그리스 신화에 나오는 신들을 모시는 사원으로,

예컨대 제우스 신전, 아르테미스 여신전 같은 것들이 대표적이라고 할 수 있다. 교회 옆의 신전 혹은 신전 옆의 교회 — 이상하지 않은가. 그런데 그들은 사이좋게 나란히 붙어 있다. 교회가 먼저 세워지고 신전이 나중에 들어선 경우도 있겠지만, 아마 대부분의 경우는 그 반대였을 것이다. 많은 교회들이 사도 바울에 의해서 직·간접적으로 세워진 것들이기 때문이다.

## 2

신전이란, 말하자면 우상숭배의 사당이다. 그리스 신화에 나오는 신들이 사는 곳으로서, 헬레니즘 문화의 표상을 이루는 곳이다. 그리스 신화란 무엇인가. 그리스 신화는 크게 두 범주, 즉 천지개벽 시대의 신들과 올림푸스의 열두 신이라는 범주로 대별된다. 개벽 시대에는 카오스가 지배하고 있었는데, 카오스는 물질과 에너지가 뒤범벅되어 있는 혼돈의 신이라고 신화는 설명한다. 그 뒤에 생겨난 최초의 신이 여신 가이아로서, 대지의 신이다. 이어서 물질들을 결합시켜 질서를 잡아주는 신 에로스가 생겨난다. 그리하여 카로스, 가이아, 에로스는 개벽 시대의 삼대 신이 되며 이로부터 닉스(밤), 에레보스(어둠), 아이테르(창공), 헤메라(낮) 등이 나오는데, 이들은 모두 카오스의 자식들이다. 그런가 하면 가이아는 우라노스(하늘), 오레(산), 폰토스(바다)를 낳았고, 가이아는 자신의 자식인 우라노스와 어울려 12명의 티탄(거인)과 퀴클롭스(외눈박이) 삼형제, 헤가톤케이르(백 개의 손을 가진 자) 삼형제를 각각 출산하였다.

우주 생성을 개벽의 신들로 풀이한 신화는 점차 더욱 그 족보를 발전시켜 밤의 신 닉스가 잠, 죽음, 꿈, 애욕의 신들을 낳았다고 설명한다. 동시에 파멸, 고통, 불행, 비참, 노쇠도 밤의 자식으로 그 계보를 이어간다. 운명도 밤의 딸이었고 분노도 밤의 딸이었다. 불화의 에리스도 밤의 딸로서, 신들의 잔칫상에 황금 사과를 던져놓아 트로이 전쟁을 야기한 여신이다. 그녀는 온갖 부정적인 상황의 표상으로서 유명하며, 그 가운데에는 의심, 논쟁, 거짓과 같은 것들도 포함되어 있다. 흥미로운 것은, 기독교에서 말씀이라는 뜻을 가진 로고스가 비슷한 발음의 로고이Logoi라는 모습으로 '논쟁'이라는 뜻을 지니고 있다는 점인데, 그 역시 에리스의 자식으로 되어 있다.

하늘인 우라노스와 산인 오레 그리고 바다인 폰토스를 낳은 가이아는 지구를 형성하는데, 물의 상징인 오케아노스, 빛의 상징인 휘페리온도 모두 가이아의 후손이다. 그녀는 가히 세계의 근원이라고 할 수 있다. 자식인 우라노스와 근친상간으로 부부가 된 가이아는 권력을 그에게 넘겼으나 막내아들 크로노스의 힘을 빌려 다시 우라노스를 제거해버리는 최초의 권력 투쟁을 보여준다. 하늘과 땅의 분리는 이런 과정을 통해 설명된다.

여기서 주목되는 사건은 생식기의 등장이다. 아들 크로노스가 아버지 우라노스를 제거하는 일은 그의 생식기를 낫으로 잘라버림으로써 이뤄지는데, 이 사건은 그리스 신화 최초의 폭력으로서 이로 인해 숱한 파생이 발생하는 것이다. 우선 생식기 절단에서 흘린 피가 복수의 여신 에리뉘에스와 거인족 기간테스를 만든다. 그런가 하면 바다에 떨어진 생식기는 거품이 되고, 거기서 아름다움 사랑의 여신 아프로디테가 태어난다. 아름다움이나 사랑은 파도에 부서지는 거품과 같다는 생각일까. 아무튼 그리스어로 거품은 '아프로스Apros'라고 한다.

생식기를 자르고 그 피를 통해 생명이 다시 번성한다는 신화는 사실 그리스 신화 이외의 신화들에게서도 비슷한 변주를 보여준다. 대지의 여신 퀘벨레 제사 때 자신들의 성기를 잘라 그 피로 땅을 물들여 번성을 기원하는 제주(祭主)들의 풍습을 지닌 소아시아의 고대 종교가 있고, 비슷한 풍습이 다신교 내지 범신론의 민족들에 널리 퍼져 있다. 생식기는 아니라 하더라도 생명 자체를 내놓아서 제물을 삼는 제사 형식은 우리네 샤머니즘에도, 게르만 신비주의에도 모두 편재한다. 처녀를 잡아 바다의 용왕에 바치든지 돼지머리를 놓고 제사를 드리든지, 어쨌든 풍요와 생명을 위한 길목에는 피와 죽음이 요구되었다. 문제는 그리스 신화에 나타나는 생식기 절단 사건인데, 이것은 성에 대한 그들의 관심이 다른 어떤 신화나 종교보다 각별했다는 점, 결국 인간주의적 관점에서 모든 것이 출발하고 있음을 보여준다.

권좌에 오른 크로노스는 자식에게 권력을 빼앗기리라는 어머니 가이아의 저주를 피하고자 제 자식들을 먹어 치웠다. 그러자 아내 레아는 막내 제우스를 낳자 크레타의 산속 동굴에서 몰래 키웠다. 이 제우스가 아버지 크로노스와 전쟁을 벌여 승리함으로써 크로노스와 그의 세력인 티탄들은 땅속에 갇히게 되었고 이제 제우스 시대, 즉 올림푸스 신들의 시대가 시작된다. 패전한 티탄들 가운데 아틀라스는 홀로 영원히 하늘을 받치고 있어야 한다는 벌을 받는다. 제우스가 아버지를 제압하고 패권을 장악함으로써 열리게 된 올림푸스 신들의 시대는 성산(聖山) 올림푸스 산을 배경으로 인간을 다스리고 기후와 자연을 다스리는 제우스 시대이기도 하다. 그리스 신화의 출발을 제우스로부터 파악하는 경향도 있는데, 이것은 크로노스의 아들 삼형제,

즉 제우스, 포세이돈, 하데스 가운데 제우스가 하늘을 다스리면서 올림푸스 산에 정좌하고 질서를 잡아나간 최초의 주인공이었기 때문이다(포세이돈은 바다를, 하데스는 지하세계를 다스리는 것으로 제비를 뽑았다).

올림푸스에는 열두 명의 신이 살고 있었다. 아버지 제우스와 그의 아내 헤라, 화덕과 주방의 여신 헤스티아, 대지의 여신 데메테르, 음악과 예언의 신 아폴론, 숲의 여신 아르테미스, 예술과 지혜의 여신 아테나, 전령의 신 헤르메스, 대장장이 신 헤파이토스, 전쟁의 신 아레스, 아름다움의 여신 아프로디테, 포도주의 신 디오니소스가 그들이다. 이들을 성별로 보면 남신과 여신이 각각 여섯 명으로 동수인데, 제우스는 신들의 아버지일 뿐 아니라 모든 인간들의 아버지이다. 제우스가 이 자리에 오르기까지 그는 세 번의 전투(아버지와의 9년 전쟁, 가이아가 조종하는 기간테스들과의 전쟁 그리고 거구의 괴물 튀폰과의 전쟁)에서 승리했다. 이렇듯 싸움을 거듭한 끝에 권력을 잡은 제우스는 곧 모든 인류사의 정복자 모습을 그대로 반영한다. 그는 무서운 질서의 감시자로, 가부장적 권력의 수행자로 공동체의 안정과 번영을 이루어가지만 동시에 수많은 여성들과의 분방한 애정 행각으로 스스로 질서의 파괴자가 된다. 심지어 그는 미소년 가니메드를 유혹하는 남색까지 마다하지 않음으로써 결국 몰락하는 모습을 보여주는데, 그의 전 여정은 인간 권력의 패턴과 동일한 궤도를 밟는다.

그러나 그리스 신화에서 정작 중요하게 읽혀야 할 대목은 프로메테우스의 존재와 여신들의 기능/위상이다. 왜냐하면 프로메테우스('먼저 배우는 자'라는 뜻)에 의해 인간에게 불과 지혜가 전해짐으로써 오늘의 인간이 있을 수 있는 것으로 되어 있기 때문이다. 프로메테우스가 인간 자체를 만든 것은 아니나(그리스 신화에는 인류의 발생에 대한 이렇다 할 정설이 없다) 제우스가 들고 나가지 못하게 한 불과 지혜를 헤파이토스의 대장간과 지혜의 여신 아테나를 통하여 훔쳐다 준 것이다. 인간에게 별 관심이 없었던 제우스와 달리 프로메테우스는 건축과 농사, 육축과 글쓰기, 항해술과 산술 등 인간에게 필요한 많은 기술을 전수해준 공작인(工作人)의 원형인 셈이다. 제우스의 뜻에 반하여 사사건건 인간의 편을 들었던 프로메테우스는 마침내 제우스에게 붙잡혀 지구의 동쪽, 곧 코카서스 절벽에 쇠사슬로 묶인 뒤 독수리에게 그 몸을 쪼아 먹히는 벌을 받는다. 그러나 제우스의 운명의 비밀을 미리 알고 있는 프로메테우스이기에 제우스와 화해하게 된다. 제우스를 비롯한 그리스 신화 속 강자들이 지닌 운명의 비밀이라는 것이 대부분 누군가가 자신의 자리를 노린다는 투의 것이어서, 이를 알아내어 그를 처단하는 비극과 관계된다. 제우스에게서 특이한 것은, 그는 끝끝내 신들의 세계에서만 권력 놀이와 사랑 놀음을 즐길 뿐, 인간세계와의 교통을 달가워하지 않는다는 점이다. 이때 인간과의 매개자 역할을 한 존재가 바로 프로메테우스였다.

  올림푸스의 여신들 가운데 셋은 제우스의 누이였으며, 둘은 그의 딸이었고, 아프로디테만이 바다 거품에서 태어났다. 터키 여행에서 내가 만난 여신은 이 중 아르테미스였는데, 그는 제우스와 레토 사이의 딸이다. 서베를린 페르가몬 박물관에 가 있는 제우스 신전의 터는 버가몬 시 아크로폴리스 언덕 위에 큰 소나무 두 그루로 덮여 있었다. 비록 옛터일망정 제우스와 아르테미스 부녀의 자취를 확인할 수 있었던 것인데, 숲의 여신이었던 아르테미스는 훨씬 뒤, 그러니까 기원후의 세계에도 사도 바울과 관계되면서 헬레니즘과 헤브라이즘을 동시에 조명해주는 교훈을 던진다.

비록 옛 도시의 기둥들만이 주로 서 있었지만, 에베소 거리는 화려했다. 한때 셀주크Selcuk 제국의 거점 도시였으나 이제는 작은 촌 도읍이 된 셀주크를 지나 성모 마리아의 '집으로 올라가는 언덕 입구에서 우리는 차를 내렸다. 오른쪽으로는 누가복음서의 저자 누가의 묘가 놓여 있고, 길 건너 오른편으로 들어가면 에베소 고도가 목욕탕부터 그 옛모습을 드러낸다. 도시는 잠시 오르막길을 타는 듯하다가 다시 아래로 내려가는데 그곳에 바로 아르테미스 신전이 나타난다. 신전 역시 한 개의 기둥만이 지난날의 웅자를 증언할 뿐, 나머지 126개는 이스탄불로 옮겨졌다. 아르테미스 여신상 자체는 신축 중인 박물관에 들어가 있지만 126개 기둥은 이스탄불 성 소피아 성당의 기둥으로 쓰인 것이다. 바울의 에베소서로 유명한 이 도시에 얽힌 역사를 더 들어가보자. 에베소는 원래 아르테미스 여신의 숭배지였는데, 신전은 특히 127개의 화려한 기둥을 지닌 고대 7대 불가사의 중 하나인 건축물이었다. 그 아름다움이 얼마나 신묘했는지, 한 일화는 기원전 365년 헤로스트라토스라는 청년이 자신의 이름을 이 화려한 신전의 방화자로 남기고 싶다면서 불을 질렀다고 한다. 뒤에 알렉산더 대왕이 시민들에게 세금을 면제해주자 시민들은 자발적인 헌금으로 다시 화려하게 신전을 지었다. 기원후 사도 바울이 이곳을 찾아와 2만 5천 명이 들어가는 에베소 대극장에서 설교를 했으며, 313년 콘스탄티누스에 의해 로마에 기독교가 받아들여진 뒤에는 기독교 지도자 회의까지 여기서 열렸다. 기원전 431년의 일이었다. 그러나 로마가 기독교를 받아들이기 이전, 아직 시민들이 아르테미스 신전에 예배하던 때 3년 가까이 이곳에 머물던 바울은 복음 전파의 보람과 함께 수난도

당했다. 수많은 유방을 드러낸 아르테미스 여신을 풍요의 상징으로 경배하던 시민들을 바울은 도저히 참을 수 없었으며, 그리하여 그는 여신상을 직접적으로 공격했다. 바울은 결국 그곳에서 쫓겨날 수밖에 없었다.

## 3

6세기 말 비잔틴 제국의 유스티아누스 황제는 이스탄불에 성소피아 성당을 지었고 결국 아르테미스 신전 기둥 126개가 그쪽으로 옮겨졌다. 우상의 재료가 기독교 쪽의 재료로 사용된 것이다. 뿐만 아니라 성당에 사용되고 남은 기둥은 성당 인근의 지하 물 저장고에 다시 이용되었는데, 아르테미스 신전에서 받침대로 쓰인 메두사 기둥이 거꾸로 박혀 있는 것을 지금도 볼 수 있다.

에베소의 이 같은 영화와 몰락, 그 묵시의 오묘한 섭리와 진행은 나에게 많은 물음을 제기해왔다. 그것들을 생각나는 대로 적어보면 다음과 같다: 얼핏 먼저 떠오르는 질문은 이방신, 즉 그리스 신화에서 신전에 내세운 신은 왜 하필 여신인가 하는 것이다. 그다음 이어지는 질문은, 기독교는 그처럼 철저하게 우상의 흔적을 지워버리다 못해 능욕에 가까운 태도를 보였어야 했는가 하는 것. 그러다가 종래는 이방신이든 기독교든 인간은 신앙 없이는 도저히 살 수 없는가 하는 근원적인 물음에 도달하게 된다.

자, 첫번째 물음부터 생각해보자. 그들 그리스 신화를 숭상하는 고대인들은 제우스와 프로메테우스라는 남신을 만들었다. 그런데도 여신, 특히 아르테미스에 대한 경배가 대단한 까닭은 무엇일까. 그리스 신화를 자세히 들여다보면 거기에는 처녀성, 원시성, 자연, 순수에 대한 열망과 더불어 질투, 분노와 같은 여성적 심성에 대한 공포가 숨어 있는 것이 발견된다. 처녀인 아르테미스 신전에는 동정을 지킨 남녀만이 출입할 수 있다. 궁정보다는 산야에서 활쏘기를 즐긴 여신은 행여 자신을 넘보는 자가 있을 때 가차 없이 죽여버렸다. 그녀는 날렵했으며 용감했고 재주가 있었다. 그러나 아르테미스는 기본적으로 농경사회의 지킴이이다. 풍요와 다산을 매개해주는 신상이며 동식물의 야성을 그대로 벗해주는 번식과 성장의 친구이다. 쌍둥이 남동생 아폴론의 해산을 돕는 장면은 해산 도우미로서의 다산성을 상징한다. 결국 여성 신상들은, 처녀라고 할지라도 그들의 출산력에 매개되며 현세적 풍요 욕망의 반영일 수밖에 없을 것이다. 그들에게는 순결이라는 덕목이 강조되지만, 그것은 사랑 아닌 집착과 소유의 이데올로기라는 비판이 있을 수 있다.

그다음 이방신과 기독교와의 대립, 한쪽에 의한 다른 한쪽의 철저한 궤멸과 능멸은 바람직한 것인가. 95퍼센트 인구가 이슬람인 터키가 기독교 성지 덕분에 관광 수입을 올리고 있는 현실을 보면서 역사의 아이러니에 엄숙해지지 않을 수 없었다. 터키는 단일민족이 제자리에서 오랜 역사를 지켜온 땅이 아니었다. 그 옛날 몽고족이 들어온 이후 기원전 2천 년부터 약 1300년 동안 히타이트 왕국이 있었고, 그 이후로 프리기아 왕국, 리디아 왕국이 그 땅을 지배하였다. 다음에는 페르시아에 의한 2백 년 지배가 계속되었고, 기원전 4세기경 로마제국의 콘스탄티누스 대제가 현재의 이스탄불을 수도로 정비한 비잔틴 제국이 11세기까지 갔다. 약 2세기 가까운 셀주크 시대가 지난 다음

오스만 제국(1299~1922)을 거쳐 오늘의 터키 공화국에 이르는 역사는 이슬람 → 기독교 → 이슬람의 문명이었다. 지금도 헌법에서는 종교의 자유가 인정되고 있으며 실제로 기독교 교회도 있다. 숫자에 있어서 상대가 되지 않지만 이슬람과 기독교는 그 옛날 신전/교회의 형태로나 오늘날의 공존 형태로나 어쨌든 함께 있는 것이다. 그런데 한쪽에서 다른 쪽 건물을 거의 모조리 빼앗아 가져간다면?

  이 문제는 종교 다원주의와 유일신 진리 사상이라는 궁극적인 테마로 뻗어갈 사항인지도 모른다. 전쟁 중에 종교 전쟁이 가장 무섭고, 개인 간에도 종교와 관련된 논쟁은 삼가는 것이 좋다는 이야기가 있다. 그럴 것이, 누구나 자신이 믿는 종교가 진리인데 어느 한 부분인들 양보할 수 있겠느냐는 말이다. 더구나 유일신을 믿는 기독교인으로서는 물러설 곳이 없는 것이 당연하다. 기독교가 때로 독선적이라고 비판을 받는 까닭도 여기 있을 것이다. 그러나 그 내용을 보면 이야기는 아주 많이 다르다. 사랑과 양보가 그 내용 아닌가. 예수 그리스도의 대속 사건으로 분명한 그 모습을 드러내는 기독교는 죽기까지 죄인을 사랑한 하나님 사랑의 종교이다. 그 종교가 비록 이방신일지언정 그것을 억압하고 탈취했던 과거는 정당해 보이지 않는다. 이와 비슷한 전례들은 비단 터키에만 있지 않다. 스페인에도 있고 중국에도 있다. 30년 전쟁과 같은 무모함도 있었다. 이런 잘못 때문에 기독교는 이따금 패권주의적, 심지어 제국주의적이라는 비난을 만나곤 한다. 아르테미스 신전 기둥은 나에게 우울한 사색을 일으켰다. 왜 사랑의 종교인 기독교가 마치 사랑을 짓밟는 것 같은 종교의 모습을 보여왔을까 하는, 그 역시 율법주의적 잔재 때문이었을까.

  터키 성지 순례에서 확인된 것은, 인간은 종교 없이는 살 수 없다는 사실이었다. 제가 만들어놓은 신화의 그물이든, 명백한 역사를 바탕으로 한 계시의 진행이든, 아니면 별것 아닌 물질이나 허상이든 인간은 무엇을 붙들어야 살 수 있는 존재들이었고, 또 존재들이다. 버가몬 언덕 그 높은 도시를, 육중한 대리석을 날라서 건축할 수 있었던 힘도 무엇인가 인간이 의지할 수 있었던 대상이 있었기에 가능했을 것이다. 에베소에서 만난 두 여인, 한 사람은 성모 마리아였고 하나는 사람 아닌 여신이었다. 문제는 믿음의 대상이 지닌 속성과 본질이다. 그 존재가 실재 인물이냐 아니냐 하는 문제와 더불어, 더욱 중요한 것은 그 존재가 스스로 자신의 미덕을 바탕으로 한 권위적, 권력적 존재인가 아닌가 하는 점이다. 이렇게 볼 때 제우스와 아르테미스는 권력적이며 권위적이다. 그들은 인간에게 복종을 요구할 뿐 인간에게 열려져 있지 않다. 인간을 향한 사랑 같은 것은 애당초 결여되어 있다. 행여라도 우리 같은 인간을 향한 죽음과 같은 희생을 바란다는 것은 소망 밖의 일이다.

  도처에서 신화가 뜨고 있다. 사랑도 희생도 없는, 우리 인간에게 유익이라고는 조금도 없는 신화가 대학에서 서점에서 인기다. 신화 관련 강의에는 수강생들이 엄청나게 몰리고, 서점에는 신화 관련 책들이 베스트셀러이다. 이유는 간단하다. 누구든 아르테미스 여신의 풍만한 몸에서 풍요, 관능, 재미를 느끼고 싶지 데린쿠유의 어두운 지하에서 눈물의 기도를 드리고 싶지는 않기 때문이다. 아, 이 인간들을 어찌할 것이다.

[2006]

## 종교적인, 너무나 종교적인

『문학과 종교』라는 책을 번역 출판한 일이 있다. 1997년에 나왔는데, 원래 번역에 착수한 해는 1987년이었으니 꼭 10년 만에 책이 나온 셈이다. 저자는 독일의 튀빙겐 대학 교수였던 신학자 한스 큉과 문학평론가이자 독문학 교수인 발터 옌스였다. 당시 출판사 사장을 맡고 있던 독일인 신부에게 그 번역을 의뢰받았는데, 문제의 심각성(?)은 그때부터 숨어 있었다.

사장인 신부는 그 책이 독일에서 출판되자마자 한국에서도 곧 번역 출판하기를 바랐는데, 마땅한 번역자를 찾을 수 없었다고 했다. 그럴 것이, 그가 생각한 번역자의 조건은 첫째, 독일어/독일 문학을 전공한 사람일 것, 둘째, 기독교인일 것, 셋째, 문학에 대한 소양이 있는 사람, 가능하면 작가나 문학평론가면 좋겠다는 것이었기 때문이다. 이런 조건에 맞는 사람을 열심히 찾아보았지만 발견하지 못하고 실망하던 중 나를 만났다고 하면서 그는 상당히 반가워했다. 그의 말로는 세 가지 조건 중 두 가지를 갖춘 사람은 있었으나 셋 모두에 합당한 사람은 없었고, 그중 특히 두번째, 즉 기독교인을 만날 수 없었다는 것이다.

아, 독일어를 하는 문학인들 가운데 기독교인은 없었다! '독일어를 하는'이라는 단서가 붙었지만 이 단서를 빼더라도, 즉 우리 문학인들 가운데 과연 기독교인들은 얼마나 될까 하는 데 생각이 미치자 나는 문득 오금이 저려오는 듯한 황당함을 느끼지 않을 수 없었다. 게다가 독일 문학 같은 외국문학을 전공한 이른바 지식인들 가운데 기독교인들을 찾아내기란 특히 힘들다는 사실을 깨달았다.

사실 내 주변을 돌아볼 때 그 상황은 아주 심각했다. 내가 아는 대부분의 외국문학 연구자들은 기독교에 대해 냉소적이거나 심지어 반기독교적이기까지 했다. 단테의 『신곡』, 파스칼의 『팡세』, 괴테의 『파우스트』를 번역하고 강의하는 이들도 이 작품이 지닌 기독교적 의미에 무지하거나 아예 알려고도 하지 않는 현실이 지배적이었다. 이러한 현실은 지금까지도 크게 개선되지 않고 있는데, 20년 전에는 아마도 더 좋지 않았을 것이다. 기독교에 대한 관심도 지식도 없는 서양문학 연구자들이 연구하고 강의하는 서양문학은, 그들이 기독교인인가 아닌가 하는 문제와는 별도로, 상당히 왜곡될 수 있음을 인정하지 않을 수 없을 것이다.

이처럼 문학과 종교와의 관계가 무관심 내지 상극의 형상으로 오래 지속되어온 까닭은 무엇일까. 사실 조선조 혹은 그 이전의 불교나 유교와 문학 간의 관계가 매우 밀접했다는 점을 상기한다면 이해가 쉽지 않다. 이런 상황 아래서 나는 어렴풋이 그 원인을 짐작해볼 수 있는 기회를 가졌다.

1989년 봄날, 서울대에서 한·일 독문학자 대회가 열리고 있었다.

주제는 '독일 문학작품 번역의 제문제'였던 것으로 기억되는데, 일본 쪽에서 10여 명의 독문학 교수들이 참가했다. 그런데 일본 측 발표자에 의하면 일본에서 가장 많이 번역되는 독일 소설은 프란츠 카프카의 작품이며 또 가장 많이 연구되는 작가도 카프카라는 것이다.

나는 순간 기이하다는 생각이 들었다. 왜냐하면 카프카 문학의 중심 테마는 '율법(카프카의 원문대로 표현한다면 독일어로 Gesetz)'이기 때문이다. 율법이라면 유대교가 신봉하는 구약의 핵심 메시지이며, 그 해석과 관련해서는 기독교 전체의 문제이기도 하다. 카프카 문학을 시오니즘과 분리해서 생각할 수도 없는 것도 바로 이러한 주제 때문인데, 일본인들이 여기에 집착하는 이유가 잘 납득되지 않았다. 널리 알려져 있듯이 일본에서의 기독교는 그야말로 넓은 바다에서의 무인도와 같은 한 점이 아닌가. 기독교 인구가 전 인구의 1퍼센트도 못 된다는 통계가 있을 정도로 일본에서의 기독교는 거의 불모인데, 어떻게 카프카가 그토록 인기일 수 있겠는가. 의문은 의문으로 계속되었다.

결국 나는 이 점을 질문하지 않을 수 없었다. 놀라운 것은, 참가한 일본인 교수들 가운데 어느 누구도 이에 대답을 하지 못했다는 사실이었다. 참으로 뜻밖이었다. 독일 문학 수입과 수용에 일찍부터 왕성한 실력을 발휘해온 일본 학자들이 그 이유 부분에서 갑자기 꿀 먹은 벙어리가 되다니, 황당하지 않을 수 있겠는가. 이런 의문은 저녁 식사 자리로까지 옮겨졌는데, 최종 대답을 준 이는 도쿄 대학의 시바다 교수였다. 일행 중 가장 원로에 속하는 그는 젊은 시절 아쿠타가와 상을 받을 소설가이기도 했는데, 1박 2일 간의 침묵을 깨고 무거운 입을 열었다.

"바로 그것이 일본 문화의 문제입니다."

대답은 그뿐이었다. 한참 뒤 토론 형식의 대화가 이어졌는데, 요컨대 일본은 서양 문화를 적극적으로 대량 수입하고 있으나 그 뿌리가 되는 기독교에 대해서는 무지한 채 아예 관심조차 갖지 않고 있다는 것이다. 뿌리와 줄기를 모르면서 그 나무의 열매만 따 먹고 있다는 것으로 결론은 유도되었다. 마치 박제가 된 짐승의 껍질을 갖고서 야생동물을 모두 아는 양 행세하는 꼴이었다. 그들 중 몇몇은 매우 부끄러워했으나 다른 이들은 문제의식 자체가 없어 보였다. 시바다 교수는 일본 문화의 특징으로 바로 이 같은 초월성의 결여와 세속주의를 든바, 그것은 정확한 지적이었다. 일본인들은 서양을 받아들였지만, 말하자면 정신은 놓아둔 채 겉껍질만 가져온 셈이었다.

문제는 바로 이 같은 일본 문화를 통해 우리도 서양 문물을 수입해 왔다는 점이다. 20세기 전반 저들의 식민치하에서 번역·수용되어온 서양 문화는 그 본질과는 동떨어진 상태에서 우리와 만나게 되었던 것이다. 오죽하면 독일 문학이 반세기 훨씬 넘게 번역되고 강의·연구되는 상황에서 카프카의 '율법'이 그냥 '법' '법칙' '규칙' '법률' 따위의 낱말로 번역되었단 말인가. 이에 대한 반성이 제기되기 시작한 것은 불과 몇 년 전의 일이다.

문학과 종교는 이렇듯 그동안 아무런 관련이 없다는 듯 멀리 떨어진 자리에 있었고, 심지어는 멀리 떨어져 있을수록 좋다는 인식이 외국문학 연구자들을 포함한 우리 문학인들에게 널리 퍼져 있었다. 왜 이러한 현상이 생긴 것일까. 원효를 고승이자 문인으로, 퇴계나 율곡 역시 유학자이자 문인으로 여겨온 전통과 관습이 현대에 이르러, 그것도 유독 기독교와의 관계에 있어서 단절된 이유가 무엇일까. 1989년

한·일 독문학자 대회에서 확인된 일본의 문화의식을 바라볼 때, 나로서는 그것이 일제 식민통치의 결과라는 심증을 갖지 않을 수 없다. 쉽게 말해서 본질과 현상을 분리해 바라보기 일쑤인 일본인들의 의식에 우리가 감염된 탓이 아닐까 싶은 것이다. 특히 서양 문물 수용에 있어서 경험이 없었던 우리는 일본식 수입 태도에 저도 모르게 편승했던 것으로 생각된다.

"모호성, 양면성, 불화스러운 일치, 상호조명, 변증법이 하늘과 땅 사이에 뻗어 있고, 긴장스럽고 두려운 관계"라는 것이 문학과 종교의 관련성을 이해하는 발터 옌스와 한스 큉의 고백이다. 이들에 의하면 도스토옙스키의 『카라마조프가의 형제들』이든 카프카의 『성』이든 신학자에게는 대체로 굽어보는 눈길이 필요하고 문학자에게는 쳐다보는 시각이 요구된다는 것. 문학과 종교는 비록 불편할 수도 있는 관계이지만 서로서로 무시하거나 무지하면 공멸할 수도 있다는 의식을 그들은 갖고 있다. 양자의 불편한 관계는 근대 계몽주의 이후 생겨난 관계로 파악되는데, 큉은 그것을 "한때 여왕 같은 세도를 누렸던 종교가 이제 하녀로 별 권리 없는 국외자"가 됨으로써 유발된 것으로 본다. 서양의 경우 종교, 즉 기독교는 근대 이후 경홀히 취급되다가 무시되고 경멸당하고 마침내 추방되는 형세에 이른다. 그러나 세속의 무종교성 때문에 종교의 수명이 다한 것은 아니었다. 그것은 18세기 낭만주의에 의해 새롭게 깨어났다고 그는 이해한다. 영성 이탈은 종말로 이어지지 않고 영성 쇄신으로 나타났다는 것이다. 엄격히 말한다면, 영성 이탈 이후 영성 쇄신이 일어났다기보다 둘은 함께 발생했다고 할 수 있다. 근대가 시작된 17세기, 그 첨병이었던 데카르트와 파스칼 가운데 이미 파스칼은 영성 쇄신을 동시에 추구한 인물이었다. 수학자이며 발명가, 사업가이기도 했던, 가장 확실한 근대인이었던 파스칼이 영성 회복을 눈물로 간구한 『팡세』의 저자였던 사실을 기억한다면, 역사의 물결이라고 해서 자기 성찰 없는 도도한 행진만은 아니라고 할 수 있다.

    종교와 문학은 바로 이 자기 성찰이라는 면에서 비슷한 운명을 지닌다. 다른 점이 있다면 종교가 선험적인 성격이 강한 반면 문학은 경험적이라는 것, 종교는 환원적인 논리가 지배적임에 비해 문학은 훨씬 귀납적이라는 점이 대비될 수 있을 것이다. 물론 이러한 비교가 반드시 맞는 것만은 아니리라. 종교에도 경험적인 사례가 얼마나 많은가. 다른 한편 문학에도 선험적 관념성이 주어지는 일 또한 적지 않다. 이러한 차이를 인정하더라도 자기 성찰이라는 대의에 있어서 종교와 문학은 같은 길을 간다. 같은 길 정도가 아니라 많은 경우 극심한 경쟁을 벌인다. 둘의 관계가 불편한 것은 차라리 이 경쟁의 속성 때문이 아닐까. 종교는 구원의 문제에 있어서 배타적 독점권을 행한다. 기독교적 관점에서 볼 때 문학은(특히 근대문학은) 신을 버린 인간 중심의 휴머니즘에 속하며, 문학의 자리에서 종교는 비인간적 율례 내지 또 다른 신화로 해석되기도 한다. 이들은 서로를 노골적으로 적대시하지는 않지만 자신들의 비교 우위를 비교 아닌 절대의 지평에서 뽐낸다. 그러나 조금 다시 생각해볼 때, 그리고 한 발짝 더 나아간다면, 그렇지 않은 감싸기 상황도 있다. 참다운 종교, 위대한 문학은 결코 다른 자리 아닌 같은 자리에 있다는 사실을 발견하기 때문이다. 물론 그 자리에 양자가 똑같은 모습으로 서 있는 것은 아니다. 이를 이해하기 위해서는 다시 큉과 옌스라는 신학자와 문학자의 대결을 관찰하는 것이 흥미롭다. 똑같은 작품, 카프카의 『성(城, Schloss)』에 대한 해석들이다.

먼저 퀑의 해석: 첫째, 작품 속의 성, 즉 초월성의 세계는 존재한다. 둘째, 마을의 세계와 성의 세계 사이에는 수수께끼 같고 불투명한 형태로나마 의사소통이 이루어진다. 셋째, 성의 내부로 통하는 길은 비록 한없이 길지만, 또 끊임없이 새로운 방이나 새로운 장벽으로 가로막혀 있을지도 모르지만 그 길은 틀림없이 존재한다. 넷째, 성에 도착하면 사자(使者)인 바르나바스에게 '무엇인가' 전달될 것이며 만일 그가 그것을 갖고도 의심, 불안, 절망에서 벗어날 수 없다면 이는 전적으로 바르나바스의 책임이다. 끝으로, 측량기사는 고향의 교회 탑으로 상징되는 전통적 의미의 초월적 상실을 의식하면서도 성을 통해서 그 마을의 인간 공동체 내에서 정주권을 얻으리라는 희망, 성에 도착하여 받아들여지리라는 희망, 즉 초월성을 되찾으리라는 희망을 포기하지 않는다.

퀑은 이러한 해석과 더불어 성을 은총의 표현으로 보는 종교적 해석에 전적으로 동의하지 않는다 하더라도 암호화된 초월성의 존재를 인정하고 있다는 점에서 적어도 '종교적'이라고 시인한다. 나에게 퀑의 해석은 논리적이라기보다는 성경의 정신인 '인애와 긍휼'의 반영으로 여겨진다. 말하자면 그 해석의 다양성, 작가의 고뇌를 모두 감싸는 것이다. 실제로 신학자 퀑 교수는 "어쨌든 분명한 것은 카프카가 개인적으로는 작품을 통해 나타나는 것보다도 더 종교적이고 신앙심이 깊었으며 희망적이었다는 사실이다. [……] 요컨대 그는 '세계와 삶에 대한 기쁨'에 넘쳐 있었다는 것"이라고 말한다. 때로 독선으로 비판되는 기독교의 진리가 한없는 사랑임을, 인간이 잘난 체하는 전형적인 현장으로서 문학을 만날 때 종교가 품는 긍휼의 넓은 폭을 여기서 보게 된다.

다른 한편 문학자 옌스 교수의 『성』 해석은 어떤가: 그에 의하면, 카프카의 모든 글쓰기는 기도의 형식이다. 말하자면 세상 속의 일들은 갈등과 고뇌의 연속으로, 문학 즉 글쓰기 아니면 구원의 방법이 없었다는 것으로 옌스의 해석은 요약된다. 1913년 여름 일기에 나타난 카프카의 고민에는 이런 것들이 있다.

> 혼자서 삶을 감당할 수가 없다. 그것은 살아갈 능력이 없다는 말은 아니다. 전혀 반대로, 심지어 누군가와 함께 사는 요령도 터득한 듯하다. 하지만 밀려드는 나만의 삶, 나 자신에게서 생겨나는 여러 가지 요구, 세월과 나이의 공격, 막연하게 일어나는 글을 쓰고 싶다는 충동, 불면증, 정신이상 증세, 이런 모든 것을 혼자서 감당할 능력이 없다.

카프카의 글 어디에서도 발견되지 않는 진솔한 이 고백 속에서 특히 주목할 만한 부분은 '혼자서 감당할 능력이 없다'는 대목이다. 자신의 연약함에 대한 겸허한 인정은 이보다 3년 뒤 1916년 2월 일기에서는 더욱 처절한 참회로까지 나아간다.

> 나를 불쌍히 여기기를. 나는 내 존재의 구석구석까지 죄로 물들어 있는 사람입니다. 하지만 완전히 경멸할 만한 사람도 아닙니다. 〔……〕 나는 이제 겉으로나마 개심할 수 있는 마지막 순간에 와 있습니다. 나를 버리지 마십시오.

그러면서도 카프카는 함께하는 공동체 생활을 기피하였고, 세 번의 약혼에도 불구하고 끝내 독신으로 남았다. 혼자서 감당할 능력이 없다고 읍소한 것은 엄살이었나? 그렇지 않다. 그는 세상에서 비록 결혼과 가정, 사회와 국가를 통한 공동체적인 삶을 살더라도 영원히 혼자일 수밖에 없다는, 일종의 신앙고백을 한 것이다. 동시에 창조주 신과의 관계에서 인간의 한계와 무력함에 대한 순종일 수 있다. 옌스의 분석에 의하면, 카프카에게는 항상 위대한 공동체의 비전이 순간적인 섬광처럼 나타났다가는 곧 사라지곤 했다. 공동체의 테두리 안에서 고독과 연대감이 지양되고 외로움과 함께 있음이 지양되었다는 것이다. 마치 십자가처럼 수평적이며 수직적인 의미 연관이 서로 보충하는 어떤 역설을 상징한다고 옌스는 해부한다. 그 역설은 '성'에서 '마을'을, '마을'에서 '성'을 잊지 않아야 한다는 역설이다. 다시 말하면 진리를 알고 그대로 행할 때 이 세상과 사회에서는 왕따당하는 것이 당연하다는 역설(逆說)이며, 그것을 알고 행하는 자는 정신이상과 같은 고뇌에 빠지는 것이 당연하다는 논리이다. 소설 『성』에서 아말리아가 비인간성과 광기의 극한점에서 그저 깊이 고민하는 데 그쳤던 문제를 카프카는 비유, 우화, 역설적 표상들을 사용해서 파악하려고 했던 것이다. 즉, 어떻게 인간이 수직적으로는 성(율법, 파괴할 수 없는 것)을, 수평적으로는 마을(공동체, 결혼, 사회적 관계, 서로 간의 의사소통)을 각각 가리키는 두 개의 재목으로 만들어진 '유대교의 십자가'에 묶여서 살아갈 수 있겠느냐는 심각한 문제가 거기 숨겨져 있다.

그리스도가 구세주로 온 신약의 세계에 더 이상의 율법은 없고, 더 이상의 역설은 없다. 율법과 역설은 사랑 안에서 모두 완성되고 녹아 버렸기 때문이다. 그러나 유대교와 유대인의 시오니즘이 끊임없는 현실의 중심에서 온갖 문제를 야기했던 20세기 초 카프카 시대에 더 이상의 절실한 '인간의 문제'는 없지 않았을까. 발터 옌스 교수와 함께 나 역시 카프카의 이러한 인식에 동의하지 않을 수 없다.

자, 여기에 이르면 종교가 어찌 비인간적인 율례이며, 문학이 어찌 신을 버린 인간들만의 축제이겠는가. 신의 문제는 곧 인간의 문제이며 인간의 문제는 곧 신의 문제일 수밖에 없으며, 결국 종교와 문학은 하나라는 결론에 도달할 수밖에 없다. 그 빗장을 풀어준 이가 바로 예수 그리스도이며, 그의 사랑이라는 위대한 원리이다. 사도 바울의 고백처럼 율법을 지키는 자, 지킬 수 있는 자는 적어도 인간 세계에서는 아무도 없다. 만약 카프카가 이 사실을 알고 동의했다면 그는 소설을 쓰지 않았을 것이다. 아니다, 어쩌면 예수 그리스도만이 이 문제를 해결할 수 있는 유일자임을 역설적으로 드러내기 위해서 그 답답한 불가능의 세계를 지루하게 그렸는지도 모른다. 왜냐하면 카프카는 역설의 대가이니까.

카프카의 『성』이 지닌 기독교 정신의 심오한 뜻은 신학자 한스 큉 교수보다 오히려 문학평론가 발터 옌스 교수에 의해 더 깊이 있게 해명된 감이 있다. 물론 큉에 의해 그 종교성이 점검되고 확인되고 있으나 그것은 어디까지나 '점검'이며 '확인'이다. 그러나 옌스에게는 관념적인 전제가 없다. 그는 불쌍한 인간 카프카, 답답한 소설 공간으로서 『성』과 같은 작품을 그저 파헤칠 뿐이다. 그 헛된 도로(徒勞)처럼 보이는 작업의 끝에서 종교성이라고 불릴 수밖에 없는 어떤 구원의 방식을 만난다. K는 성에 들어갈 수 없었지만, 옌스는 그 구원을, 더 정확하게 말한다면, 그 방식을 만난다. 이것이 문학이다. 문학은 언어의 조직으로 이루어진 관념의 성체이지만, 삶의 실상과 그 비밀을 모두 만지고 거친 분비물이라는 점에서 구체적이고 실증적이며, 어떤 의미에서 종교보다 더 종교적이다.

〔2006〕

# 권태 속의 퓨전, 그리고 문학

1

 "순수한 물, 순수한 피, 이 세상에 불순물 없는 순수란 찾아보기 힘들다. 독일에는 순수 독일인만 사는가. 러시아에는 '러시아인의 살을 한 꺼풀 벗겨보면 타타르인의 피가 흐른다(러시아기 몽골계 타타르의 지배를 받은 사실을 의미)'는 말이 있다. 결점 없는 사람, 결점 없는 민주주의란 불가능하다." 인류학자의 말도, 철학자의 말도, 화학자의 말도 아니다. 이 말은 러시아 대통령 블라디미르 푸틴의 말이다. 그가 순수한 민주주의자인지 의심스럽다는 독일 기자의 질문에 답하는 과정에서 최근 그는 선명한 논리로 '순수'의 허실을 비판했다. 맞는 말이다. '순수'란 없다. 칸트도 그의 『순수이성비판』에서 이미 언급했듯이, '순수'란 존재하지 않는다. 모든 존재는 설령 발생하는 순간 순수했을지 몰라도 존재하는 순간부터 벌써 다른 무엇과 섞이기 마련이다. 인간의 생명을 보자. 신생아로 태어나는 순간부터 외계의 공기를 마셔야 생명을 유지하는데, 이 현상은 결국, '산화'가 생명이라는 것 아닌가. 산화 마지막에는 죽음에 이를지라도 산소와 더불어 호흡하면서 인간은 살아간다. 한 사회도, 하나의 언어도 마찬가지여서, 순수한 민족 사회, 순수한 민족 언어란 말로만 존재할 뿐, 현실은 늘 다소간의 순수치 않은 '외래의 것'과 함께 섞여 있을 수밖에 없는 것이다. 그럼에도 불구하고 사람들은 '순수'를 좋아하고 그것을 지향한다. 그것은 어쩌면 불가능한 순수의 다른 표현일 것이다.

그러나 이제는 순수 아닌 불순의 시대이다. 포스트모더니즘의 도래 이후 일기 시작한 이른바 퓨전의 바람은 문학이론이나 작품 그리고 사상 일반을 넘어 이미 현실 깊숙이 들어와 있다. 가장 눈에 띄는 모습은 도시 곳곳에 산재한 각종 퓨전 식당들에서 나타난다. 한식도 양식도, 일식도 중식도, 원래대로의 전통적인 맛을 지키고 있는 집들은 이즈음 별로 없어 보인다. 아예 퓨전 레스토랑이라고 정직하게 이름을 내걸고 있는 곳들도 많다. 음식 말고도 집의 형태와 옷의 디자인도 전통풍은 점차 사라지고 국적 불명의 모습들이 자리 잡아가고 있다. 한옥의 내부가 아파트 식으로 개조되는가 하면, 아파트 내부의 창문들이 한옥의 미닫이 형으로 바뀌는 일이 잦다고 한다. 개량한복이라고 해서 한복인지 일본 옷인지, 아니면 노동복인지 불분명한 경우는 오래되었고 남녀의 구분마저 애매한 옷들이 오히려 시장에서 인기를 끌고 있다. 이러고 보니 더 나아가 아예 남성과 여성의 구별이 애매해졌고 어른과 아이, 노인의 구별 역시 모호해졌다. 어른 같은 아이, 아이 같은 노인, 남자 같은 여자, 여자 같은 남자가 뒤섞여서 밥도, 집도, 옷도, 전통 불명인 생활을 하고 있는 것이다.

학문과 문학 분야에도 이 같은 퓨전 현상은 나타난다. 이 현상은 단순히 새롭다는 측면에서만 관심의 대상이 되지 않는다. 이 현상은 전통적인 장르의 견고성을 뒤흔든다. 시가, 소설이, 드라마가 그 본래 속성을 잃기 시작하는 것이다. 시 같은 소설, 드라마 같은 시, 소설 같은 드라마가 서서히 나타나는 것이다. 최근의 문학작품들을 읽으면서 좀처럼 진행되지 않는 가독성의 원인을 나는 여기서 발견한다. 아, 그랬었구나 하는 작은 놀라움에 나는 휩싸인다. 몇 대목을 직접 만나보자.

"408호에서 아무 소리도 들려오지 않는 것을 보면 거주자가 이사를 나간 게 틀림없어요."

떠걱떠걱.

"옆집 말이에요."

떠걱떠걱.

"발소리는커녕 변기 물 내리는 소리도 들리지 않잖아요."

떠걱떠걱.

"뭐라고요?"

떠걱떠걱.

"그래요, 관리인이 다녀가고 나면요."

떠걱떠걱.

"관리인은 오후 두 시에 방문한다고 했어요."

그녀는 예언이라도 하듯 말했다. 〔……〕

"걱정이지 뭐예요."

침묵.

"관리인 말이에요."

침묵.

"따뜻한 차를 끓여내야 할까요? 달걀이 있기는 하지만……"

침묵.

"부활절도 아닌데 삶은 달걀을 내놓으면 이상하겠지요."

침묵.

"오후 두 시요."

침묵.

"관리인은 오후 두 시에 방문할 거라고 했어요."

— 김숨, 『침대』, 문학과지성사, 2007, pp. 12~15.

김숨이라는 젊은 여성 소설가의 『침대』를 펼치면 몇 장 넘기지 않아서 나오는 장면들인데, 비슷한 장면들은 소설 끝 부분까지 계속된다. 종래의 개념으로는 도저히 '소설'이라는 장르에 포섭될 수 없는 장면들이다. 물론 소설을 포함한 모든 장르들은 끊임없이 새로운 도전과 만나면서 수정, 축소, 확장의 자기 연마를 계속해왔고, 엄격한 의미에서 고정된 속성이란 있을 수 없을 것이다. 최인훈의 『서유기』와 같은 소설은 대표적인 본보기이리라. 그러나 김숨의 『침대』는 새로운 도전이라기보다 다른 장르, 즉 희곡이나 시나리오를 연상시킨다는 점에서 퓨전적이다. 흡사 베케트의 『고도를 기다리며』의 어느 한 장면을 연상시키는 수법인데, 소설이라는 이름을 달고 있는 것이다. 문제는 이 현상이 김숨이라는 한 작가만의 일, 또는 『침대』라는 한 작품만의 일이 아니라는 것이다. 가령 버나드 쇼의 유명한 묘비명을 패러디한 이기호의 소설 『갈팡질팡하다가 내 이럴 줄 알았지』는 그 밖에도 전통과 관습으로부터 여러 방식으로 소설을 이끌어낸다. 예컨대 다음 모습은 차라리 수필에 가까워 보인다.

> 시간이 좀 흐른 뒤에, 도서관에서 우연히 박경리 선생과 어느 대학 교수와의 대담 내용을 실은 잡지를 읽게 되었다. 그때, 대학교수는 박경리 선생에게 어떻게 그리 오랜 시간, 한 소설만 쓸 수 있었느냐고 물었다. 그러자, 선생이 대답했다.
> "그냥 계속 뭘 물어본 거지. 뭐."
> 그래서 나는 잡지를 읽다 말고, 나도 모르게 혼잣말을 했다.
> "그럼요, 그럼 됐죠, 뭘."
> 내가 그렇게 말하자 열람실에 있던 많은 사람들이, 한꺼번에 나를 바라보았다. 하나같이 화난 얼굴들이었다.
> ——이기호, 『갈팡질팡하다가 내 이럴 줄 알았지』, 문학동네, 2006, p. 129.

수필 같다고 했으나 실은 교묘한 퓨전이다. 작가의 직접적인 지문이 박경리 선생과 어느 대학교수와의 대담 내용과 질문에 슬쩍 섞여 있는 것이다. 이런 정도의 혼유(混淆)는 그러나 문제도 아니다. 아예 남의 글을 거의 전부 인용해놓고 자기 글이란 그저 토를 달아놓는 수준에서 끝나는 작품들도 적지 않다. 이즈음 작가, 시인 심지어 학자들 사회에서 표절 시비가 끊이지 않고 일어나고 있는 것도 이와 관련해서 세심하게 주목되어야 할 사건이다. 퓨전인가, 표절인가. 퓨전이 정당화의 수준을 넘어, 내놓고 번창하는 세상의 표절 여부를 가늠하는 일은 말처럼 그렇게 쉽지 않아 보인다. 앞의 인용에서 사람들이 모두 화난 얼굴이었다는 이야기는 무슨 뜻일까. 박경리 선생의 말에 대한 작가의 동의가 부당하다는 세상의 지적일까. 나로서는 그러한 지적도 더불어 퓨전 스타일의 자기 소설에 대한 민망함, 자기 자신의 아이러니가 함유된 것으로 추측한다. 비슷한 소설들은 최근의 젊은 작가들을 거의 점령하다시피 하고 있다. 정도의 차이는 있으나, 백가흠, 편혜영, 한유주, 박민규 등을 전통 문법 아래에서 독해하는 일은 어수선하다. 마침내 우리는 다음 두 대목에 이르러 어느 것이 시고 어느 것이 소설인지 분별력을 잃게 된다.

 1) 학익동이요 했는데 택시에서 내리고 보니 끽동 길 한복판이었다 쉽게 불러요 쉽게 부르지 그렇게 불려온 40여 년 동안 어둠 깜깜할수록 더 빨강으로 더 환해지던 옐로 하우스의 안마당, 입대 전날 아빠의 동정도 머뭇거리다 여기 와 묻혔다는데 지금이라도 캐갈 수 있을까요? 돌아봤다 돌이 된 엄마가 돌아보지 마 신신당부했거늘 떨어뜨린 문학개론 주우려다 눈이 마주친 끽동 언니는 하이힐 끝으로 책장 위에 올라선 채 이렇게 말했다 뭘 째려 이 쌍년아, 너도 인하대 나가요지? 길 하나를 맞각으로 캠퍼스 저 푸른 잔디를 담요 삼아 끽동 언니들은 짝짝 껌을 씹어가며 딱딱 화투장을 쳐댔고 그러나 간질거려 죽을 지경이면 뒷물 세숫대야를 들고 나와 지나가던 여대생들을 향해 뿌려대곤 하였다 쟤들이 젤로 재수 없어 퉤, 침 뱉었지만 물 마르기 전에 물 뿌리기 바쁜 끽동 언니들의 목마름이란 그 가래도 아까워라 자갈처럼 나날이 입 다물어야 했는데 세라복을 입은 채 놀다가, 웬 사람의 팔을 잡아끌 때 그 땀방울도 아껴라 잠시도 장독대처럼 일어날 줄 몰랐는데 어느 날 끽동이요 했는데 택시에서 내리고 보니 학익동 새 아파트 단지였다 신호등 좀 건너다녔을 뿐인데 말이다　 ─김민정, 「미혼과 마혼」, 『그녀가 처음, 느끼기 시작했다』, 문학과지성사, 2009, pp. 12~13.

2) 넌 왜 헬리를 기다리냐? 알아서⋯ 뭐하려고요. 생각이 들었지만 이런저런 대답을 되는대로 둘러댔다. 글쎄요, 헬리가 오면⋯ 드라마나 쇼프로, 그런 거⋯ 또 인간은⋯ 그래도 누군가는 살아남겠지만⋯ 그전에 지구가 어떻게 될래나. 아무튼⋯ 글쎄요, 잘 모르겠어요. 저는 두개골에 금이 간 적이 있어요. 맞아서⋯ 뭐 그런 것보다⋯ 그런 짓을 해놓고도 드라마를 보잖아요. 시청자 의견을 남기고, 또 모여서 너도 그거 봤냐? 모여서 얘기하고⋯ 막, 비슷한 척하고⋯ 그런 건 뭐랄까⋯ 실은 자기 생각만 하면서, 그렇잖아요. 그런 거⋯ 누군가 살아⋯ 남으면 또 마찬가지겠지만⋯ 글쎄요, 모르겠어요. 그래도 최소한

학교 같은 건 없어지지 않을까요?

그렇구나, 하고 그는 에애 에애애애, 고개를 떨며 끄덕였다. 그런데 그건⋯ 왜 하는 거예요?. 아, 이거? 귀 뚫은 걸 처음 보나 보구나. 글쎄 개인적으론 어울린다 여기는데⋯ 아무래도 내 모드는 크롬 계열이라 여기거든. 금속 알러지가 없다는 증거기도 하고, 하긴 바보들은 내 피부가 연해 보인다고도 하는데 천만의 말씀이지. 에애 에애애애. 아니, 그거 말고 그거요, 이거? 그리고 그는 건전지를 빤히 바라보았다. 에애 에애애애. 에애 에애애애. 그리고 연거푸 몸을 떨며 그것을 혀에 문질렀다. 이러면 확실히

기분이 좋아.

―박민규, 『핑퐁』, 창비, 2006, pp. 159~60.

2

　두 텍스트에서 일부를 발췌 인용해본 것인데 과연 어느 쪽이 시고, 어느 쪽이 소설인지 구별되지 않는다. 나는 여기서 이와 같은 혼종을 선악이라는 가치판단과 관련하여 언급하고 싶지 않다. 장르라는 것이 선험적으로 주어지는 환원론의 세계가 아니라, 인간의 현실 속에서 끊임없이 생성되는 귀납의 결과이며, 이 결과는 언제나 미지의 새로움을 향하여 열려 있기 때문이다. 오늘날 우리도 당연한 것처럼 받아들이고 있는 시/소설/드라마의 삼분법도 사실 20세기 중반 슈타이거의 『문학원리의 기본 개념』에서 가장 그럴싸한 설득력을 지니게 된 것뿐이라는 사실을 우리는 기억한다. 슈타이거에 의해서 확정적으로 지지된 장르의 삼분법에 의하면, 시의 기본 바탕은 회상이며, 소설은 행동, 드라마는 대화이다. 말하자면 인간이 기록하는 언어 형식을 크게 셋으로 나누어 자신의 기억을 회상하는 과거적 측면을 중심으로 한 자아가 부각되는 경우를 시로 이름 붙이는 것이다. 물론 이것은 거꾸로 설명해도 마찬가지다. 즉 슈타이거 이전, 그러니까 20세기 이전까지 존재해온 시라는 장르를 뜯어볼 때, 그 특징은 앞의 내용으로 분석된다. 반면에 소설의 경우, 글의 진행은 인물들의 끊임없는 행동에 따라서 어떤 미래를 지향한다. 거기에는 기억과 성찰이 개입할지언정 인물들은 사건들을 만들면서 복합을 이루고 앞으로 나아간다. 그런가 하면 드라마라는 장르는 철저한 대화로 시종한다. 두 사람 이상의 대화로 이어지는 글의 형식에는 따라서 작가의 주관이 직접적으로 이루어지지 않으며, 시간 공간이라는 측면에서 바라볼 때 매우 현재적이다. 또한 대화의 내용은 내용일 뿐, 그것은 특정한 시간에 구속된 진실 여부와 무관하다. 그러나 과연 세 가지 장르 사이에 확연한 경계가 가능한지에 대해서는 슈타이거 역시 회의적일 수밖에 없었다. 그럼에도 장르는 여전히 중요한 존재론의 틀로서 존재한다. 무언가로 존재할 수밖에 없기 때문이다.

 장르의 가변성은 문학 내외의 현실 변화와 맞물려 증폭하거나 폭발한다. 지금 문학 바깥의 현실은 폭발 수준에 가깝게 문학을 압도하고 있다. 인터넷과 동영상 문화의 급증과 범람이 가장 큰 요인인데, 이로 인한 활자문화의 위축은 모든 통계가 말해주듯이 공연한 기우에 불과한 것으로 밝혀지고 있다. 인터넷/동영상 문화의 영향은 전통문학의 약화 아닌 공존과 혼거로 나타나면서 문제를 더욱 복잡하게 만든다. 활자와 문자문화가 아예 수적으로 퇴화한다면 일은 간단히 이해될 것이다. 그러나 인터넷 문화와 더불어 활자문화의 중심이 되는 서적들은 오히려 그 양이 폭주하고 있다. 해가 갈수록 책은 발행 종수와 부수에서 엄청나게 늘어나고 있다는 것이다. 주요 일간지들은 앞다투어 책 소개란에 큰 지면을 할애함으로써 디지털이 아날로그를 대체하지 않고, 보완하고 있음을 증명한다. 양자의 공존이 일종의 시너지 효과를 발휘하면서 상호 증식을 일으키고 있는 것이다.

 그러나 보다 근본적인 현상이 이 내부에서 일어난다. 혼거로 인한 혼종이 장르의 퓨전화를 촉발하는 것이다. 앞의 인용 1)은 젊은 시인 김민정의 시 「미혼과 마흔」 전문이며, 뒤의 인용 2)는 젊은 소설가 박민규의 장편 『핑퐁』의 일부인데, 여기에 전통적 요소로서의 시적, 소설적 고유성은 벌써 휘발되어버린 상태이다. 이들의 작품에는 시 특유의 요소와 소설 특유의 요소라는 독자적 변별성보다 양자를 묶어

주는 공통의 요소가 더 강해 보인다. 의식 면에서는 허무의식, 방법 면에서는 게임 즐기기와 같은 소프트 터치의 무심한 개입이 그 요소라고 할 수 있다. 무심한 허무의식이라는 말로 두 측면을 요약할 수 있는 이러한 특징은, 말을 바꾸면, '지루함' 혹은 '권태'라고 할 수 있을 것이다. 박민규 스스로의 진술이 가장 직접적인 증거이다.

> 사는 일에도 별 문제가 없고, 아니, 없다기보다는— 늘 그랬듯 그런 거 아니겠어?라는 느낌의 여름날이었다. 라디오에서는 존 덴버와 플라시도 도밍고의 「퍼헵스 러브」가 흘러나오고 있었다. 그뿐이었다. 그리고, 더웠다.
>
> 13세기에도 19세기에도, 그런 여름날이 있었을 것이다.
> 〔……〕
>
> 지루한 느낌이었다. 말하자면 이곳에서
> 우리는 너무 오래 살았다.
> ─박민규, 위의 책, pp. 253~54.

지루한 권태는 김민정에게서도 마찬가지다. 학익동, 인하대, 창녀촌을 연결하는 공간 안에서의 착종을 그림으로써 그 모든 공간이 얽혀 있는 현실을 비판하는 듯이 보이는 그의 시는, 그러나 그 어느 곳으로도 나아가지 못하고, 또 나가고 싶어 하지 않는 지루함의 반영일 따름이다. 가령 「나는야 폴짝」이라는 시를 보면, 폴짝, 폴짝하는 경쾌한 의태어를 통해 가벼운 역동성을 일면 보여주는 느낌을 준다. 그러나 좀더 자세히 읽어본다면, 시적 화자는 성장에도 불구하고 한 발짝도 더 나가지 못하는 자신에 대한 지루한 자의식을 그대로 방기하고 있음을 눈치채게 된다. 줄 돌리는 사람 없이도 저 혼자 잘 돌아가는 줄, 허공을 휘가르며 도는 줄은 그 자체로 권태의 표상이다. 두 살에서 다섯 살…… 열아홉 살, 스물여덟 살로 살아가면서 만나게 되는 삶의 온갖 추함, 어려움들이 모두 폴짝 뛰는 줄로 환원되는 의식은 다만 허무한 권태일 뿐이다.

퓨전 시대에는 싫든 좋든 모든 사람들이 고유의 개성을 잃어버리고 서로서로 가까워진다. 그러나 이 가까워짐은 현상적인 관망의 차원에서 그렇게 보인다. 사람들은 남녀노소가 모두 비슷비슷해짐으로써 오히려 서로서로 멀어진다. 가까워짐으로써 멀어진다?! 이 단조로운 놀라움 속에서 퓨전 시대는 더욱 번성해가고 결국 소멸될 것이다. 여기서 다시 나는 현실의 우스꽝스러움, 특히 최근 몇 년 사이의 정치 현실을 떠올려본다. 언제부터인가 우리 정치와 정객들에게 하나의 이데올로기처럼 회자되던 구호에 지역주의 타파라는 말이 있다. 물론 정략적/전략적인 용어였지만 많은 사람들이 여기에 고개를 끄덕였고, 솔깃해했던 것이 사실이었다. 실제로 지역주의를 고취시켜 자신의 정치적 이익을 극대화시킨 정객들이 적지 않았기에 이 슬로건은 그럴듯한 설득력을 얻었다. 그러나 지역주의 못지않게 '지역주의 타파'도 그 주창자에게 정치적 이익을 가져다주었고 많은 사람들이 뇌동하였다. 그러나 지역주의 타파가 가져오는 것은 과연 무엇일까. 나는 평등이나 동질성 대신에 퓨전을 떠올린다. 이상한 상상력인가.

전라도는 전라도이며, 경상도는 경상도고, 충청도는 충청도다. 어느 한쪽이 어느 한쪽을 배제하거나 선동하지 말자는 것이 타파론의 취지라고 이해는 하지만 현실적으로 경상도+충청도, 전라도+충청도의 퓨전 현상을 일반에게 가져다주기 십상이다. 그리하여 그들은 화합하는가. 물론 가까워진다. 그러나 거기에는 전라도도 충청도도 없다. 서로서로의 생색만 내는 개별화된 호모 인디비두스만 있지 않을까. 그 자체는 어쩌면 선진화의 한 표징일 수 있다. 그러나 퓨전은 퓨전 자체를 결국 와해시킨다. 문학에서 시와 소설의 장르 혼종, 그리고 표절에 가까운 인용 남발 등은 가장 중요한 주체성의 문제를 흔들면서 문학 본연의 자긍심을 약화시킬 우려가 있다. 문학의 자리가 그만큼 약해지는 것은 감수하더라도, 문학을 통해 지키고자 했던 인간의 자존은 어디서 찾아보겠는가.

〔2007〕

## 두 자아의 대립 해소는 불가능한가

　진보와 보수라는 양극의 대립으로 최근 우리 사회는 심한 동요를 겪고 있는 것 같다. 그러나 이러한 대립은 비단 최근의 일만은 아니다. 20세기 이후의 현대사에서는 이른바 해방 공간에서 이로 인한 극심한 열병을 이미 치른 바 있고, 무엇보다 남북 분단이 그 역사적 상처를 보여주고 있다. 그러나 두 개의 자아가 서로 마주 보고 있는 이 문제는, 이제 더 이상 좌우의 대립과 같은 정치적 발상과 접근으로만 이루어질 수 없고, 또 이루어져서도 안 될 보다 근본적인 문제를 안고 있다. 그것은 어쩌면 우리 모두의 내면 깊숙이 자리 잡고 있는 의식의 이중성, 혹은 이원론의 표현인지도 모르기 때문에, 철학과 문학을 포함한 인문학적 탐구가 가장 긴요한 극복의 방법론이 될 수 있으리라는 것이 나의 생각이다. 실제로 이 문제를 인간과 사회의 가장 중요한 과제로 판단하고 연구해온 독일정신사의 경우 인문학의 모든 테마는 결국 이 일에 집중되고 있음을 알 수 있다. 여기서 이 문제에 상당한 성과를 거두어온 독일 정신사의 족적을 간략히 살펴보는 것으로 우리 사회의 갈등 해소를 위한 하나의 역사적 아날로지를 얻기를 희망한다.

독일정신사에서 이 과제에 가장 적극적으로, 그리고 가장 대규모적으로 접근하여 성공을 거둔 사례는 작가 괴테(Johann Wolfgang von Goethe, 1749~1832)와 철학자 헤겔(Georg Wilhelm Friedrich Hegel, 1770~1831)에게서 찾을 수 있다. 필생의 역작『파우스트』를 남긴 괴테는 바로 이 드라마를 통해서 독일 사회, 나아가 독일인들의 의식 깊이 잠복해 있는 양극성의 문제에 도전하였다. 괴테가『파우스트』를 통해 바라본 양극성은 세속성과 초월성이라는 두 극점이었다. 사실 이 문제는 독일인들에게만 내재해 있는 극성이 아닌, 인류의 보편적인 명제라고 할 수 있는데, 괴테는 이를 독일정신과 관련하여 치열하게 해부하고 그 극복의 길을 모색했던 것이다. 양극성은 주인공 파우스트의 내부에 서식하고 있었다. 그는 우선 세속적으로 부러울 것이 없는 석학이었다. 물론 재력과 영화를 마음껏 누리는 생활은 아니었으나 세상적인 명예는 족하였다. 그러나 그에게는 또 다른 욕망, 즉 "이 세계를 가장 내밀한 곳에서 통괄하는 힘을 알게 되고 모든 작용력과 근원을 통찰"하기를 원하는 소망이 있다. 이 소망의 벽을 넘어 메피스토텔레스라는 마법의 힘이 침투한다. 흔히 파우스트를 선으로, 메피스토를 악으로 생각하는 항간의 왜곡된 구도는 전혀 잘못된 것으로서, 메피스토는 인간 파우스트를 혼란시키는 마법이라는 신비적 표상과 함께 또 계몽주의자의 측면도 지니고 있다. 이 마법이 제공하는 신비주의에도 또한 두 개의 방향이 있는데, 그 하나는 게르만 신비주의라는 독일의 원초적인 바탕이고, 다른 하나는 그리스 신화를 근간으로 하는 그리스 신비주의, 즉 헬레니즘이다. 제1부와 제2부로 이루어진 『파우스트』는 제1부가 전자를, 제2부가 후자를 다루고 있다.

> 꿈의 나라로, 마법의 나라로
> 우리 어느새 들어왔나 봐.
> 잘 안내하여라, 영광스러운 마음으로
> 우리 어서 앞으로 내달아
> 넓고 황량한 벌판으로 나아가자!
> 〔……〕
> 앞을 내다봐요! 끝이 보이지 않지요?
> 무수한 불꽃이 줄줄이 타오르고 있군요.
> 춤추고 지껄이고 끓이고 마시고 사랑하고—
> 이보다 더 좋은 곳이 있으면 말해보세요!

파우스트, 메피스토텔레스, 도깨비불이 교대로 이렇게 노래를 부르는 장면은 '발푸르기스의 밤'이라는 대목인데, 이 부분은 바로 인간들이 즐겨 누리고 싶어 하는 순간과 장소를 대변하는 쾌락의 시간/공간으로서 게르만 신비주의의 표상이다. 나는 여기서 현세적 행복과 쾌락의 굿판인 한국의 샤머니즘을 연상한다. 모든 세속-현세주의는 필경 우주의 근본에 대한 성찰이 생략된 육체적 소욕에 머물러 있는 공통적 특징을 지닌다. 이 같은 현세성은 제2부에서는 그리스 신비주의-헬레니즘을 끌어와서 그 정체를 보여준다. 게르만 신비주의보다 훨씬 세련되고 체계화된 헬레니즘은, 그러나 본질에 있어서 마찬가지로 철저한 세속성의 신화를 갖고 있다. 무엇보다 제2부는 '고전적 발푸르기스의 밤'을 전후하여 호문쿨루스라는 인조인간을 내세우고 있다는 점에서 충격적이다. 파라켈수스라는 사람의 학설에서 괴테가 힌트를 얻었다는 이 인간은 남성의 정자를 밀폐된 증류기에 넣어서 생기를 얻은 뒤 거기에 사람의 피의 엑기스를 섞어 40주 동안 양육하여 탄생된 존재인데, 그 황당함에도 불구하고 인간을 인간이 만들겠다는 발상에서 헬레니즘의 신비주의적 창조관이 엿보인다.

여하튼 두 가지 신비주의는 창조의 질서를 무언가 인간이 만들어내는 신비적 힘의 표상에서 찾는다는 점에서 인간중심주의라고 할 수 있고 그 가치관은 세속성에 머무른다. 괴테의 『파우스트』는 이러한 가치관을 뛰어넘는 초월적인 어떤 것에 대한 가열된 몸부림으로서 그 맞은편에 신중심주의, 즉 헤브라이즘을 설정한다. 사실 이러한 가치관들은 괴테 당대에 이르기까지 독일 사회를 때로는 분열시키면서, 때로는 서로 병존하면서 갈등하여온 사상들이다. 대작 『파우스트』는 그 서두에서부터 「천상의 서곡」이라는 장면을 통해 헤브라이즘 원리를 깔아놓는다. 파우스트로 인해 살인죄로 처형되는 그의 애인 그레첸과의 대화를 통해 나타나고 있는 기독교의 수용 여부에 대한 논란은 유보의 표정으로 남아 있으나, 제2부 결구에 이르러서는 갈등과 대립의 극복 방안과 관련해서 중요한 암시를 던진다.

영들의 세계에서 고귀한 한 사람이 악으로부터 구원되었도다.
언제나 갈망하여 애쓰는 자
그를 우리는 구원할 수 있다.
그에겐 천상으로부터
사랑의 은총이 내려졌으니,
축복받은 무리가 그를 진심으로 환영하게 되리라.

명백히 기독교적 원리에 의해 파우스트의 구원이 그려지고 있는 장면인데, '여신' '영원히 여성적인 것'이라는 개념들의 혼재로 개신교적 복음주의라기보다는 가톨릭의 성모, 혹은 신비주의에서의 여성성과 혼합된 제3의 어떤 구원의 미디움이 시사되고 있는 것은 아닌가 하는 학설들이 있다. 그러나 우리로서 중요한 것은 독일 사회와 독일인들 속의 의식을 지배하는 양극성의 정신이 괴테와 그의 문학을 통해 담대하게 지양 통합되고 있다는 사실이다.

지양과 통합은, 널리 알려져 있듯이 그 이후 헤겔에 의해서 매우 확실한 철학적 선언으로 도식화된다. 모든 진술은 인간에 의한 것이므로 그것은 하나의 주장이나 견해일지언정 진리는 아니다. 이러한 전제 아래에서 헤겔은 그것을 하나의 '명제'라고 명명한다. 이 명제는 당연히 다른 사람의 이견이나 반론을 만나게 마련인데 그것은 '반명제'로 명명된다. 여기서 두 명제는 충돌할 수밖에 없다. 우리가 진보와 보수, 혹은 좌우 등등의 자세나 이념을 갖고 갈등 대립하는 현상도 헤겔에 의하면 명제와 반명제의 맞섬으로 간명하게 정리된다. 여기서 중요한 것은 그들 중 어느 것도 진리일 수는 없다는 인식이다. 대화법일 수밖에 없는 이 대립은 양자가 각자 일정 부분을 양보하면서 명제도 반명제도 아닌 '종합명제'로 '지양'된다. 지양(止揚, Aufheben)이란 글자 그대로 중지하고 올라선다는 뜻. 진리가 아닌 바에야 더 이상의 대립은 무익하다는 것을 인정하고 자신도 상대방도 아닌 제3의 타자를 함께 수용하는 방법이다. 변증법 혹은 헤겔의 삼각형으로 불리는 이러한 방법은 양극성의 대립을 해소시킨다. 흑백논리에 빠져 있다느니 양자택일의 문제점이니 하는 개탄이 계속되는 가운데에서 우리의 양극 구도가 조금도 개선되지 않고 있는 현실은, 이미 19세기 중반에 확립된 변증법을 환기해볼 때 부끄럽기 짝이 없는 상황이다. 그 부끄러움은 현실 정치인에게서보다 작가들을 포함한 지식인 일반에 훨씬 가혹하게 주어져야 할 것이다. 왜냐하면 그것은 작품이나 학구 활동을 통해 이루어져야 할 방법론이기 때문이다. 말하자면 현상적인 문제라기보다 본질적인 문제인 것이다.

괴테를 비롯한 모든 독일 작가들의 작품 활동은 필경 이 같은 노력의 다른 표현들이라고 할 수 있다. 현실을 반영하고 그 안의 문제성들을 발견, 극복하는 일이 문학 활동이라면, 가장 전형적인 독일인의 문제—양극성의 극복은 당연히 독일 문학의 과제가 되지 않을 수 없었다. 가령 괴테 이후 가장 탁월한 산문 작가로 평가되는 토마스 만(Thomas Mann, 1875~1955)의 경우 시민성과 예술성의 대립이라는 문제는 개인과 전체, 자연과 인공, 질서와 불안 등의 양극성과 더불어 거의 모든 문학을 형성하고 있는 주제였는데, 토마스 만에게서 매우 극명하게 부각되고, 또 극복의 길이 추구되었다. 예컨대 비교적 평이한 작품으로 많은 독자들을 확보하고 있는 소설 『토니오 크뢰거』는 이 문제에 있어서 뚜렷한 전개를 보여준다. 사춘기 소년 토니오와 그의 친구 한스의 대비는 바로 예술성과 시민성의 대립인 바, 이러한 대립은 토니오 자신의 내면에서도 작동한다.

저는 두 개의 세계 사이에 있습니다. 그 어느 한쪽에만 자리할 수 없으며, 그래서 삶이 조금은 소리가 납니다. 예술가는 나를 속물로 보는가 하면, 속된 인간은 나를 붙잡으려 합니다.

토니오의 이러한 고백은 헤르만 헤세(Hermann Hesse, 1877~1962)와 같은 소설가에게서도 동일한 명제로 이어진다. 그의 대표작 가운데 하나인 『나르치스와 골트문트』(『知와 사랑』이라는 제목으로 번역된 책도 있다)는 지적이며 냉철하고 이성적인 인물 나르치스와 사랑이 많은 감성적 행동형의 인물 골트문트를 양립시키면서 그 선택을 요구한다. 그러나 작가는 이미 그 대답까지 소설 속에 감추고 있다. 나르치스도 골트문트도 모두 정당하지만, 그 어느 한쪽으로는 인생을 대변할 수 없다는 것이 헤세의 메시지이다. 그의 이러한 방법론을 독일 문학은 '유머 정신'이라는 이름으로 해석한다. 토마스 만이 시도한 갈등의 극복 방법을 그들이 '토마스 만의 아이러니' 혹은 '고양(高揚)의 아이러니'라는 말로 부르는 것과 함께, 그들에게는 치열한 극복의 길이 추구되었던 것이다. 문제는 두 자아의 대립과 갈등이라는 현상이 아니라, 이를 해소하고자 하는 정신의 싸움과 그 지혜이다. 그 해답은 깊은 인문학적 천착에 의해서 가능하리라는 것이 나의 생각이며 희망이다. 대저 희망으로만 머물 것인가.

〔2005〕

# 돈의 이데올로기
— 한국소설 한 세기의 풍경

1

"아니, 요새, 웬 비웃[청어]이 그리 비싸우?"[……]

"아니, 얼말 주셨게요?"[……]

"글쎄, 요만밖에 안 되는 걸, 십삼 전을 줬구료. 것두 첨엔 어마허게 십오 전을 달라지? 아, 일 전만 더 깍재두 막무가내로군."[……]

"그, 웬걸 그렇게 비싸게 주구 사셨어요? 어제 우리 안댁에서두 사셨는데 아마 한 마리에 팔 전꼴두 채 못 된다나 보던데……"[……]

"어유, 딱두 허우. 낱개루 사 먹는 것허구, 한꺼번에 몇 두름씩 사 먹는 것허구, 그래 같담? 한 마리 팔 전씩만 헌담야 우리 같은 사람두, 밤낮, 그 묵어빠진 배추김치 좀 안 먹구두 살게?"

— (원문 생략은 필자의 것임)

이 대화는 서울에서 태어나 중선지방 사람들의 생활을 섬세하게 그려내는 재주가 출중했던 1930년대 소설가 박태원의 소설 『천변풍경』 첫머리에 나오는 장면이다. 이 장면은 드물게도 당시 서울 문안의 풍속을 묘사하면서 물건을 살 때의 흥정하는 모습을 보여준다. 비싸다니 싸다니 하면서 물건을 흥정하는 광경은 예나 이제나 구매 행위의 요체이자, 그 자체가 장사, 즉 상거래이기도 하다. 얼핏 돈과 무관해 보이는 문학이 그 작품 내용을 통해 이 문제를 다루고 있는 모습은, 그러나 뜻밖에도 20세기 초 소설부터 정면에 부각되고 있음을 볼 수 있다. 1909년생인 박태원과 더불어 1902년생인 채만식, 1906년생인 강경애 등은 거의 비슷한 시기에 소설을 쓰면서 돈의 문제를 본격적인 주제로 삼은, 이른바 우리 신문학의 활로를 열어간 주인공들이다. 우선 앞서 인용한 소설의 저자 박태원의 경우, '돈'은 이 작가에게 있어서 어떻게 인식되고 있을까.

청어가 비싸다고 수다 떨고 있는 아낙네들은 소위 서울깍쟁이들의 인심과 세상 살아가는 모양을 반영한다. 빨래터, 이발소, 카페, 여관, 한약방, 당구장, 술집 등 청계천변의 세태가 다루어진 소설은 1930년대에 이미 우리 사회가 상당한 근대적 풍경에 진입해 있음을 보여준다. 세태소설들이 그러하듯이 일견 어떤 일관된 주제에 의해 통일된 연결과 유대로 이어져 있는 느낌을 주고 있지는 않으나 그 대신 식민 치하 서울의 도시적 일상을 정면으로 취합하고 있다는 점에서 독보적이다. 여기서 '돈'은 바로 그 도시적 일상의 숨어 있는 핵심이 됨으로써, 이미 그 편린이 나타나기 시작한 소시민의 경제의식, 보다 거창하게 말한다면 한국 사회에 착근하는 초기 자본주의의 맹아를 드러낸다. 박태원의 『천변풍경』이 초기 자본주의에 오염되어가는 새로운 소시민 의식을 비판하고자 하는 것이었는가, 하는 점을 논외로 한다면, 이 소설에서 돈을 바라보는 문안 중인 계층들과 서민들의 태도는 그 자체로 매우 흥미롭지 않을 수 없다. 이들은 계층에 따라서, 직업에 따라서 그리고 성별에 따라서 약간씩 차이를 보여주지만, 그 차이는 거의 무시되어 좋을 정도로 한결같이 탐욕적이다. 말하자면 돈을 좋아하며 인색하고, 이를 위해서 때론 거짓도 마다하지 않는다. 물론 은밀하게 잠복된 형태인가, 아니면 노골적으로 본색을 드러내는가 하는 다른 점은 있으나, 민주사, 사이상, 이쁜이, 만돌 아범, 금순이, 점룡이, 재봉이 등 거의 모든 인물들이 이러한 관점에서 조명될 수 있다. 개화기라는 이름으로 조선 반도에 불어닥친 새로운 풍물에 결국 많은 사람들이 그대로 노출되었고 그들은 결과적으로 그대로 오염되어갔음을 이 소설은 잘 전해준다. 그렇다면 개화기─식민시대로 나타난 한국의 근대화 과정에 돈은 가장 강력한 최초의 이데올로기였던 것이다. 돈이 많아서 도박과 기생놀이로 흥청망청 탕진한 민주사와 같은 부자든, 허상으로만 돈을 만날 수밖에 없었던 가난한 서민들이든, 천변 주위를 살아가는 인생들에게 돈은 그쪽을 향해 집중하지 않을 수 없었던 이념의 실상이었다.

  20세기 초 근대화 풍속 속에 나타난 돈의 이데올로기적 성격은 채만식의 『탁류』 『태평천하』 그리고 강경애의 『인간문제』에서 보다 본격적인 얼굴로 부각된다. 자본주의 이데올로기의 바탕이 돈에 있고, 이것은 20세기 후반 정부 수립 이후 경제 발전 과정에서 대규모로 진행되었다. 따라서 그 이후의 문학작품에서 이 문제가 오히려 핵심적인 주제로 떠오르는 것이 타당해 보일 수 있다. 실제로 1980년대 이후 우리 문학 이론계에 등장한 사회구성체 논의를 전후하여 자본주의 사회에서의 문학의 기능에 관한 여러 견해들은 돈의 이데올로기와

직·간접적으로 관계된 것들이었다. 이와 관련된 문학작품에 대해서는 뒤에 다시 살펴보겠지만, 채만식, 강경애의 소설 속에 나타나는 돈의 이데올로기는 그것이 우리 사회와 처음으로 만나는 가운데 충돌/생성되었다는 점에서 주목된다.

그 충돌/생성의 현장은 특이하다. 『천변풍경』에서 요설과 풍자로 도입된 돈의 장면들은, 가령 채만식에 있어서는 풍자의 격화를 넘어 해학, 익살, 패러독스, 아이러니 등 일체의 전복적 기법의 개입을 전면적으로 허락한다. 예컨대 『태평천하』는 그 도입부부터 이렇다.

"저어, 삯 말씀이올습니다. 헤……"
크게 과단을 낸다는 게 결국은 크게 조심을 하는 것뿐입니다.
"싹?"
"네에!"
"아니 이보소, 이 사람……"
윤직원 영감은 더럭 역정을 내어, 하마 삿대질이라도 할 듯이 한 걸음 나섭니다.
"……자네가 아까 날더러 처분대루 허라고 허잖힛넝가?"
"네에!"
"그렇지? ……그런디 거, 처분대루 허람 말은 맘대로 허람 말이 아닝가?"
인력거꾼은 비로소 속을 알았습니다.
알고 보니 참 기가 막힙니다. 농은 할 사람이 따로 있지요. 웬만하면 허허 하고 한바탕 웃어젖힐 노릇이겠지만 점잖은 어른 앞에서 그럴 수는 없고 그래 히죽이 웃기만 합니다.

"……그리서 나넌 그렇기 처분대루, 응? ……맘대루 말이네, 맘대루 허라구 허길래, 아 인력거 삯 안 주어도 갱기찮언 좀 알구서, 그냥 가라구 히였지!"

윤직원이라는 부자 영감이 부민관에서 계동 자기 집까지 인력거를 타고 와서 인력거꾼에게 삯을 주지 않고 버티는 장면이다. 그러나 버틴다는 것이 그냥 무임을 주장하는 것이 아니라, 인력거꾼의 말꼬리, 즉 처분대로 해달라는 말을 붙잡고 그것을 악의적으로 뒤집어 인력거꾼을 그대로 내치는 것이다. 거구의 부자 영감이 가난한 젊은이를 착취하는 이 장면은 독자들에게 분노 → 황당함 → 실소로 이어지는 언어의 전복을 보여준다. 뒤집지 않고서는 인내할 수 없는 부의 횡포와 거기에 매몰된 부자들의 탐욕을 채만식은 통렬하게 비판한 것이다. 그에게서 특히 주목되는 점은, 부자라는 인간에 대한 날카로운 비판과 더불어 돈 그 자체를 즉물화, 대상화시켜 부각시키면서 이데올로기화로의 길을 열어놓고 있다는 사실이다.

송도말년에는 쇠가 쇠를 먹었다고 합니다. 그러던 게 지금은 다아 세태가 바뀌고 을축갑자(乙丑甲子)로 되는 세상이라서 그런 것도 아니겠지만, 쇠가 쇠를 낳기로 마련이니, 그건 무슨 징조일는지요.
아무튼 그놈 돈이란 물건이 저희끼리 목족(睦族)은 무섭게 잘하는 놈인 모양입니다. 그렇기에 자꾸만 있는 데로만 모이지요?

소작을 부리는 만석쟁이 부농이지만 주인공 윤직원은 새로운 세태에 날렵하게 부응하여 이른바 어음할인업을 하는 고리대금업자이기에 돈의 생리를 일찍이 파악하였다. 그러나 이에 익숙해지는 일과 반비례하여 그 집안에는 싸움들이 그칠 날이 없다. 작가는 이 모습을 가리켜 "싸움, 싸움, 싸움, 사뭇 이 집안은 싸움을 근저당해놓고 씁니다"라고 적고 있는데, 이미 채만식의 눈에는 천민자본주의의 형태로 상륙한 돈의 이데올로기와 그에 대한 가열한 비판의식이 올올히 돋아났던 것이다. 돈의 위력은 이렇듯 인간성을 황폐화시키면서 가난한 식민지 땅의 백성들을 포박하였지만, 작가들은 눈물 반, 비수 반의 심정으로 이를 비통하게 맞이하였다. 박태원은 훨씬 넓은 마을 곳곳을 돌아보면서 돈에 의해 젖은 천변 사람들을 방문하고, 그 애환을 아프게 기록하고 묘사했다. 채만식은 윤직원이라는 영감과 그 가족들의 생태에 집중하여 돈에 의해 폭격 맞은 인간상들의 초라한 몰골을 그렸다. 요컨대 두 작가는 '돈'이라는 새로운 박래품을 무관세 통과시키지 않고, 예리한 검사로 그 정체를 벗기고자 했다. 그 검사의 방법은 해학과 풍자, 반어라는 우리 문학과 정서의 전통을 동원한 간접성의 형식이었는데, 그들에 의해 이데올로기로서의 가능성이 열리면서 다른 한편에서는 보다 직접적인 공격이 발생한다. 강경애를 비롯한 일련의 프롤레타리아적 시각이 그것이라고 할 수 있다. 강경애의 장편 『인간문제』는 이러한 관점에서 모범적이다.

"이 애, 이 종이를 누가 들여보내주는지는 모르겠으나 여기 써 있는 글이 꼭 맞는다야! 감독이 왜 그때 하루에 20전씩 상금을 준다고 하더니 어디 상금 주디? 말만 상금이야!"〔……〕
"이거 봐라. 일은 죽도록 하구서는 손에 돈도 쥐어보지 못하구 우리는 그래 이게 무슨 꼴이냐. 어머니 아버지 앞에서 고이 자라가지고 이 모양을 해! 난 오늘 이 손이 하마터면 와꾸에 끼여 잘라질 뻔하였다! 들어올 때는 누가 이런 줄 알았니?"

사회주의 색채가 농후한 이 소설은 식민지시대 농촌을 지주와 소작인으로 양분하고 일제와 결탁한 지주의 탄압 때문에 핍진한 삶을 살아가는 소작인들의 모습이 나온다. 여주인공 선비도 이 소작인 집안 출신으로 인천의 대동방적(실재하였던 동양방적의 소설적 개명이다)에 여공으로 취직하는데, 열다섯 살에서 스무 살에 이르는 그녀의 노동자 생활에 소설의 포인트는 표면상 집중된다. 그러나 소설의 핵심과 지향점은 전반부 무대인 농촌과 후반부 무대인 공장을 지배하고 있는 농촌/농민 그리고 공장/노동자의 구조와 그 왜곡된, 비참한 삶의 현장이다. 그것을 드러내는 일은 곧 사회주의 문학의 목표이자 강령이기도 하다. 스무 살 어린 나이에 폐병으로 죽어간 선비의 비극은 바로 이 같은 구조의 치명적 결과이므로, 그 과정을 그려내는 일이야말로 강경애 문학의 보람이었으며, 실제로 이 작품은 상당한 수준에서 이를 성공시키고 있다. 농민이든, 노동자든, 문제는 경제적 정의를 통한 올바른 인간성의 구현이었으므로 '돈'은 미상불 소재상으로나 그 주제에 있어서 중심의 자리에 놓일 수밖에 없었다. 앞의 인용 부분들이 말해주는 것은, 공장에서 벌어지는 각종 부조리의 한 단면이다. 성실한 여공에게는 돈 대신 산업재해의 위험이 항상 도사리고 있고, 돈은 오히려 감독과 성적 유희를 벌이는 여공에게 쉽게 돌아가는 현실은 그 부조리를 드러내는 한 단면이다. 따라서 이 소설은 농촌과 도시 공장의 불의와 비리를 구조적으로 파악하고 이를 극복하기 위한 민중이나 지식인의 선택과 결단을 그리고 있다는 관점에서 분석 접근하는 것이 더 타당한 작품이지만, 그 모티프로 작용하고 있는 돈의 중요성을 관찰하는 일도 흥미롭다. 원시사회나 다름없는 궁핍한 농촌사회, 적잖은 여성들이 지주들의 첩놀이 하는 구조를 지닌 사회에 스며드는 근대화의 기운은 돈을 중심으로 해서 서서히 형성된다.

"그래두 어마이, 신천댁의 말을 들으니 그가 오고 싶어 온 게 아니라 저의 아부지가 돈을 많이 받고 팔아서 할 수 없이 왔다고 그러던데 뭐."
"하긴 그랬다고 하더라…… 그러기에 돈밖에 무서운 것이 없어."
선비 어머니는 지금 매를 맞고 울고 앉아 있을 신천댁의 얼굴을 생각하며 꽃봉오리같이 피어오르는 선비의 장래가 새삼스럽게 걱정이 되었다.

부잣집 첩으로 딸을 팔아버리는 아버지— 인간에게 자식보다 돈이 더 중요하다는 예로서 이보다 더한 보기는 없을 것이다. 작가는 돈밖에 무서운 것이 없다,고 명백히 선언한다. 커가는 딸을 쳐다보는 그 어머니에게 딸의 성장은 말 못 할 두려움이 아닐 수 없을 것이다. 이러한 상황에서 딸의 출가는, 그리고 공장 노동자로의 변신은 생존을 위한 불가피한, 거의 유일한 출구일 수밖에 없었다. 돈의 등장은 이렇듯 농촌을 와해시키고 생존의 방식을 흔들 뿐 아니라 직접적이 공포를 생산해낸다. 선비 아버지인 머슴 민수가 지주인 주인 덕호의 돈심부름에서 적은 일부를 떼어 굶어가는 사람들을 위해 주고 난 다음, 덕호로부터 폭행을 당하는 장면은, 그 공포가 현실화하는 장소로서 장편 『인간문제』의 곳곳에서 모습을 달리하며 돌출하고 있다.

농촌을 이탈하여 공장 노동자가 된 선비와 비슷한 상황의 여공들에게 지주/소작인의 구조적 모순은 그 근본에서 별로 다를 것이 없었다. 지주는 자본가 그리고 중간 경영자로 바뀌었고 머슴이나 하녀에 지나지 않았던 그들의 신분은 훨씬 조직화되고 소외된 노동자로 변주되었을 뿐이었다. 노동의 대가로 주어지는 돈은 정당하지 않았고, 그 외의 수입은 중간 경영자와의 불의한 결탁이나 성매매와 같은 왜곡된 통로에 의해서만 가능한 것으로 나타난다.

2

8·15광복과 이데올로기의 대립, 혼란 그리고 6·25전란을 거치면서 돈의 문제가 소설에 직접적으로 표출되는 일은 드물어졌다. 그것은 돈의 필요성이나 절박성이 감퇴되었다기보다 죽느냐 사느냐 하는 생존의 문제가 더욱 절실하게 사회를 지배하였기 때문이었을 것이다. 물론 이때 돈의 문제는 생존 자체에 직결되기 때문에, 돈과 생존을 일정한 거리로 격리시켜놓는 듯한 태도는 오히려 부자연스러워 보일 수 있다. 그러나 전쟁, 혹은 이와 다를 바 없는 극한 상황에서 적어도 신용과 금융의 표상인 돈이 소설의 전면에 나설 정도의 질서가 결여되었던 것이 아마 그 원인이 아니었을까 생각된다. 서기원, 오상원, 선우휘, 장용학, 손창섭 등의 1950년대 소설들이 전쟁에 대한 고발과 그로 인한 실존적 고통과 절망을 그렸음에도 불구하고 돈과 관련된 직접적인 언술을 담고 있지 않은 까닭은 거기에 있을 것이다. 뒤이어 최인훈, 김승옥, 이청준 등의 1960년대 소설이 대두했으나 이

들에게서도 돈 문제는 직접적으로 출현하지 않는다. 이들은 실존의 사나운 외침 뒤에 잠복해 있던 실존 자체에 대한 문제를 제기하고 인간성과 개인, 혹은 인격에 대한 심각한 물음을 보낸다. 돈이 소설의 주요한 관심 대상으로 부각되는 것은, 그리하여 이른바 1970년대 작가들, 예컨대 조세희, 윤흥길, 황석영, 최인호 등의 등장을 통해서라고 할 수 있다. 돈은 돈이 아예 없던 시절, 그러니까 국민소득 백 달러 안팎의 궁핍했던 시대 아닌, 국민소득이 천 달러를 넘기 시작한 1970년대의 산업화시대를 맞이하면서 소설 속으로 다시 진입하기 시작했다. 자동차와 철강 등 중공업공장이 가동하면서 산업화/도시화가 급격히 촉진되고, 이로부터 전통적인 농업사회가 이동, 붕괴되는 과정에서 배출되는 부의 편중, 상대적 박탈감, 탈농촌형 도시 노동자의 양산은 수면 아래 전의식(前意識) 상태에 있던 돈 의식을 조장하고 의식화시켰다. 도시 노동자의 열악한 삶과 경제적 조건을 형상화한 조세희의 『난쟁이가 쏘아올린 작은 공』은 대표적인 예라고 할 수 있다. 그러나 이전에 이미 윤흥길의 『아홉 켤레의 구두로 남은 사내』, 황석영의 『객지』 등이 이러한 문제의식을 촉발시켰다.

내가 무일푼으로 도회지에 왔을 때, 제일 처음에 물어 물어서 찾아간 곳이 체육관이었어. 무슨 수로 회비를 내고 무슨 수로 먹고 자야 할지 모르겠더군. 〔……〕 어찌어찌 낙원탕으로 굴러들어와 이 추운 겨울을 다행히 벗구 살지. 그런데 때밀이 짓도 아까 말했듯이 기계처럼 미칠 노릇이구만.

황석영의 『객지』에 수록된 단편 「장사의 꿈」은 글자 그대로 무일푼으로 도시에 온 촌놈이 때밀이가 된 이야기인데, 돈이라곤 한 푼 없이 그야말로 벌거숭이로 살아가는 인생이다. 1970년대 소설들은 이처럼 '없는 돈'의 형태로 돈 문제를 제기하면서, 돈 없는 사람들을 차츰 조직화한다. 그들은 소설 한 편 한 편에서는 가난하고 불쌍한 소외된 한 서민으로서 나타나지만, 산업화의 주체가 군사 독재이며, 산업화가 노동을 착취한다는 논리 아래 문학 전반을 통해 '민중'으로 조직되는 것이다. 작품에 있어서 이러한 일의 결정적 계기가 된 소설이 조세희의 『난쟁이가 쏘아올린 작은 공』이라는 점에 이론이 없을 것으로 보인다. 조세희는 연작소설집 속에 수록되어 있는 같은 이름의 중편에서 도시 재개발에 의해 철거당하는 한 가족의 반응과 저항을 가난과 복수라는 관점에서 단정하게 그린다. 거의 아무런 감정의 개입 없이 절제된 즉물성에 의해 돈의 결핍을 전후로 하는 그 배경과 전개가 특이하다. 그 특이성은 환상과 현실의 병존 처리에 의지해 있다.

"그게 뭐냐?"
"철거 계고장예요."
"기어코 왔구나!"
어머니가 말했다. 〔……〕
"그건 우릴 위해서 지은 게 아녜요."
영호가 말했다.
"돈도 많이 있어야 되잖아요?"
영희가 마당가 팬지꽃 앞에 서 있었다.
"우린 못 떠나. 갈 곳이 없어. 그렇지 큰오빠?"
"어떤 놈이든 집을 헐러 오는 놈은 그냥 놔두지 않을 테야." 〔……〕

나는 그의 금고에서 우리의 것을 꺼냈다. 그의 금고 속에는 돈과 권총과 칼이 함께 들어 있었다. 나는 돈과 칼도 꺼냈다. 나는 달 천문대 밑에 쪼그리고 앉아 있는 아버지의 모습을 상상했다. 〔……〕 나는 그의 얼굴에서 수건을 떼고 약병의 뚜껑을 닫았다.

보금자리를 철거당한 집의 딸 영희가 입주권 매매업자 집에 위장 취업한 다음 성관계를 통해 그에게 더 가까이 접근한다. 그다음 업자를 마춰시키고 입주권을 빼내는데, 여기서 주목해야 할 점은, 철거당한 피해 가족들의 결연한 의지. 그들은 가만있지 않겠다는 말을 공공연히 천명할 뿐만 아니라 가해가 심해질 때는 그들을 죽이겠다는 말까지 한다. 영희는 실제로 업자를 마춰시키고, 없는 자, 당한 자로서의 복수를 행한다. 그로부터 돈과 칼을 빼앗는 광경은 비록 난쟁이 아버지를 중심으로 한 자녀들의 의식이 우주 공간을 매개로 한 환상 공간을 빚는 형식과 어울린다고 하더라도 단호하며 실행적이다. 이 같은 조세희의 소설은 정치적 정의 구현이라는 1980년대 민중문학의 번성을 가져왔을 뿐 아니라, 돈에 대한 문학의 적극적 태도를 유발하였다.

최근의 우리 소설에서 돈의 문제를 가장 정면에서 다룬 작품은 최인호의 장편 『상도(商道)』이다. 이 소설은 1990년대 이후 현실 전면으로 떠오른 이른바 거대한 욕망의 문화에 대한 성찰로서의 의미가 큰 작품이다. "재물은 평등하기가 물과 같고, 사람은 바르기가 저울과 같다"는 주인공 임상옥의 철학을 작품화한 이 소설에서 작가는 2백여 년 전 실재하였던 의주 상인의 이야기를 감동적으로 펼쳐간다. 우리 역사 최대의 무역왕이자 거상이었던 임상옥은 재물의 독점이란 어리석은 일이며, 정직하지 못한 재산가는 파멸을 맞을 수밖에 없다는 것을 갈파하면서 자신의 재산을 모두 사회에 환원한 청부(淸富)의 거물이었다. 특히 계영배(戒盈盃)의 교훈은 돈에 관한 무한 욕망, 이른바 신자유주의 시대를 살면서 무한 경쟁력이 강조되고 미화되는 시대에 던져진 신선한 반성이었다. '가득 채워 마시지 말라'는 뜻을 지닌 계영배는 임상옥이 위기에 처했을 때 그를 구해주었을 뿐 아니라, 사업을 경영하는 철학의 기본이었던 것이다. "장사란 이익을 남기기보다 사람을 남기기 위한 것"이라든지 "사람이야말로 장사로 얻을 수 있는 최고의 이윤이며 따라서 신용이야말로 장사로 얻을 수 있는 최대의 자산"이라는 명구들을 담고 있는 이 소설은, 요컨대 돈을 위해 인간이 무참히 제압당하는 오늘의 세태에 대한 통렬한 반란이다. 돈은 원래에도 그랬고, 20세기 초 한국 사회에 자리 잡으면서 그 위력을 발휘하면서 이데올로기가 되었다. 돈을 둘러싼 격렬한 대립은 곧 이념의 대결이 되었고, 자본주의든 사회주의든 한결같이 물질을 화두로 한 그 예속 논리라는 점에서 마찬가지였으며 배금(拜金)의 물결은 문학까지 포박하였다. 문학은 때때로 이데올로기의 대행자처럼 여겨지기도 했다. 종교적 초월성과 신성을 배경으로 해서 인간 욕망의 무한 질주에 날카로운 비판을 보여온 최인호의 후기 소설이 돈을 경계하는 인간주의의 절제의 미학을 보여줌으로써 우리 문학의 또 다른 면모를 보여주었다는 사실은 의미가 크다. 이른바 신문학이 도입, 혹은 새로운 태동을 시작한 지 어느덧 한 세기가 지나가고 있다. 살펴보았듯이, 그 어느 시절에도 돈에 무심하던 시절도, 소설도 없었다. 죽음에 직면하여 절규하느라고 돈이 전면에 나타나지 못한 경우는 있었으나, 어떤 의미에서 우리 소설은 돈에 얽매어 있었다. 베스트 소설 작가로 낙양의 지가를 높였던 작가 최인호가 돈과 욕망의 절제를 테마로 소설을 쓰고 있다는 사실은 한 세기의 자취와 그 의미를 압축하는 것일 수 있다.

〔2006〕

## 활자와 영상의 융합

바야흐로 융합의 계절이다. 포스트모더니즘이라는 바이러스가 우리 사회와 문화를 슬금슬금 잠식하더니 어느덧 경계라는 경계는 점차 와해되고, 마르쿠제H. Marcuse가 40여 년 전 예견했던 일차원적 인간이, 조금 모습은 다를지라도 일차원적 세계를 통해 나타나고 있다. 예컨대 남과 여, 노와 소의 경계 소멸은 이제 뚜렷한 현상으로 우리 눈앞에서 전개되고 있지 않은가. 더 이상 그 사이의 구별을 주장한다면 '꼴통'되기 십상인 현실이다. 이러한 경계 와해는 곳곳에서 드러나 이제는 국가와 국가 사이의 벽도 얇아지고, 학문과 학문, 나아가 학문과 산업 사이에도 고유 영역 지키기 대신 융합이 오히려 새로운 화두로 떠오른다.

지난 2월 초부터 3월 초까지 나는 매주 토요일 서울역사박물관에서 '영상문화와 문학의 새로운 파동'이라는 주제로 강의를 가졌다. 학술진흥재단 주최의 인문강좌였는데, 여기서 시도된 것은 영상문화·활자문화의 구도가 문학에서 어떻게 나타나고 있는가 하는 문제였다.

활자문화의 중심은 문학이지만, 영상문화의 중심은 문학이 아니다. 그러나 콘텐츠를 매개로 연결될 수밖에 없는 양자는 그 경계가 흔들리는 현실을 바라본다. 영상문화가 포스트모더니즘, 그리고 디지털 문화와 궤를 함께한다면, 활자문화는 넓은 의미의 근대를 열어왔고 아날로그 시대의 핵심 매체였다. 따라서 영상문화(영화·TV·인터넷·휴대폰 등등)의 대두와 더불어 활자와 아날로그 쪽에서 신음이 새어 나왔고 급기야 문학의 위기, 심지어 죽음이라는 용어가 공공연하게 터져 나왔던 것을 우리는 기억한다.

그러나 오늘의 문학 현장에 대한 내 나름대로의 점검은, 문학을 비롯한 활자문화는 결코 죽지도 않았고, 죽을 수도 없으며, 오히려 영상문화의 모체로서 서로 껴안고 살아가야 하고, 또 살아갈 수밖에 없다는 사실을 확인해준다. 무엇보다 우리에게는 활자문화의 창시자이며 인터넷 강국으로서 전 세계에서 가장 앞서서 미디어를 주도해온 참으로 신묘한 능력이 있다. 활자문화가 각인해준 내용을 영상문화가 역동적으로 움직여가는 화상(畵像)은, 양자가 콘텐츠와 기술의 관계에서 순발력을 발휘함으로써 융합의 시너지 효과를 수행한다. 인터넷의 발달과 더불어 파생·생산되는 숱한 새 복합어들은 이러한 융합을 알리는 작은, 그러나 중요한 시그널들이다. 아날로그와 디지털은 그리하여 '디지로그Digilog'라는 핵융합의 산물을 세상에 내어놓으면서 미디어 한국의 위상을 크게 높일 것이라는 것이 나의 진단이며 기대이다.

디지로그 시대에는 당연히 글과 그림이 따로 가지 않고, 종이와 캔버스 혹은 액정 화면이 소 닭 보듯이 바라보지 않는다. 신문과 방송도 서로 마주 볼 필요가 없다. 문학 분야에 이미 새롭게 등장한 그래픽 노블Graphic Novel이니, 그래픽 내러티브Graphic Narrative라는 용어들은 이미 모순, 혹은 대척의 관계에 있던 전통적 장르들을 새롭게 탄생시키고 있음을 보여준다. 최근에는 겉은 만화책이고 속은 소설책인 이른바 라이트 노블Light Novel이 인기를 끌고 있다고 한다. 전통적 활자문화에 머물러 있는 쪽에서는 한없이 가벼워지고 있는 이러한 트렌드가 못마땅해 보일 수 있겠지만, 이와 더불어 문학은 도리어 사회적 설득력과 생산성을 높이는 열매를 구체적으로 얻을 수도 있다.

  디지로그로 나타나는 융합의 소득은 이렇듯 문화와 산업의 만남에서 맛을 낸다. 청소년 문학이라는 말 대신 어린 어른들의 문학이라는 뜻의 '칙릿(chick-lit, 젊은 여성을 의미하는 속어 칙chick과 문학 literature을 합친 신조어)'이라는 말이 나오면서 도리어 이들에게 문학이 어필하고 잘 팔리기도 하는 현상은 무엇을 말하는 것일까. 라이트 노블의 출발과 귀착도 이와 무관하지 않을 것이다. 흔히 이즈음의 경제 현실에서 문화산업은 벌써 산업 현장 깊숙이 들어와 있다. 문화산업이라는 말 자체는 이미 20세기 전반 벤야민이나 아도르노, 그리고 중반에 이르러 마르쿠제가 기회 있을 때마다 그에 대한 분석을 통해 이런저런 견해를 토로한 바 있다. 그들은 때로 경계(警戒) 속에서도 그것이 불가피한 시대의 증상임을 알리고 때로는 적극적인 수용을 말하기도 했다. 그러나 지금은 산업의 핵심적인 코드로, 콘텐츠로 자리 잡고 있으며 문화적 마인드 없이 산업에서의 성공은 바라보기 힘든 상황이 되었다. 마찬가지로 문학을 포함한 모든 문화 장르가 독자·시청자·향수자의 참가 없이는 형성이 불가능한 시장의 한가운데에 나앉게 되었다.

한국문학번역원도 번역 대상을 시·소설·드라마 중심의 전통적 관습에 그림책을 포함한 아동문학을 추가한 데 이어서 일반도서 전반, 즉 출판 수출 전체로 그 영역을 확대해나가고 있다. 활자문화의 보고를 디지털 미디어에 실어서 한편으로 산업의 문화화와 다른 한편으로 문화의 산업화를 동시에 꾀하는 것은 이 시대 문화산업의 과제이기도 하다.

〔2009〕

## 한(恨)을 넘어서는 품위의 문화와 삶

　작년 여름에 작고한 외우(畏友) 이청준은 그의 평생 작업을 한(恨)의 문제에 매달렸던 소설가였다. 그는 글쓰기 43년의 세월을 25권에 달하는 전집으로 묶어 죽기 직전에 펴내었는데, 등단작「퇴원」을 비롯해서 출세작이 된「병신과 머저리」『당신들의 천국』, 중기의「잃어버린 말을 찾아서」「비화밀교」그리고 후기에 이르러 대표작이 되다시피 한「눈길」『서편제』「벌레 이야기」『축제』등이 모두 이 문제와 힘든 싸움을 벌인 피눈물 어린 기록들이다. "피눈물"이라는 표현을 나는 썼는데 대학 동기동창이기도 한 우리는 그가 가기 전까지 한동네에 살면서 적잖은 대화를 나누면서 이를 통해서도 나는 그 "피눈물"을 확인할 수 있었다. 그것은 실로 환두뼈를 내려치는 야곱의 씨름 그 이상이었다.
　이청준의 씨름은 세상살이에서 만나는 모든 억압, 인간과 인간 사이에서 일어나는 심리적 억압, 조직이나 집단으로부터 당하는 물리적 억압, 정치 권력에 의해 이루어지는 전면적인 억압 등이 모두 그의 주제가 되어 형제, 부자, 고부 등의 가족 관계, 군대 조직, 독재 체제 등의 억압과 이에 맞서 살아나가는 개개인의 반응을 그는 근원적으로 섬세하게 파고들었다. 일반적으로 이러한 관계는 억압/항거, 혹은 억압/체념의 형태로 나타나기 마련인데, 그 어떤 경우라 하더라도 우리에게는 한이라는 독특한 정서가 유물로 남겨져왔다. 그 가장 비근한 예가 고부 관계로 시어머니에게 당한 며느리는 다시 자신의 며느리를 향해 소위 한풀이를 해오곤 했던 것이다. 그러나 이 형태는 한풀이라는 이름의 해원(解寃) 행위로서 본질적으로 복수의 다른 이름이라는 평가를 받을 수 있다. 한풀이라는 말의 "풀이"가 어쩐지 비문화적으로 들리는 이유다.

 이청준 문학의 포인트는 여기에 있다. 정치적 억압의 재생산과 비문화적 한풀이로 연결되지 않는 어떤 "승화"가 없을까. 광주가 낳은 수재로서 광주민주화운동과 이를 둘러싼 숱한 논의를 지켜보아온 작가로서 그가 내놓은 해답은 "예술"과 "문학"이었다. 그러나 그것은 말하기 좋은 예술지상주의가 아닌, "피눈물 나는 예술"이다. 가령 그가 소설 『서편제』를 통해 "소리"라는 예술을 한의 승화에 대한 답으로 내어놓았을 때, 그것은 눈까지 멀어가면서 행하는 절체절명의 "피눈물"인 것이다. 참된 예술은 억압과의 싸움에서 얻어지는, 생명을 건 양식(樣式)임을 그의 문학은 말하고 있다. 마찬가지로 모든 억압은 생각하는 사람들에게 치열한 정신의 생산을 가능케 한다. 16세기 스페인 풍자소설 『돈키호테』가 합스부르크 절대 군주정치의 억압을 가장된 광기를 통해 고발하고 자유와 인간을 창조해냈다는 것은 너무도 잘 알려진 사실. 18세기 초 조나단 스위프트의 『걸리버 여행기』 역시 난쟁이 나라와 거인 나라의 설정을 통해 억압적 봉건 체제를 신

랄하게 비판한 명작으로 시공을 넘어 애독되고 있지 않은가. 억압은 나쁜 것이지만, 동시에 가열한 정신적 산물을 낳는다. 문화의 양식은 권력의 비호 아래 생산된 것보다 이처럼 억압과의 싸움에서 획득된 것이 보다 큰 감동을 빚어낸다. 억압이 한으로 쌓이고 그것을 한풀이라는 형식으로만 해소한다면 참으로 아까운 에너지의 낭비가 아닐까. 이청준의 피눈물처럼 이제는 한을 넘어서는 품위 있는 문화의 양식이 추구되어야 할 것이다.

물론 한의 정서를 한국인 특유의 "둥근〔圓形〕" 의식 형태로 해석하는 긍정적인 수용 방식도 있을 수 있다. 가령 모든 대립을 이기고 지는 것으로 간주하여 승자에게는 모든 것이 가고 패자에게는 아무것도 가지 않는, 그리고 그 결과에 조금도 이의를 달지 않는 냉정한 수용 방식보다 사뭇 "인간적"으로 보일지 모른다. 예컨대 후자의 전통을 "깨끗한(아쌀한)" 것으로 여기는 일본인의 의식과 비교해볼 수도 있을 것이다. 그렇기 때문에 우리 문화예술에서는 잔인한 비극보다 익살맞은 해학의 마당극이 어울려왔다. 치열하다는 표현보다는 흥겹다는 말이 한국인의 정서에 정겹게 붙어 있는 것이 사실이다.

그러나 동시에 "칩칩하다"거나 "구질구질하다"는 표현 또한 우리의 의식을 드러내주는 다른 말들이다. 사람은 태어나서 죽고, 인생의 무수한 싸움에서 이기고 또 진다. 여기에서 예외인 인간은 없다. 한 민족의 문화 유형을 알아보려면, 사랑과 이별, 패배와 죽음에 대한 반응을 들여다보고 그것들이 어떻게 문화적으로 양식화되었는가 하는 것을 꺼내보면 된다. 혹시라도 이별, 패배, 죽음이 한의 형태로만 질펀질펀 남아 있다면 그것은 초월성을 지닌 문화로서 미래를 기약하지 못한다. 피눈물을 아름답게 승화시키는 품위 있는 양식을 통해 보다 나은 전망이 열릴 것이다.

〔2009〕

# 영상미디어에의 욕구와 신(新)부족주의

바야흐로 미디어 전성시대이다. 미디어 시대를 향한 새로운 빅뱅이 예견되고 있다. 대체 미디어가 뭐길래, 이 외래어의 원래 번역어였던 매체라는 말은 쏙 들어가고 온통 미디어, 미디어……이다.

내가 기억하기로 이 말의 산포자(散布者)는 마셜 매클루언Marshall Mcluhan이 아닌가 싶다. '미디어는 마사지' 그리고 '미디어는 메시지'라는 저 유명한 선언을 했던 그는 세상의 모든 환경이 오히려 인간의 역할을 한정시키는 미디어가 된다고 보았다. 또한, 한 사회는 커뮤니케이션의 내용보다는 커뮤니케이션의 수단이 되는 미디어의 특성에 의해 형성되어왔으며, 지금도 진행되고 있다고 말했다. 요컨대, 현실을 결정하는 요체는 미디어일 뿐, 우리가 전통적으로 소중하게 생각해왔던 이른바 내용이라는 것은 허구에 지나지 않는다는 것이다.

이러한 지론은 그가 왕성한 활동을 했던 1960, 70년대에 주장되어 왔던 것인데, 흡사 예언과도 같았던 그 이론들이 21세기에 들어선 오늘날 적중해가는 것 같다. 가장 핵심적인 부분은 활자문화로부터 영상문화로의 이동이며 그 특성에 대한 분석이다. 매클루언에 의하면 문자나 인쇄 테크놀로지는 사회의 분화, 전문화 과정을 촉진시키고 인간에게서 행동과 사고를 분리시켰다. 사람들은 그 과정을 문명이라고 인식해왔으며, 거기서 문화와 학문의 존엄이라는 자부심을 느껴온 것으로 보인다. 그러나 영상문화라는 말로 통칭되는 전자 테크놀로지는 사람들로 하여금 통합과 몰입을 촉진하고 조장한다는 것이다.

혜안이다. 오늘의 영상문화를 대변하는 TV와 인터넷을 보라. TV는 인간의 감각을 확장시킴으로써, 하이테크시대의 미디어는 인간의 촉각만을 편향적으로 발달시킨다. 매클루언은 이 현상을 바로 '마사지'라고 부른다. 아무리 지적을 받아도 날이 갈수록 더하면 더했지 결코 시정되지 않고 있는 TV 드라마의 변태 탈선 현상을 보면, 사정은 쉽게 수긍된다. 10여 년 전만 하더라도 키스 신 하나하나가 요란스럽게 개탄되더니 키스 신 정도는 지금 기본 매뉴얼이 되지 않았는가. 감각의 확장이라는 마사지의 속성은 가히 제국주의적으로 뻗어나간다. 전통적인 존엄의 문화 쪽에서는 개탄의 반복 끝에 이제 손을 들어버린 것 같다.

영화도 마찬가지다. 섹스와 폭력만의 감각의 제국은 더 이상 대중의 매혹이 되지 않는 듯 각종 변태와 엽기를 '새로운 문화'로 열심히 포장해 내놓는다. 일부 국제적인 영화상들도 이런 현상과 야합해서 소위 문화산업주의 마케팅에 앞장서는 형국이다. 그리하여 아예 '신인류'라는 이름의 기형적 파괴주의자들로 일부 젊은이들을 도색(塗色)하더니 지금은 그 같은 가속도적 진보에 신물이 난 듯, '초식남'이니 '건어물녀'니 하는 힘 빠진 식물주의자가 된 모습도 발견된다.

클릭만 하면 모여서 잔치를 벌이는 신(新)부족주의자들도 전자 테크놀로지 영상시대의 산물이다. 2002년 월드컵 대회에서 '붉은 악마'의 기치 아래 모여들어 위력을 발휘한 이후, 광우병 파동을 비롯한 각종 시위에 촛불을 앞세우고 모이는 이들의 모습 역시 미디어적 관점에서도 바라볼 수 있다. 활자문화 시대를 통해 분화되고 분리된 각양 계층의 사람들을 인터넷이 클릭 한 번에 모아놓지 않는가. 매클루언은 그들을 가리켜서 소멸된 부족들의 새로운 부활이라고 바라본다. 문명의 발달로 분자화되고 상호 소외된 개인들이 이렇게 다시 모여 몰입할 줄 누가 알았겠는가. 이 현상을 정치적/사회적 쟁점 중심으로만 관찰하는 것은 사태의 일면만을 보는 일이다. 알랜 던이라는 일러스트레이터는 이미 1966년 『뉴요커』지에 그린 글과 그림에서 "이제 TV와 포크송으로 사고와 행동의 거리는 좁혀지고 사회적 몰입은 더욱 심해진대요. 우리 다시 옛날과 같은 마을에 살 수 있게 되는 거죠?"라고 아버지에게 묻는 아들을 그렸다. 그로부터 반세기가 가까워 오는 지금 그 실현은 훨씬 가까워진 듯하다.

 새 미디어법을 보면 TV 등 영상미디어 영역에 신문이 진출하는 것이 중요한 한 부분으로 나와 있다. TV 방송국 쪽에서 마땅찮게 생각하고 있는 이 일은 크게 보면 이러한 현실의 불가피한 추세일지 모른다. 너나없이 TV로, 인터넷으로, 요컨대, 디지털 축제를 향해 달려가는 현실에서 활자문화의 총아였던 신문이라고 그지 바라만 보고 싶겠는가. 최근에 영상문화 시대의 활자문학에 관한 연구 발표를 한 바 있었던 나로서는 그 행태가 미묘하지만 이미 우리 속에 깊이 침투해 들어와 있는 영상문학의 현실을 인정하지 않을 수 없었다.

 화이트헤드A. N. Whitehead라는 학자는 "문명의 주요한 진보는 그러한 진보가 일어나는 사회를 파괴하는 과정에 다름 아니다"라고 했는데, 우리는 현실을 거시적인 문명과 그 진보의 관점에서 바라볼 필요가 있다. 클릭 한 번으로 모여드는 신부족의 축제는 일종의 공동체적 잔치다. 그것이 비문화적 미신을 뿌리로 한 샤머니즘의 잔재와 연결된 면도 없지 않으나, 기왕의 잔치라면 디지털 테크놀로지 그들만이 아닌 활자문화의 전통과 자산을 함께 아우르는 그야말로 전체 공동체의 잔치로 승화되어야 할 것이다.

〔2009〕

## 당신이 문학을 아는가

21세기는 문화의 시대, 문화를 알면 소비가 보인다, 컬처코드, 인문학의 창의성에서 경제가 뜬다…… 등등의 캐치프레이즈나 용어들이 난무하면서 그동안 소외되어왔던 문화가 홀연히 각광을 받는 것 같은 분위기가 요즈음의 현실이다. 나부터도 최근 여러 군데 특강을 다녔는데 한결같이 '문화의 산업적 측면'과 연관된 것들이었다. 대학생들을 대상으로 한 문학 특강이 이전의 강연 형태였던 것과 사뭇 달라졌다고 할 수 있다. 청중도 전경련 등 기업인을 대상으로 한 경우가 많아져서 문화의 사회적 위상이 꽤 높아진 듯한 느낌도 든다.

그러나 과연 문화란 무엇인가. 거창한 사회학적/철학적 개념 설명을 논외로 하고 그 구체적인 항목으로 들어가보자. 이때 오늘 우리가 만나게 되는 것들은 대체로 게임, 만화, 캐릭터 등이 대부분이며, 이런 품목들은 아닌 게 아니라 산업과 직접적으로 연결된다. 문화산업의 주된 영역은 이미 시대의 중심 장르가 된 영화 그리고 뮤지컬 등의 공연예술로 집중된다. 무대예술이라고는 할 수 없지만, 회화/조각/사진/설치미술 등의 시각예술도 그 산업성이 만만치 않은 비중을 차지한다. 요컨대, 전통적인 활자문화인 문학을 제외한 가시성 예술 일반이 그 콘텐츠가 된다. 문화 속에 문학은 없는 것이다.

이런 상황 속에서 문학은 연례적인 질문을 받는다. "우리는 언제 노벨문학상을 받습니까?"라는. 올해에도 나는 수십 명의 인사들로부터 똑같은 질문을 들었다. 이런저런 설명으로 그들의 물음에 답했지만, 내가 실제로 대답하고 싶었던 것은 딱 두 가지이다. 하나는, '당신은 올해 무슨 소설집/시집을 읽으셨습니까'이며, 다른 하나는, (만일 읽은 책이 없을 경우) '당신이 바뀌어지면'이다.

문학이 무엇인지도 모르는 사람일수록 노벨문학상 수상 문제에 관심이 많은 것은 참으로 아이러니컬한 일이다. 그들에게는 문학 아닌 사건이 중요한 것이리라. 문학은 다른 가시적 예술과 달리 스스로를 채찍질하는 일종의 반성적 예술이다. 철학성이라고 불러도 무방하다. 바로 그렇기 때문에 문학작품 읽기는 많은 사람들로부터 외면, 기피되기 일쑤이다. 심지어 대학교수, 법조인, 의사 등 이른바 지식인들마저 독서를 하더라도 문학작품은 별로 읽지 않는 기이한 현상이 벌어진다. 이런 박토(薄土)에서 노벨상 수상 작가가 나타나기를 기대하는 심리는 과연 무엇인가. 우선 자신부터 문학에 가까이 가야 할 것 아닌가.

노벨문학상을 배출한 나라들은 거의 대부분이 유럽과 미국 등 서양 선진국이다. 우리는 이 사실을 지적하면서 서양 편중성을 알고 있어야 한다. 그러나 반드시 상기하자. 그들 나라들은 책 읽기를, 그것도 문학작품 읽기를 밥 먹듯이 하는 문학 애호 국가들이라는 사실을 알아두자. 실제로 서울에는 주한 외국 대사들로 구성된 '서울 문학회

'Seoul Literary Society'라는 모임이 있다. 스웨덴, 컬럼비아, 체코, 터키, 멕시코 등 한국 작가들의 작품을 읽고 한 달, 혹은 두 달에 한 번 꼴로 모여서 작가들을 직접 초청하고 그들의 이야기를 듣는다. 이 모임에 지금까지 적잖은 작가들이 초청되었다. 황석영, 이문열, 고은, 윤흥길, 공지영 등이 초대되어 그들의 삶과 문학을 들려주었다. 대사관저들이 밀집한 성북동의 밤은 그리하여 한국문학의 고통과 향기를 함께 느껴보려는 이국 지성인들의 깊은 관심으로 이따금 뜨거운 열기에 휩싸이곤 한다. 그들은 결코 흥미 위주의 취향이 아닌, '문학을 알아야 그 나라 사람을 알 수 있다'는 문학의 본질적인 전통 아래에 놓여 있는 것이다. 나는 이 모임에서 어느 대사에게 물어보았다. "문학에 너무 많은 관심을 쏟고 있는 것 아닌가? 경제 문제도 시급할 터인데……" 대답은 간단했다. "이게 경제이다."

가을이 되면 또 남미 스페인어권 대사들과 한국 시인들이 만나는 낭독의 밤도 있다. 올해에도 열렸는데 황동규 시인을 비롯한 네 명의 한국 시인들과 페루, 아르헨티나 등 남미 대사 일곱 명이 참여하여 한국 시와 남미 여러 나라의 시들을 윤독(輪讀)하였다. 네 시간 가까운 시간에 미동도 하지 않고 시 읽기에 열중하는 라틴아메리카의 문학적 열정이라니! 문학은 그저 문인들만의 놀이에 머무르고 다른 엘리트로부터는 백안시되는 우리 현실이 새삼 안타깝지 않을 수 없었다.

문학과 사회의 관계에서 중요한 일은 문학 소비층의 수준이라고 할 수 있다. 음악에는 그것을 듣는 청중이 있고, 미술에는 그것을 보는 관람객이 있다. 마찬가지로 문학에도 그것을 읽는 독자 소비층이 있다. 문학의 경우 이 소비층의 성격이 매우 연약한데, 첫째는 구성 자체가 청년층으로 제한되어 있고, 다음으로는 문학의 본질에 대한 이

해가 매우 엷어서 일종의 명목적인 고리로 연결되기 일쑤라는 사실이다. 그리하여 서양 선진국에서 높은 교양의 중심에 자리 잡은 문학이 한국의 지식인들에게는 자신과 아무 상관없는 불요불급의 장식물, 혹은 비일상적 신기 취미로 여겨진다. 이러한 현상 전체가 한국을 노벨문학상 수상 국가로 가는 길을 막는 거대한 장애물이 된다. 그럼에도 불구하고 그 장애물들은 누군가를 향해 오늘도 묻는다. "우리는 왜 노벨문학상을 받지 못합니까?"라고. 노벨상은커녕 문화산업에서 문학이 차지할 올바른 자리조차 모르는 질문. 나는 그들에게 어느 소설가의 말투를 빌려 이렇게 대답한다. "당신이 문학을 아는가?"

〔2009〕

# 인문학, 여전히 위기다

'인문학의 위기'가 한동안 세상을 떠돌더니 이즈음은 좀 잠잠한 편이다. 지식인 사회를 홀연히 강타하던 위기론은 일반 대중들에게까지 그 낱말이 전염되어 마침내 시장이나 기업 경영에서도 인문학을 콘텐츠로 해야 한다느니, 인문학 강의를 도입해야 한다느니 하는 풍조를 잠시 일으키는 것 같기도 했다. 학술연구재단에서도 '인문학 강좌'를 개설하였고(지금도 계속되고 있다) 나도 강사진의 한 사람으로서 참여한 일이 있다. 비슷한 종류의 대중 특강이 별로 없어서인지, 일반 청중의 열기는 꽤 뜨거웠던 것으로 기억된다. 덕분에 우리 사회는 돈이나 권력, 혹은 사회과학적 열망 혹은 그 상상력에만 함몰된 사회가 아니라 인간과 삶의 가치를 더불어 중시하는 사회라는 위안을 스스로 갖출 수 있었던 것일까.

그러나 인문학은 여전히 위기다. 아니 갈수록 위기다. 뭐가 그런가. 구체적인 예로서 경영학과 교육학이 즐기는 '평가' 문제를 살펴보자. 링컨은 저 유명한 게티즈버그 연설에서 "모든 사람은 평등하게 태어났다"라고 했지만 그것은 인간으로서의 평등일 뿐 능력의 평등은 아니다. 따라서 모든 사람들은 능력에 따라서 사회적 평가가 다를 수밖에 없다. 운동선수나 연예인은 물론, 정치인이나 직장인 어느 누구도 이 평가에서 자유로울 수 없다. 심지어 교사/교수도 학생들로부터 평가를 받는 세상이므로, '평가'는 어쩌면 우상이라기보다 불가피한 삶의 수단이 되었는지 모른다. 철학자 아도르노의 말대로 영적인 힘이 사라진 시대, '천사가 사라진 시대에 등장한 새로운 천사'인지도 모른다.

'평가'는 이렇듯 불가피하다. 문제는 그 방법이 인문학적 발상과 접근을 배제하고 무시하고 있다는 점에 있다. 평가가 어쨌든 사람에 대한 평가라면 그 발상과 방법의 기초는 인문학에 있어야 하고, 그 밖의 다른 부분은 인문학과 조화를 이루어야 한다. 그러나 오늘의 우리 현실에서는 여전히 인문학 아닌 비인문학적 마인드가 압도적으로 모든 방법론을 지배한다. 인문학 위기론이 급박한 어조로 제기되었을 때나, 각종 행사를 거치면서 완화된 듯해 보이는 지금이나 그 현상은 그대로다. 아니, 알 것은 알게 되었고, 대충 문제를 치렀다는 인식과 더불어 사태는 오히려 악화된 것 같다. 인문학적 발상과 경영학적 발상의 근본적인 차이는 모든 현상을 — 주관적/인격적 판단이 필수적인 분야까지도 — 계량화하느냐 (혹은 할 수 있느냐) 하는 데에 있다. 경영학은 인문학에 대한 고려 없이 계량화를 습관적으로 답습한다. 어떤 문제나 대상에 대해서도 '효율화' '합리화' '타당성' '적정성'은 전가의 보도처럼 무반성적으로 적용된다. 그리고 그 내용은 거의 반드시 지표로 표현된다. 근대 '계몽'의 전횡이다.

이러한 지표주의의 계량화 습관이 사태를 호도하고 현실을 왜곡하는 사례는 이 발상과 방법을 받아들인 교육계에서 이미 증명된 바 있다. 예컨대 대학 교실에서의 성적을 상대평가하는 웃지 못할 풍경—A, B, C, D, F는 말하자면 5퍼센트, 25퍼센트, 35퍼센트, 30퍼센트, 5퍼센트 등등으로 숫자가 미리 정해져 있다. 이렇게 되면 선생/학생은 모두 수업을 구태여 열심히 할 필요가 없다. 어차피 백 명의 학생 중 A를 받는 사람은 다섯 명뿐일 테니까. 또 다섯 명은 반드시 F를 받고 탈락해야 하니까. 이게 무슨 교육인가. 참다운 교육이라면 선생은 학생 전원이 A를 받도록 가르쳐야 할 것이며, 학생들 또한 전원 A를 받도록 열심히 노력해야 할 것 아닌가. 수업을 시작하기도 전에 이미 정해진 성적! 지표주의의 허방을 보는 것 같아 씁쓸하기 짝이 없다. 현실은, 반드시 숫자와 지표를 통해서 그 실상을 파악해야 하는 경제적/물질적 측면과 그것을 넘어서는 심리적/정신적/영적 측면이 함께 어울려 형성되는 복합체이다. 후자는 일목요연하게 평가되기 쉽지 않지만, 그렇다고 해서 전자에 적용되는 지표주의/계량주의의 유혹에 쉽게 빠져서도 안 된다. 후자를 존중하고, 그 속에서 '보다 합리적'인 방안을 위해 고민하는 경영과 행정의 능력이 새로워져야 한다. 발상과 사고방식의 인문화가 없는 한, 인문학은 여전히 위기다.

〔2011〕

# 한국문학의 세계화

1

한국문학이 세계문학과 섞여들고 있다. 한국문학은 한국의 모든 것들이 그러했듯이 세계의 변방이었다. 그러나 한국이 세계의 중심으로 서서히 진입하듯이 한국문학 역시 이제 세계문학과 호흡을 함께하는 상황에 이르고 있다. 그러나 한국문학은 구체적 실재가 있지만, 세계문학이란 대체 무엇인가. 막연하게 생각되어온 '세계문학'은 문학의 보편성에 대한 국제적 관심이 높아져가고 있는 이즈음 보다 구체적으로 그 개념과 과정이 검토될 필요가 있을 듯하다.

세계문학은 일반적으로 그 가치와 내용, 지향점에서 보편성을 대변하는 개념으로 암묵리에 받아들여져왔다. 보편성은 이때 개별성, 특수성의 맞은편에 있는 용어로서 특정한 시간과 공간을 넘어서는 어떤 초월적 진리로의 개연성을 의미하기 일쑤였다. 말하자면 20세기 한국에서만 통용되는 문학이라든지, 19세기 중국에서만 유효한 문학이라면 그것은 보편성이 없는 경우로 제외될 수밖에 없을 것이다. 당연한 이야기이겠으나, 이에 관해서는 이론이 없는 것도 아니다. 가령 한국문학은 불과 10여 년 전까지만 하더라도 이른바, '한국적인 것' '토속적인 것'이 오히려 국제사회에서 이목을 끌 수 있다는 주장 아래 소설가 김동리, 시인 서정주 등이 한국문학의 간판으로 내세워졌고, 그 타당성에 대한 논의가 꽤 진지했었다. 이에 관한 논란은 여전히 남아 있으나, 개별성과 특수성보다 모든 인류의 보편성이 세계문학의 핵심적 가치라는 생각은, 예컨대 노벨문학상 수상작가의 면면에서도 드러난다. 가령 1994년 수상작가인 일본의 오에 겐자부로는 장애인 문제에 깊이 천착함으로써 인류 공통의 아픔을 절실하게 일깨워 준 점이 높이 평가되었던 것이다.

한국문학의 세계화라는 문제가 우리 문학 내지 우리 사회의 명제로 떠오르게 된 것은 그리 오래된 일이 아니다. 이른바 해방 이전의 마지막 세대이자 해방 공간을 통하여 그 이후의 세대와 연결되는 교량 역할을 했던, 그리하여 1950년대 이후 폐허에서 문학생활을 시작했던 세대들, 그리고 그들에게 태생적으로 어버이 자리에 있을 수밖에 없었던 세대들, 이들이 함께 어울려 살았던 문학 공간에서 그것은 아직 명제는커녕, 화두로조차 회자되지도 않았다. 소설가 김동리, 황순원, 안수길 등과 서정주, 조지훈, 박두진, 박목월 등의 시인들이 여기에 해당된다. 이들이 여전히 창작의 일선에서 활약했던 1970, 80년대까지 한국문학은 변방문학으로서의 위상을 운명적으로 감수하고 있는 모습으로 투영된다. 이때 감수한다는 의미는 체념적/부정적인 뜻만은 아니다. 이들과 이들 세대의 비평, 혹은 문학 저널리즘은 오히려 이른바 "토속적인 것이 보편적"이라는 슬로건적 명제를 내세워

한국적/변방적인 것을 긍정적인 것으로 파악하려는 태도를 표방함으로써 변방성으로부터의 탈피나 극복을 필요한 일로 간주하지 않았다. 오늘에도 여전히 일부에 남아 있는 이러한 견해는, 그러나 인터넷 문화의 급속한 보급과 이른바 글로벌리제이션이 촉진되면서 현저히 퇴색하고 있다. 한국을 포함한 모든 나라들의 문학이 토속적 고유성을 주장하는 것이 과연 얼마나 가능할 수 있겠느냐는 회의론이 현실적 설득력을 얻고 있기 때문이다.

2

토속성 논의가 약화되는 자리에 자연스럽게 보편성에 대한 관심이 증가하면서 한국문학의 세계화 문제는 점프업된다. 우리의 경우 딱부러지게 언제부터라고 말하는 것은 가능하지도 않고 필요해 보이지도 않는다. 그러나 거칠게 말해본다면 1990년대 중반, 더 구체적으로는 1996년 한국문학 번역금고가 정부의 지원 아래 출범하던 시기 전후가 아닐까 생각한다. 번역금고의 전신은 한국문학예술진흥원의 해외부문이다. 우리 문학을 세계에 소개하기 위하여 외국어로 번역하고 이를 당해국 출판사에서 출판하며 우리 작가들로 하여금 외국을 단기방문 혹은 중장기 체류하게 하는 프로그램이 여기서 운영되었다. 외국 작가들을 드물게나마 초청하는 프로그램도 있었다. 그러던 것이 바로 이 해외 부문이 독립하여 번역금고로 발전하였고, 번역금고는 2001년 다시 한국문학번역원이라는, 정부 산하의 공공기관(법적 명칭은 기타 공공기관이다)으로 그 모습을 갖추게 된다. 세계 시장에서 한국문학의 상품적 가치를 토속성에서 찾던 논의가 보편성의 강조로 슬그머니 변색하게 된 시기도 이러한 시기와 거의 궤를 같이하고 있다고 할 수 있다. 이 시기는 동시에 활자문화 시대에서 영상문화 시대로의 이행, 혹은 공존의 시기이며 점차 인터넷이 맹위를 떨치게 되는 시기이기도 하다. 이즈음은 굳이 보편성을 역설하지 않더라도 세계문학의 모든 정보와 내용이 콘텐츠라는 이름 아래 단일한 (혹은 동일한) 차원을 형성하고 있다. 가령 그래픽 노블은 그 원산지가 미국이더라도, 그리고 만화는 그 원산지가 일본이더라도 이제 세계인 공동의 재산으로 애용된다. 여기에는 이른바 포스트모더니즘에 의한 해체 이론의 영향도 은밀하게, 그러나 압도적으로 작용해오고 있다. 널리 알려져 있듯이, 포스트모더니즘은 모더니즘에 남아 있는 형이상학적 전통의 요소를 과격하게 밀어내면서 모든 개념의 개념화 작업을 거부한다. 해체론은 포스트모더니즘의 당연한, 그리고 핵심적인 결과이다. 그 결과 눈에 띄게 부각되는 현상은 모든 경계의 소멸이다. 남과 여의 경계가 없어지고, 어린이·성인·노인의 경계도 애매해진다. 남녀노소의 구별이 현저히 약화된 것이 사실상의 현실이다. 이러한 현상은 국가 간에도 존재하여 국경의 벽이 얇아지고 국가 고유의 특징, 예컨대 토속성의 비중 또한 점차 낮아지고 있다. 탈공업사회에서 정보사회로의 이행은 전 세계를 동일한 위기로 전염시킨다. 최근의 경제 위기에서 보듯이 한쪽에서 발생한 위기는 전 세계를 동일한 위기로 전염시킨다. 이렇듯 온갖 경계들이 와해되면서 '보편성'은 더 이상 추구되고 획득되어야 할 가치라기보다 거의 선험적으로 주어지는 상황이 되어버린 것이다. 반드시 번역되지 않아도 좋다면 보편성이라는 용어 대신 차라리 유니버설리티universality라고 부르는 편이 현실적인 모습일지도 모른다.

　이러한 현실 앞에서 한국문학은 세계문학으로의 진입을 강요받고 있다. 따라서 언어가 매개되어 있는 태생적 한계를 고려할 때 번역은 이제 선택이 아닌 필수가 되었다. 쉽게 말해서 한국문학이 세계화를 얼마나 잘 성취할 것인가 하는 문제는 전적으로 번역에 달려 있다고 할 수 있다. 우리 모두가 알고 있듯이, 한국어는 마이너 랭귀지, 즉 소수언어이다. 소수언어는 세계의 언어시장에서 살아남을 수 없다. 보호되지 않는 이상 약화되고 퇴화된다. 언어문화인 문학은 따라서 보호되어야 할 운명을 지니고 있는 바, 그 보호의 주체는 국가가 될 수밖에 없다. 국가가 법령에 의해 한국문학번역원을 설립하고 국가 예산을 투입하여 이를 경영할 수밖에 없는 배경도 여기에 있다. 국가의 개입 없이 소수언어를 매개로 한 한국문학은 세계화를 향한 날갯짓을 펼 수 없는 것이다.

3

　세계문학이라는 용어가 그다음으로 환기시키는 것은 그것이 서구 중심의 선진국 문학이라는 점이다. 노벨문학상의 경우 1901년 쉴리 프뤼돔R. Sully-Prudhomme이라는 프랑스 시인이 제1회 수상자가 된 이후 백 년이 훨씬 넘는 시간에 비서구권에서 수상자가 나온 예는 불과 일곱 명뿐이라는 통계가 이를 잘 보여준다. 더욱이 유럽 문학이라고 하지만 문학적으로 그리 뛰어난 업적을 갖지 못한 북유럽의 작가들이—스웨덴, 노르웨이, 덴마크 등—초기 수상자들의 대부분을 차지하였다는 사실은 '세계문학'이라는 말이 지닌 허구성의 일단들 보여주고 있는 셈이다. 특히 영미 중심의 서구 사회의 교양 계층과 긴밀하게 연결된 이미지는 18세기 후반 독일의 문호 괴테 역시 '세계문학'으로의 편입을 열망하고 있었다는 점을 살펴볼 때 쉽게 수긍될 만하다. 이러한 사정은 비서구권 대부분이 경제적으로 뒤떨어지고, 정치적으로 아직 비민주화에 머물러 있던 경우가 많아서 서구문학을 세계문학의 모델 내지 그 실체로 은연중 여기게 된 데서 비롯했다. 우리의 경우, 즉 한국문학도 예외가 아니어서 서구문학을 세계문학의 실제 내용으로 수용하고 그 미학의 기준을 우리의 그것으로 삼는 일에 익숙해온 것이 사실이다. 최근에 이와 같은 경향과 현실에 반발하여 동아시아 중심의 특유한 문화가 지닌 보편적 성격을 연구하고, 이를 기준으로 하는 현상이 대두하고 있는 것은 따라 자연스러운 한 추세이기도 하다. 한편으로는 서구문학 맹종, 그리고 다른 한편 이를 제국주의적 태도로 혹평하는 양극적 자세의 지양이라는 점에서 앞으로도 보다 깊이 있는 연구가 나옴 직하다.

그러나 세계문학으로의 길은 서구문학의 추종, 혹은 거부라는 자세의 문제만은 아니다. 서구문학은 세계문학이라는 거대 카테고리에 일찍이 진입한 선행 주자로서 누릴 수 있는, 그리고 누릴 수밖에 없었던 프리미엄이 있으며, 스스로의 의사와 상관없이 이는 세계 시장에서 존중된다. 그렇다면 한국문학도 이러한 질서를 일단 존중하면서 시장에 들어갈 수밖에 없다. 들어가는 방법은 마이너 랭귀지인 한국어를 메이저 랭귀지, 즉 영어/프랑스어/독일어/스페인어 등의 서구어로 번역하고 그곳 현지의 유수한 출판사들을 통해 책으로 출판해야 한다. 이제는 중국어, 일본어 등의 동양 유력 언어로의 번역도 필수적이다. 지금은 그 초기 단계이며 여기서 제법 괜찮은 고객을 만나면서 적으나마 호의적인 반응을 얻고 있다. 최근 10년 안팎에 약 30개 가까운 언어로 번역된 문학 책이 4백 권 넘게 출판되고 있는 바, 이것은 상당한 성과이다. 무엇보다 원자재라고 할 수 있는 소설집과 시집이 그만큼 있다는 사실이 풍성하며, 한국어와 30개에 이르는 당해 외국어를 함께 구사할 수 있는 번역 인력이 있다는 사실이 주목된다. 무엇보다 이를 뒷받침하는 공공의 지원의 힘이 있다는 것이 고무적이다.

한국문학은 지금 세계문학과 만나고 있으며, 그 질적인 수준에서 수평적인 교류가 이루어지고 있다. 여기에는 어떤 열등/우월 의식도 개입되지 않는다. 국경이 갈수록 낮아지고 있는 시대에 모든 분야의 스타일이 평준화되고 있는 세상에 우리의 것과 이웃의 것은 소통될 수밖에 없다. 중요한 것은, 소통을 위한 창의적인 콘텐츠가 많이 만들어지는 일이며, 번역의 질과 기술이 독자 중심의 수용층으로 재정립되는 일이다.

4

그렇다면 문학은 일반적으로 문화라는 카테고리 안에서 어떤 성격을 갖고 있으며, 그 문화적, 산업적 의미를 띠고 있을까. 우리 사회 내부에서, 그리고 세계 문화 시장에서 그 사정을 살펴보는 일이 긴요하게 되었다. 이와 관련하여 여기서 잠시나마 문학의 본질을 환기할 필요가 있다.

문학은 언어를 매체로 하여 현실을 반영하고 표현하는 인간정신의 한 양상이다. 현실을 반영하고 표현해주는 인간정신의 소산이 어디 문학뿐이겠는가. 그러나 인간을 인간답게 특징지어주고 있는 고귀한 권리에 속하는 언어를 매개로 하고 있다는 점에서 문학은 다시 그 독특한 자부심을 갖는다. 그러나 한편 생각해볼 때, 언어를 매개로 하는 인간정신은 의외로 다양한 양태로 존재하고 있어, 문학이 무엇인지 알고자 하는 노력이 곤혹스러운 경우를 만나기도 한다. 가령 가장 비근한 예로서 역사를 생각할 수 있으며 그 밖에도 문헌의 형태를 가진 많은 문화 양태를 발견할 수 있다. 가령 논어를 비롯한 동양의 많은 고전, 혹은 로마의 법전을 상기해보자. 그것들은 모두 언어의 옷을 입고 인간정신의 치열한 어떤 불꽃들을 연소시키고 있으나 오늘날 우리가 문학이라고 부르는 그 어떤 것과는 다른 것이 사실이다. 여기서 문학을 이해하는 길은 일단 미로에 빠지기 쉬운데, 자칫 우리는 문학이라는 가장 오묘한 정신 앞에서 그야말로 가련한 미아가 되기 십상이다. 미로의 발견은 문학에 관한 한, 그 광범위하면서도 정치한 비밀로의 잠입으로서, 이때부터 우리는 이 미로의 어슴푸레한 길을 밝혀주는 횃불이 되어야 한다. 문학이론을 공부하는 데 있어서 단순한 소박성이 미덕이 될 수 없는 까닭이 바로 여기에 있으며, 마찬가지로 복잡 혹은 복합이 기피될 수만은 없는 까닭도 바로 여기에 있다. 만약 그렇지 못할 때, 문학은 항상 미로인 채로 남아 문학에 접근하고자 하는 모든 사람에게 신비적인 우상 덩어리로만 군림하게 되며, 그렇게 되면 문학은 이미 인간정신의 높은 발로로 인간에게 봉사하리라는 우리의 믿음을 배반할 수밖에 없게 된다. 그도 그럴 것이 문학이 반영하고, 표현하는 현실이란 현실의 피상적 전면을 그저 기계적으로 사진 찍듯 모사하는 그러한 현실이 아니라, 그 속에 인간의 힘이 담겨진, 그리하여 인간에게 끝없는 반성과 사고를 요구하는 현실이기 때문이다. 말을 바꾸면, 문학의 형태로 주어져 있는 문화 양태란 인간에게 공연히 겁이나 주고, 혼자 잘난 체하는 어떤 화석화된 관념이 아니라, 그 스스로 변화와 생성·파괴를 거듭하면서 인간을 부단히 자유스럽게 하는, 말하자면 움직이는 충격인 것이다.* 이러한 문학의 본질은 문학이 문화산업의 일부로 평가되면서 영상매체와 혼융을 이루어가는 오늘의 현실에서 때로는 심각하게, 그리고 끊임없이 고려되어야 할 부분이다.

5

국경이 느슨해진 글로벌 시대를 살면서 이제 국제 경쟁력과 국가 브랜드는 문화 차원을 넘는 생존의 문제와 연결되는 세상이 되었다. 한국도 이른바 한류를 통해 문화의 경쟁력이 상당한 국가로 평가되고 있다. 한류가 영화와 드라마, 대중가요 등의 공연예술을 통한 대중문화의 수준과 인기를 말하는 것이라면, 이제 이러한 트렌드는 문학 출판과 같은 전통적인 활자문화/본격 문화로도 연결되어 문화의 격을 다각적으로 높이는 문제와 만나고 있다. 그러나 모든 문화 장르의 중심에 있는 문학은 언어를 매개로 하는 까닭에 세계 문화 시장에서 숙명적인 핸디캡을 안고 있다. 한국어는 운명적으로 소수자 언어이기

---

* 김현·김주연, 『문학이란 무엇인가』(문학과지성사, 1976) 서문 참조.

때문이다. 소수자 언어를 극복하고 메이저 언어에 끼어서 함께 뛰어야 한다는 당위는 그러므로 이 시점에서 절체절명의 명제가 되고 그 방법으로써 번역은 중대한 사명으로까지 인식된다. 피할 수 없는 이 길은 만만치 않은 여러 문제들을 제기한다.

"프랑스어는 음악같이 울리고, 이탈리아어는 정서적인 울림이 깊고, 영어는 이지적으로 진행되는데, 울퉁불퉁한 독일어로 이들 나라의 문학을 대체 어떻게 옮긴단 말인가?" 독일어의 문학성에 대한 18세기 중반 독일 극작가 빌란트C. M. Wieland의 비관적인 한탄이다. 그럼에도 불구하고 결국 그는 많은 셰익스피어 작품들을 독일어로 옮겼고, 작가로서의 문명(文名) 못지않게 셰익스피어 번역가, 영국 문학의 소개자로서 문학사에서 그 이름을 남겼다. 울퉁불퉁한 독일어로 그는 어떻게 번역했을까.

빌란트는 셰익스피어를 울퉁불퉁하게 독일어로 옮겼다. 그 이상도 그 이하도 아닌, "그의 독일어"로 옮겼던 것이다. 이즈음 시대의 용어로 말한다면 자국의 소비자 입맛에 맞게 수입할 수밖에 없었던 것이다. 이러한 사정과 구도는 그로부터 250년이 지난 지금에도 그대로 들어맞는 이야기가 된다. 아니 사정은 훨씬 더 그 방향으로 진전된다. 원전이라는 이름의 원자재에 고지식하게 머물러서는 문학의 세계 시장에서 단 한 사람의 소비자도 붙잡을 수 없는 것이다. 다른 일반도서와는 달리 문학작품이 과연 번역될 수 있겠느냐 하는 고전적인 딜레마도 이제는 운명적인 것처럼 간주될 필요가 없을지도 모른다. 왜냐하면 번역의 딜레마란 원전의 의미를 어떻게 그대로 지키면서 옮길 수 있는가 하는 고민이었기 때문이다. 지키면서 옮기기는, 한마디로 말해서, 불가능하다. 언어는 곧 사고방식이기 때문에 사고는 같아도, 방식이 다른, 다른 언어를 통해 사고방식 자체를 똑같이 복원한다는 일은 애당초 불가능하며, 또 무의미하다. 그리하여 한국어로 옮겨진 셰익스피어, 한국어로 옮겨진 괴테는 넓은 의미에서 한국문학의 일부로 흡수, 포용되며 성장한다. 일종의 다문화 문학가족이 되는 것이다. 따라서 중요한 것은 번역의 주체이며, 주체적 문학관이다. 여기서 번역의 창의성 문제가 자연스럽게 대두된다.

지난날 우리는 이른바 "직역"을 좋은 번역, 실력 있는 번역이라고 생각해왔다. 직역이란 원문에의 충실성을 일컫는 것일 터인데, 잘된 직역은 곧 역자의 해당 외국어 실력의 증거가 된다. 그러나 그 밖의 소중한 요소들은 대체로 무시된다. 가장 위험한 일은 막상 작품이 옮겨지는 나라의 언어, 즉 당해국 독서 소비자들의 언어에 대한 능력은 간과되어버린다는 점이다. 셰익스피어나 괴테를 우리 말로 옮기는데, 그 말이 도대체 우리 말 같지가 않아서 우리들이 이해할 수 없다면, 번역은 쓸데없는 문서소동에 지나지 않는다.

우리 문학작품들이 영어를 비롯한 여러 나라 말로 번역되고 있으며, 그중 몇몇 작가들은 적지 않은 해외 독자들을 이미 확보하고 있다. 노벨상 후보로도 유력하게 거론되고 있는 어느 소설가는 유럽에서 한 해에 1억 원가량의 인세 수입을 올렸다. 그럼에도 불구하고 해외의 유력 문학 저널리즘과 평론가들은 번역된 우리 문학 작품들을 이해하기 힘들다고 질 좋은 번역을 주문한다. 대체 "질 좋은 번역"이란 무엇일까. 프랑스면 프랑스인, 독일이면 독일인이 이해 가능한 번역을 내놓으라는 것이다. 그동안 우리는 외국어로 번역하면서도 우리 눈높이와 정서에 따른 번역을 해왔다. 말하자면 국내용 번역으로 세계시장을 두드린 것이다. 이제 번역은 원문 중심, 생산자 중심에서 벗어나 당해국 언어, 전통, 관습에 능숙한 시각에서 그곳 소비자 중심으로 가슴을 열어야 한다. 그들이 읽고 그들이 감동할 수 있도록 그들에게도 해석의 키를 주어야 한다. 현지 독서 소비층들을 위한 새로운 번역·번역가가 나와야 하며, 우리 사회도 글로벌 사회를 살아가는 새로운 지혜를 터득해야 한다.

〔2010〕